Carroll Pickett

Die letzten Stunden

EUROPA
VERLAG

Carroll Pickett

Die letzten Stunden

Berichte aus der Todeszelle

In Zusammenarbeit mit Carlton Stowers
Übersetzt von Bernhard Schmid

Europa Verlag
Hamburg • Leipzig • Wien

Die Deutsche Bibliothek - CIP-Einheitsaufnahme
Ein Titeldatensatz für diese Publikation ist bei
Der Deutschen Bibliothek erhältlich

Originalausgabe:
»Within These Walls – Memoirs of a Death House Chaplain«

Dieses Werk wurde im Auftrag von St. Martin's Press, L.L.C.,
durch die Literarische Agentur Thomas Schlück GmbH,
30827 Garbsen, vermittelt.

Erstausgabe:

Umschlaggestaltung: Frauke Weise, Hamburg
Satz: Paxmann/Teutsch Buchprojekte, München
Druck und Bindung: AALEXX, Großburgwedel
ISBN 3-203-81023-9

Informationen über unser Programm erhalten Sie beim
Europa Verlag, Neuer Wall 10, 20357 Hamburg
oder unter www.europaverlag.de

Muss man töten, um zu verhindern, dass es Böse gibt? –
Das heißt zwei statt einen schaffen.
– Blaise Pascal, Pensées, 1670

Nach Prüfung der von Ihnen eingereichten Predigt bin ich zu der Überzeugung gelangt, Sie werden sich in Ihrer Seelsorge auf die Sterbenden konzentrieren; darauf, denen Trost zu spenden, die dem Tod ins Angesicht sehen, und Menschen, die im Begriff sind, ihre Lieben zu verlieren…
– aus einer schriftlichen Beurteilung des Seminaristen Carroll Pickett, 1957

Für alle, die Gutes getan haben,
ohne es zu wissen, die da waren, wenn sie gebraucht wurden, ohne sich lange bitten zu lassen, und gesagt haben, was gesagt werden musste – ohne verstecktes Messer und ohne Souffleur.

Für meine Kinder –
Karel, Anne, Steve und Charlotte, die ihre eigenen Wege gegangen sind, jedes zu seiner Zeit. Ihr seid bemerkenswert, jeder auf seine Art, die ich zu schätzen weiß, und ich bin zutiefst dankbar dafür.

Für meine Frau Jane,
die in mein gestresstes Leben trat und mir bewiesen hat, dass der Mensch nicht allein leben soll. Und für ihre Kinder – Kelley, Stacy und Jody; ihr seid ein Segen für mich.

Und für einen ganz besonderen Bruder,
der immer da gewesen ist, mit Rat und Tat, für seine Aufrichtigkeit, dafür, in der Gefängnisseelsorge engagiert zu sein und eine wichtige Lektion gelernt zu haben: dass kein Mensch durch und durch schlecht ist. Und schließlich für die Erkenntnis, dass ich nicht der schlimme Bruder bin, für den er mich hielt, als wir Kinder waren.

Vorwort

Seit Stunden schon schritt der junge Mann in seinem engen Quartier auf und ab, wobei er mal manisch vor sich hin redete, mal über längere Zeit brütend schwieg. Hin und wieder nagte er an dem Cheeseburger, den er bestellt hatte, aber irgendwie fehlte der Appetit. In einem Versuch, die tickende Uhr in seinem Kopf zum Schweigen zu bringen, die ihn schier wahnsinnig machte, setzte er sich schließlich auf das Bett und konzentrierte sich auf die Country & Western-Klänge aus dem kleinen Radio auf der anderen Seite des Flurs.

Kurz darauf war der Mann – ein verurteilter Mörder, der die Stunden bis Mitternacht zählte, dem Zeitpunkt, auf den sein Tod durch die Giftspritze angesetzt war – wieder auf den Beinen. Er trat an die mit Maschendraht bewehrten Stäbe der Zellentür, die ihn von dem einen Menschen trennte, der ihm Gesellschaft leistete. Ob es vielleicht möglich wäre, einen bestimmten Song zu hören, fragte er den Gefängniskaplan.

Im Handumdrehen war die Nummer des Senders ermittelt und der Anruf durchgestellt. Da der Kaplan dem Discjockey keinen Floh ins Ohr setzen wollte – »Hey, Leute, ihr werdet's nicht glauben, aber unser nächster Anruf kommt aus der Todeszelle!« –, beschloss er, seinen Wunsch nicht weiter zu erläutern. Er wies allerdings nachdrücklich darauf hin, wie wichtig es sei, den Song noch vor Mitternacht zu spielen.

Die beiden Männer, die sich noch wenige Stunden zuvor völlig fremd gewesen waren, warteten; als man den Song um Viertel vor zwölf noch immer nicht aufgelegt hatte, rief der Kaplan noch mal beim Sender an, um auf die Dringlichkeit des Hörerwunschs hinzuweisen. Endlich, nur wenige Minuten bevor der letzte Gang des Häftlings – in die kaum fünf Meter entfernte Todeskammer – angesetzt war, spielte der Discjockey dann den gewünschten Song. Der Kaplan setzte sich rasch mit dem An-

staltsleiter in Verbindung und bat ihn, den letzten Gang des Häftlings aufzuschieben, nur um drei Minuten.

So schob man den Tod des Mörders um einige Minuten hinaus, in denen er mit geschlossenen Augen in seiner winzigen Zelle saß und sich zu der Ballade von Kris Kristofferson wiegte, die er sich gewünscht hatte: »Help Me Make It Through The Night« – in der Kälte dieses aus der Zeit gefallenen Augenblicks hörte sich das an wie ein nicht erhörtes Gebet.

Einführung

Während meiner fünfzehn Jahre als Gefängniskaplan im texanischen Strafvollzug habe ich fünfundneunzig Männer in den letzten Stunden vor ihrer Hinrichtung durch die »Todesspritze« betreut. Ich stand dabei, als man sie auf die Bahre schnallte und die Kanülen für die tödlichen Chemikalien in ihre Venen einführte. Ich hörte ihre letzten Worte und sah sie ihren letzten Atemzug tun. Meins war das letzte freundliche Gesicht, das sie sahen. Ich habe den letzten Tag ihres Lebens mit ihnen verbracht und so manche Geschichte gehört, sei es die einer schwierigen Kindheit, sei es die ihres Verbrechens. Ich habe Zorn erlebt, Arroganz, Kummer und Reue - und schließlich Entschlossenheit und Angst auf ihren Gesichtern gesehen. Nicht selten habe ich tags darauf auch noch die Beerdigung auf dem Gefängnisfriedhof übernommen, bei der im Allgemeinen niemand zugegen war außer dem Direktor und den Häftlingen, die als Totengräber abgestellt waren.

Leichter geworden ist es mir nie.

Ich bin seit 1952 presbyterianischer Pfarrer und sollte gleich vorweg eingestehen, dass es eine Zeit in meinem Leben gab, in der auch ich kein Problem darin sah, Mörder mit dem Tod zu bestrafen. Wie viele andere Texaner auch bin ich in einem Umfeld aufgewachsen, in dem nur eine Form von Gerechtigkeit als die »wahre« gilt: Auge um Auge, Zahn um Zahn.

Ich hatte Unrecht. Ich war noch ein Rädchen in der Maschinerie des Todes, die meinem Heimatstaat einen so zweifelhaften Ruhm eingetragen hat, da ertappte ich mich bereits bei der Frage, was denn eigentlich mit der Todesstrafe erreicht sei.

Und genau darum geht es in diesem Buch. Es ist weniger die Geschichte meiner selbst, als die Erinnerung an einen finsteren, beunruhigenden Winkel unserer Welt, in dem ich einmal zu Hause war, die Erinnerung an eine Reise, die nie geplant war. Sie wirft einen genaueren Blick auf die Furcht erregende Dämmerstunde zwischen Leben und Tod, auf spirituelle und moralische Probleme wie überhaupt auf grundlegende Konzepte wie Richtig und Falsch. Es sind meine Beobachtungen der Realität des Gefängnislebens, so ehrlich wie nur irgend möglich, ein getreues Porträt eines stetig wachsenden Bereichs unserer Gesellschaft, den so mancher von uns nur allzu gern vergessen würde.

Und natürlich geht es um das Problem der Todesstrafe an sich. Fast täglich tönt es uns aus Schlagzeilen und Nachrichten entgegen. Auf den folgenden Seiten werde ich Sie mit Männern bekannt machen, die man zum Tode verurteilt hatte, anderen, deren Aufgabe es war, das Urteil zu vollstrecken, und schließlich mit Angehörigen, die davon in Mitleidenschaft gezogen wurden. Und ich möchte mit Ihnen die Fragen teilen, die mir nie mehr so recht aus dem Kopf wollten seit jenem Dezember 1982, als ich einen gewissen Charlie Brooks, einen verurteilten Mörder, in die Todeskammer begleitete – den ersten Häftling der Welt, der durch die »Todesspritze« starb.

Wirkt die Todesstrafe abschreckend auf Verbrecher? Als ich meinen Dienst als Gefängniskaplan antrat, vor über zwei Jahrzehnten, saßen in Texas hundert Menschen im Todestrakt. Seither hat der Staat über zweihundertfünfzig Menschen hingerichtet, aber die Zahl der zum Tode Verurteilten ist auf fast fünfhundert gestiegen. Ich behaupte hier, es gibt schlicht keinen Beleg dafür, dass die Todesstrafe jemanden davon abhält, einen Mord zu begehen.

Und dann wäre da noch der psychologische Schlussstrich, den die Hinrichtung den Angehörigen bringen soll. Wenn ich an so einem finsteren Morgen unmittelbar nach einer Hinrichtung mit

Hinterbliebenen von Verbrechensopfern – Ehegatten, Müttern, Vätern und Kindern – sprach, waren sich so gut wie alle einig, dass die so lang erhoffte Erleichterung ausgeblieben war. Ein Tod, so schrecklich und sinnlos er auch gewesen ist, lässt sich nicht durch einen weiteren Tod auslöschen, so schnell und human er auch sein mag.

Eine junge Frau drückte das nach der Hinrichtung des Mörders ihrer Mutter folgendermaßen aus: »Es ändert ja wohl nichts an den Tatsachen, oder? Es bringt sie uns nicht zurück. Ihre Enkelkinder werden sie trotzdem nie sehen.«

Wir schaffen mit der Todesstrafe, und das ist meine feste Überzeugung, nur eine weitere Gruppe von Opfern. Indem wir einen Menschen töten, fügen wir einer weiteren Familie schlimmen Schaden zu. Ich möchte wirklich nicht als einer dastehen, der naiv das Böse in Menschen zu entschuldigen versucht, die zweifelsohne Strafe verdienen, aber ich weiß, dass auch sie Angehörige haben, deren Kummer nicht weniger schmerzlich ist als der der Familien ihrer Opfer. Ich habe tränenreiche Besuche im »Todeshaus« erlebt, Besuche von Menschen, die wussten, dass sie ihren Lieben – den Ehemann, den Vater, den Bruder, den Sohn – zum letzten Mal lebend sehen.

Ich habe Gefängniswärter ihre Uniformen abgeben und Anstaltsleiter ihren Job an den Nagel hängen sehen; ich habe erlebt, dass Kollegen in eine Depression versanken, die es ihnen unmöglich machte, weiter ihrer Berufung als Seelsorger nachzugehen. Auch sie sind Opfer einer Justiz, die nicht nur auf dem Recht besteht, einem Menschen das Leben zu nehmen, sondern sogar eine Pflicht darin sieht.

So gehöre ich zur wachsenden Zahl derer, die die Zeit für gekommen halten, dass Gesetzgeber wie Gesetzeshüter – immerhin beide Mitglieder der besten Gesellschaft der Welt – zu der zivilisierten Einsicht kommen, dass uns dieser grausame Racheakt, ungeachtet der juristischen Terminologie, mit der wir ihn zu verbrämen versuchen, nicht nur nichts bringt, sondern auch unter unserer Würde ist.

Wie auch immer, ich verspreche, auf den folgenden Seiten weder zu predigen noch entrüstet zu schimpfen, als hätte ich die Patentlösung für das Problem und – mehr als alle anderen – ein Recht auf Gehör. Ich bitte nur einfach, sich das Problem mit mir anzusehen, die Stimmen zu hören, die Gesichter zu sehen. Ich habe im Lauf der Jahre als Seelsorger Männer betreut, die so weit abseits von jeder gesellschaftlichen Norm standen, Männer so gefühllos und gemein, dass allein der Versuch, die Psychologie einer solchen Bösartigkeit zu beschreiben, eines weit größeren Talents bedürfte, als ich es habe. Man hat mich bespuckt, verflucht und bedroht. Auf der anderen Seite hatte ich mit Männern zu tun, die in ihrer Jugend einen tragischen Fehler gemacht hatten, für den sie Gott und ihre Mitmenschen für den Rest ihres Lebens um Vergebung baten. Viele von ihnen waren Analphabeten und einige aufgrund einer geistigen Behinderung noch nicht einmal in der Lage, so recht zu verstehen, was sie getan hatten und warum sie sterben sollten. Und auch wenn unser ehemaliger Gouverneur und heutiger Präsident das Gegenteil beteuert, es waren unter den Hingerichteten auch welche, an deren Schuld ich nie geglaubt habe.

Ich hatte mit Männern zu tun, die die Verbrechen sehr wohl begangen hatten, für die sie zum Tode verurteilt wurden, und sie haben diese aufrichtig bereut. In den Jahren zwischen ihrem Verbrechen und ihrer endgültigen Bestrafung haben sich einige drastisch verändert. Selbst im Todestrakt habe ich Männer gesehen, deren Leben wieder ein gewisses Maß an Hoffnung, Sinn, ja sogar Würde bekam. Dennoch starben sie denselben Tod wie diejenigen, die nichts bereuten.

Ich hatte schon lange daran gedacht, über all das zu schreiben, und sicher lange bevor ich mich jüngst gebeten sah, darüber vor einem Ausschuss des texanischen Repräsentantenhauses zu sprechen, der über einen Aufschub aller Hinrichtungen bis zum Abschluss einer zweijährigen Studie zum Thema beriet. Die Anhörung ging bis in den späten Nachmittag, und als ich aus dem Sitzungssaal auf den Korridor des Kongressgebäudes trat, erwartete mich dort ein Mann mit einem ergrauenden Pferdeschwanz, der mir irgendwie bekannt vorkam. Lächelnd streckte er mir eine Hand entgegen. Kaum hatte ich sie ergriffen, zog er mich an sich und drückte mich herzhaft. »Ich bin ja so froh, Sie zu sehen«, sagte er. »Es gab mal eine Zeit, da hätten wir uns womöglich unter ganz anderen Umständen kennen gelernt.«

Der Mann war Randall Dale Adams und hatte, 1977 fälschlicherweise für den Mord an einem Polizisten in Dallas verurteilt, zwölf Jahre im Todestrakt zugebracht. Ich erinnerte mich, sein Gesicht erst in den Zeitungen und schließlich in der preisgekrönten Dokumentation *The Thin Blue Line* gesehen zu haben. Noch heute gilt sein Fall als eines der besten Beispiele für die Fehler einer Justiz, die mit ihren Urteilen und Verurteilungen zuweilen doch etwas zu rasch bei der Hand ist.

Bevor seine Unschuld sich denn doch noch erwies, so erzählte er mir, hatte seine Mutter ihm bereits einen neuen Anzug gekauft – für seine Beerdigung. Gerade mal zweiundsiebzig Stunden waren ihm bis zu seinem Weg ins Todeshaus geblieben, wo ich ihn erwartet hätte, als man das Räderwerk des Wahnsinns stoppte und ihn entließ.

Als ich an jenem Abend nach Hause fuhr, schweigend, mein Blick auf dem Highway vor mir, waren meine Gedanken bei denen, mit denen das Schicksal gar noch härter umgesprungen war als mit Randall Adams. Ich kam zu dem Schluss, dass es an der Zeit war, diese Gedanken zu Papier zu bringen.

– Rev. Carroll Pickett
Huntsville, Texas

Kapitel Eins

Die Geschichte beginnt an einem jener herrlichen texanischen Sommertage, an denen die Wärme einen wie Balsam umschmeichelt und die Blüten von Wandelröschen und Geißblatt der Luft ein geradezu berauschendes Aroma verleihen. Ich war Pastor der First Presbyterian Church von Huntsville, mein Urlaub hatte gerade begonnen, und ich freute mich auf eine Reihe unbeschwerter Aktivitäten. Da war etwa das seit langem geplante Familientreffen der Verwandtschaft meiner Frau, das bei uns zu Hause stattfinden sollte, der vierzehnte Geburtstag unserer Zwillinge und vielleicht auch noch ein müßiges Wochenende unten am Golf. Außerdem hatte ich einen Besuch in Victoria eingeplant, bei meinem Vater, der an Krebs erkrankt war. An jenem Mittwochnachmittag im Juli 1974 jedoch hatte ich nichts weiter vor, als mit einigen Freunden Tennis zu spielen, um zu sehen, was von meiner Rückhand noch übrig war.

Kurz nach ein Uhr nachmittags jedoch schob sich eine finstere, geradezu unheilvolle Wolke über die ruhige, freundliche Stadt, die seit sieben Jahren mein Zuhause war. Mit der Zeit wurde mir dieser Augenblick zu dem Punkt, an dem mein Leben wie meine berufliche Laufbahn in eine Richtung abzutrudeln begannen, die ich mir in meinen kühnsten Träumen nicht hätte ausmalen können.

Ich war vierzig Jahre alt, glücklich und zufrieden in meinem Beruf als Seelsorger, und als meine älteste Tochter Karel auf den Tennisplatz kam, um mir auszurichten, Jim Estelle, der Direktor der texanischen Gefängnisverwaltung und Mitglied meiner Kirchengemeinde, wolle mich in seinem Büro sehen, hatte ich nicht ahnen können, dass von diesem Tag an nichts in meinem Leben beim Alten bleiben sollte.

»Er sagt, es ist dringend«, sagte sie mir.

Obwohl seit Jahren mit ihm befreundet, hatte ich Estelle nie in seinem Büro besucht, ja, genau genommen hatte ich keine so rechte Vorstellung davon gehabt, wie schwer sein Posten als Direktor im stetig wachsenden texanischen Vollzugssystem eigentlich war. Wie jeder andere in unserer Stadt auch war ich mir der mächtigen Anlage aus roten Ziegeln, die den Rand des Zentrums beherrscht, durchaus bewusst, wusste natürlich auch, dass sie als bestens bewachtes Zuhause für 2000 Menschen diente, die dort ihre Schuld gegenüber der Gesellschaft abtrugen – in einigen Monaten die einen, andere in Jahren, wenn nicht gar ein Leben lang. Ebenso wenig brauchte uns die Industrie- und Handelskammer daran zu erinnern, dass das Gefängnis als Haupteinnahmequelle der Stadt mehr Einwohnern Arbeit bietet als sämtliche Schulen der Stadt. Dennoch, für viele war The Walls, wie man die Justizvollzugsanstalt bei uns nennt, ein Problem, mit dem man sich tagtäglich konfrontiert sieht, ohne sich wirklich damit auseinandersetzen zu wollen; großes Thema war es praktisch nur für Leute, die dort angestellt waren.

Wenn man lange genug in Huntsville wohnt, so hatte man mir gesagt, als ich dort hingezogen war, dann sieht man das Gefängnis nicht mehr. Man verschwendet noch nicht mal mehr einen Gedanken an die Tatsache, dass nur Aufseher und dicke Mauern Mörder und Diebe von den gesetzestreuen Bürgern auf der Straße trennen. Um die Wahrheit zu sagen, wären nicht Direktor Estelle und eine Reihe anderer Angestellter der Anstalt sonntags zum Gottesdienst gekommen, es hätten Monate vergehen können, ohne dass mir das Gefängnis in den Sinn gekommen wäre, das Gefängnis, seine Angestellten und die Menschen, die dort eingesperrt waren.

Es gehörte einfach nicht in meine Welt oder, wie ich das damals sah, in meinen Verantwortungsbereich. Im ersten Stock des Texas

Department of Corrections (TDC), wie die zentrale Verwaltung der Justizvollzugsanstalten damals noch hieß*, begrüßte mich Estelles Sekretärin, Dorothy Coleman, nüchtern und mit hartem Gesicht. Ihr Chef, so erklärte sie, sei gerade gegenüber, beim Direktor der Anstalt, in dessen Büro. »Er hat mir gesagt, ich sollte ihn sofort anrufen, wenn Sie da sind«, erklärte sie.

Die Stimme am anderen Ende der Leitung war so ganz und gar nicht die des herzlichen, jovialen Mannes, mit dem ich mich sonntags nach dem Gottesdienst so oft unterhalten hatte. Er fasste sich noch knapper als seine Sekretärin, seine Sätze waren gemessen, seine Stimme gepresst. »Ich brauche Ihre Hilfe«, sagte er. »Wir haben hier eine Geiselnahme.« Es entstand eine kurze Pause, als hätte er Mühe, genügend Luft für den nächsten Satz in die Lunge zu bekommen. »Sieht schlimm aus«, schob er schließlich nach.

Drei Häftlinge, so erklärte er, hatten Geiseln genommen, Mitgefangene wie Gefängnispersonal; jetzt hielten sie sie in der Bibliothek fest. Sie hatten Schusswaffen, die man irgendwie in die Anstalt geschmuggelt hatte, und forderten, dass man ihre Flucht in die Wege leitete; falls man ihren Forderungen nicht nachkomme, so drohten sie, würde ihren Geiseln etwas passieren.

Man habe bereits damit begonnen, so erklärte er weiter, die Familien der Geiseln zu benachrichtigen, sie würden über kurz oder lang eintreffen, und ich sollte mich doch bitte um sie kümmern, bis die Angelegenheit erledigt war. »Ich brauche Sie als meinen Vertreter bei den Angehörigen«, sagte er. »Tun Sie, was immer Sie können, *was immer Sie können*, damit sie sich wie zu Hause fühlen und den Kopf nicht verlieren. Sehen Sie zu, dass sie bekommen, was immer sie brauchen, und versichern Sie ihnen, dass sie über Sie alles erfahren, was wir wissen.«

Obwohl er keinen zeitlichen Rahmen absteckte, hatte ich den starken Verdacht, dass die Krise, mit der er da zu tun hatte – und in die er mich hineinzog –, einige Zeit anhalten würde. Ich war

*heute Texas Department of Criminal Justice

mit einem Mal froh, erst noch zu Hause vorbeigefahren zu sein, um zu duschen und einen Anzug anzuziehen. Ich versicherte ihm zu helfen, so gut es nur irgendwie ging.

»Sie können sich im Konferenzraum einrichten«, sagte er. »Wenn Sie was brauchen, sagen Sie es einfach meiner Sekretärin, sie wird dafür sorgen, dass Sie es kriegen.«

Er legte noch eine Pause ein. »Noch was«, sagte er schließlich. »Es sind auch zwei von Ihren Leuten da drin.«

Mein Magen krampfte sich zusammen, als er ihre Namen aussprach: Judy Standley und Yvonne Beseda.

Einen Augenblick war ich wie vor den Kopf geschlagen. Wieso sollte irgendjemand Menschen wie die beiden, fürsorgliche Mütter, gläubige Mitglieder meiner Gemeinde, in einen so abscheulichen Alptraum hineinziehen wollen? Die letzten Wochen über hatte ich mich regelmäßig mit Judy getroffen, der Gefängnisbibliothekarin, um die Hochzeit ihrer ältesten Tochter zu besprechen. Erst einen Monat zuvor war Yvonne mit der aufregenden Nachricht zu mir gekommen, dass man sie angestellt hatte, um Häftlinge im Rechnen und Lesen zu unterrichten. Ich hatte ihr Jüngstes getauft. Zwei wunderbare Frauen, die noch voller Lebensfreude, voller Erwartung gewesen waren, als ich das letzte Mal mit ihnen gesprochen hatte; jetzt sahen sie sich einem Schrecken ausgesetzt, der meine Phantasie überstieg.

Dorothys Stimme unterbrach meinen Gedankengang. »Reverend Pickett, kann ich Ihnen irgendwie helfen?«

»Zeigen Sie mir den Konferenzraum.«

So begann mein Part in der bis dahin längsten Gefängnisrevolte der amerikanischen Geschichte.

*

Während der ersten paar Stunden blieben die Details über den Alptraum, der sich auf der anderen Straßenseite abspielte, eher vage. Fred Gomez Carrasco, ein verurteilter Drogenbaron, der erst sechs Monate zuvor in die Anstalt gekommen war, um dort eine lebenslange Strafe zu verbüßen, hatte sich mit zwei anderen Häftlingen – Rudolfo Dominguez und Ignacio Cuevas – zusammengetan, damit sie ihm bei der Flucht halfen, die er seit seiner Ankunft geplant hatte. Einer der Kalfakter hatte unter den Lebensmitteln, die er regelmäßig draußen zu besorgen hatte, drei Schusswaffen nebst Munition ins Gefängnis geschmuggelt.

Fünfzig Gefangene und zehn Bedienstete hatten sich in der Bibliothek im zweiten Stock des Schulbaus der Anstalt aufgehalten, als die bewaffneten Männer plötzlich die Tür verbarrikadierten und allen befahlen, sich an der Wand aufzustellen.

Als einige Minuten darauf einige ahnungslose Wärter die Betonrampe zur Bibliothek hinaufkamen, empfing sie ein Warnschuss. Er wirkte wie eine Fanfare, der erste Hinweis auf den Ernst der Situation, die sich da zu entwickeln begann.

So rasch wie nur möglich war die Gefängnisleitung zusammengekommen, um zu beraten, wie die Lage zu entschärfen und die Ordnung in der Anstalt wiederherzustellen sei. Aber keiner der vorgeschlagenen Pläne schien realistisch zu sein. Allem Anschein nach hatten Carrasco und seine Helfer sich den idealen Ort ausgesucht, um sich zu verbarrikadieren. Da die gläserne Eingangstür der einzige Zugang war, schien ein direkter Sturm zu riskant. Und dann hatte die Einrichtung keine Fenster, durch die Scharfschützen die Geiselnehmer hätten ins Visier nehmen können. Einen Augenblick dachte man sogar daran, ein Loch in die rückwärtige Wand des Gebäudes zu sprengen, um sich Zugang zu verschaffen. Wie die meisten anderen Pläne verwarf man jedoch auch diesen, sobald klar wurde, dass man dabei das Leben Unschuldiger aufs Spiel setzen würde.

Während man bis auf vier bald alle Häftlinge gehen ließ, immer fünf auf einmal kamen aus dem Bau, behielt man die zehn Gefängnisangestellten – fünf Lehrer, vier Bibliothekare und ein Wärter – als Geiseln zurück. Die Sorge um ihr Leben stand an oberster Stelle, nicht nur bei der Gefängnisverwaltung, sondern auch bei den Angehörigen, die sich nach und nach im Konferenzraum einzufinden begannen, um dort angsterfüllt und wütend auf Nachricht von ihren Lieben zu warten.

Die einen waren zu Hause gewesen, die anderen bei der Arbeit in der Stadt oder einem der umliegenden Orte, aber alle kamen sie in das Hauptquartier, das wir im Handumdrehen eingerichtet hatten, und alle stellten sie dieselben Fragen: Sind sie in Ordnung? Können wir mit ihnen sprechen? Wie lang wird das denn dauern?

Ich hatte keine Antwort für sie. Im Gegenteil, es dauerte bis spät in die Nacht, bis ich eine gewisse Vorstellung davon bekam, was uns da erwartete. Jack Kyle von der Anstaltsleitung kam herüber und zog mich in ein Büro nebenan. »Wir haben es mit einer ausgewachsenen Krisensituation zu tun«, begann er, »und es ist unwahrscheinlich, dass die sich so schnell wird klären lassen. Richten Sie sich lieber mal auf was Längeres ein.« Er erklärte, dass Carrasco, der in seiner Laufbahn als Drogendealer angeblich – direkt und indirekt – für vierzig Morde verantwortlich war, weitere Waffen fordere; darüber hinaus sollte man seinen Transport in die Freiheit arrangieren. Er habe bereits mit der Erschießung von Geiseln gedroht, käme man seinen Forderungen nicht nach. Er hatte erste Teile seines Fluchtplans preisgegeben, offensichtlich wollte er einige der Geiseln als Schilde benutzen. »Er will uns damit sagen«, erklärte Kyle, »dass er lieber stirbt, als sich zu ergeben.«

Ich fragte ihn, ob es denn überhaupt in Frage käme, dass man Carrasco und seine Leute laufen ließ. Kyles stummer Blick war Antwort genug. »Für den Augenblick können wir nur verhandeln, ihm so weit wie irgend möglich entgegenkommen, um Zeit zu gewinnen«, erklärte er.

Als ich wieder im Konferenzraum war, warf ich einen Blick auf die angespannten, müden Gesichter. Yvonnes Mann, Buster, war gekommen; er erklärte, dass er den Kindern nichts gesagt habe in der Hoffnung, dass bald alles zu Ende sei und er seine Frau wohlbehalten mit nach Hause nehmen könne. Er saß schweigend da, allein mit seinen Gedanken. Herman Fleming, der Gatte von Ann – einer der Bibliothekarinnen – war schon den ganzen Tag über auf einer emotionalen Berg- und Talfahrt, im einen Augenblick wütend, im nächsten im Würgegriff einer eisigen Angst. Zu diesem Zeitpunkt saß er einfach da, den Blick starr auf den Boden gerichtet, viel zu still. Die Familie des Lehrers Jack Branch, auch er ein Freund, den ich seit meinem Umzug nach Huntsville kannte, hielt sich betend bei der Hand. Andere saßen in kleinen Grüppchen beisammen, in denen man sich leise unterhielt. Hin und wieder überwältigte einen der engsten Angehörigen die Übelkeit, und so fragte er leise nach der Toilette. Als die Zeiger der Uhr auf Mitternacht zukrochen, liefen einige mit einem Becher Kaffee in der Hand auf und ab.

Ich wusste, wenn ich den Menschen, die sich zu dieser irrsinnigen Nachtwache zusammengefunden hatten, irgendwie von Nutzen sein wollte, musste ich ihr Vertrauen gewinnen, und zwar rasch. Aufrichtigkeit, so schmerzlich sie auch sein mochte, war dabei das A und O. »Nach allem, was ich erfahren habe, ist bislang keiner der Geiseln etwas zugestoßen«, gab ich bekannt, »außerdem hat man Verhandlungen aufgenommen. Aber es hat durchaus den Anschein, dass sich das einige Zeit hinziehen könnte.«

Die Medienleute, die sich nach und nach vor dem Gefängnis eingefunden hatten, malten ein finstereres Bild von der Lage. Sie sprachen bereits von einer »drohenden Katastrophe«. Ich betete, dass sie mit ihrer Prognose falsch lagen, fürchtete aber, dass sie Recht behalten könnten.

Als ich in den frühen Morgenstunden nach Hause kam, versuchte ich zu schlafen, aber ohne Erfolg; ich hatte versprochen, bis sechs wieder in der Gefängnisverwaltung zu sein. Im Dunkeln trat ich schließlich in die Zimmer der Zwillinge, die noch schliefen, und weckte sie, um ihnen zum Geburtstag zu gratulieren. Dann schlich ich mich, noch vor Sonnenaufgang, auf Zehenspitzen aus dem Haus, um an einen Ort zurückzukehren, an dem es nichts zu feiern gab.

Als sich immer mehr Betroffene einfanden, rief ich andere Geistliche in der Stadt an, um sie um Hilfe zu bitten. Ob sie, so fragte ich, nicht bei den Mitgliedern ihrer jeweiligen Kirchen anfragen könnten, wer bereit wäre, bei der Verköstigung der Leute mitzuhelfen, die mittlerweile zusammengekommen waren? So trafen denn schon eine ganze Weile vor Mittag die ersten eines schier endlosen Stroms von Töpfen, Schüsseln, Kuchen, Kaffeekannen und Kanistern mit Eistee in der Gefängnisverwaltung ein.

Neu hinzugestoßen war der Bruder von Father Joseph O'Brien, dem katholischen Gefängniskaplan. Der hatte sich nämlich nach einer langen Unterredung mit Anstaltsleiter Hal Husbands freiwillig in die zur Festung umfunktionierte Bibliothek begeben in der Hoffnung, zu einer Schlichtung beitragen zu können. Es war fast so etwas wie makabre Ironie, dass man Carrasco kurz nach seiner Einlieferung ausgerechnet dem Arbeitskommando zugeteilt hatte, das dem Priester gelegentlich in der Anstaltskapelle aushalf. Jetzt erklärte sich der Häftling bereit, den Geistlichen in seine behelfsmäßige Festung zu lassen – allerdings nur, wenn er dort in Handschellen erschien.

Statt mit optimistischen Meldungen kam Father O'Brien mit einer handschriftlichen Liste von Forderungen zurück, die vom Profanen bis hin zum schlicht Trivialen reichte. So wollte Carrasco auf der Stelle einen Fernseher, fünfzehn Paar Handschellen, drei kugelsichere Westen und Helme, drei Walkie-Talkies sowie drei M-16-Gewehre mit je 100 Schuss Munition. Darüber hinaus nannte die Liste Nahrungsmittel, Kleidung, Kissen und Zigaretten.

Fernseher und Handschellen lieferte man sofort, zusammen mit den verlangten Nahrungsmitteln, Decken und Kissen. Keine Gewehre, antwortete Direktor Estelle, unter keinen Umständen. Was die Panzerwesten, Walkie-Talkies und Helme anging, so sei man noch am Überlegen.

Während die Verhandlungen sich über den Tag in die Nacht zogen, wurde klar, dass die Gefängnisverwaltung Zeit zu schinden versuchte. Warum, so ihr Argument, ließ Carrasco in der Zwischenzeit nicht die Geiseln frei? Wie nicht anders zu erwarten, stieß der Vorschlag auf taube Ohren. War Carrasco im einen Augenblick gesprächsbereit und versprach, dass niemand zu Schaden käme, solange man seine Forderungen erfüllte, schlug er im nächsten Augenblick schon wütend den Hörer des Bibliothekstelefons auf den Tisch und drohte, mit der Hinrichtung der Geiseln anzufangen, wenn man sich nicht an die von ihm gesetzten Fristen hielt.

Bei einem seiner Telefonate mit der Anstaltsleitung ließ Carrasco seine Geiseln um sich herum antreten und forderte sie mit vorgehaltener Waffe auf, um Hilfe zu schreien. Während die Leute »Bitte helft uns!« und »Holt uns hier raus!« skandierten, feuerte Carrasco sie grausam und unter irrem Gelächter an. »Lauter, lauter!«, befahl er wiederholt.

Um den einzigen Zugang zur Bibliothek zu sichern, hatte man Aktenschränke und Bücherregale vor die Glastür gerückt. Schließlich fesselte man Glennon Johnson, einen der Lehrer, mit Handschellen an einen Stuhl und stellte ihn auf die Barrikade. Direkt im Blickfeld der bewaffneten Aufseher, die die Tür im Auge zu behalten hatten, wurde er mehr als nur eine Geisel, er wurde zur Zielscheibe. Bis zum späten Abend hatte der Stress der Situation ihm derart zugesetzt, dass er alle Symptome eines Herzanfalls zu entwickeln begann. Widerwillig rief Carrasco im Büro des Direktors an und sagte Bescheid: »Besser, es kommt jemand rüber und schafft den Typ ins Krankenhaus, bevor er stirbt.« So sah Johnson sich von seinem Martyrium erlöst. Kurz darauf jedoch nahm schon ein anderer seinen Platz ein.

Als Father O'Brien später am Abend Sandwiches hinüberbrachte, zwang ein misstrauischer Carrasco ihn, zuerst eines davon zu essen, um sicherzugehen, dass die Gefängnisleitung sie nicht mit einem Betäubungsmittel versetzt hatte. Nach der Mahlzeit ließ er den Priester wissen, er würde ihm nicht erlauben, noch mal wiederzukommen, wenn er die Bibliothek jetzt verließ. Father O'Brien entschloss sich, freiwillig als Geisel zu bleiben, praktisch als Ersatz für den erkrankten Johnson.

Während die Spannungen im Büro der Anstaltsleitung gegenüber stiegen, nahmen auch die Spannungen im Konferenzzimmer zu, wo die Angst allmählich in nackte Wut umzuschlagen begann. Einige der Angehörigen begannen gegen das vermeintliche Versagen des Gefängnissystems zu wettern; es hagelte Schuldzuweisungen in alle Richtungen, als der Frustrationspegel stieg. Das ging soweit, dass die Wartenden die Hilfe anderer Gefängnisgeistlicher, die vorbeikamen, in Bausch und Bogen ablehnten. Zu meinem persönlichen Bedauern sah man sie als Teil eines Systems, das unschuldige Menschen unnötigen Risiken ausgesetzt hatte; sie waren so ganz offensichtlich nicht willkommen.

Was mich anbelangte, so war die Situation für mich Neuland, das war mir klar. Ich hatte mein ganzes Leben als Seelsorger mit Individuen und Familien in verschiedenen Krisensituationen zu tun gehabt – aber gleichzeitig fünfzig Leute beruhigen, für jeden von ihnen da sein zu wollen? Da konnte einem schon angst werden. Als José Garcia, ein langjähriger Freund, sich bei mir meldete, schien mir seine Stimme wie die Antwort auf mein Gebet. José war Psychiater in Houston, er genoss einen hervorragenden Ruf und arbeitete schon seit einiger Zeit als psychologischer Berater für das Gefängnis; auf der Stelle erbot er sich, mir in jeder nur erdenklichen Hinsicht zur Seite zu stehen. »Wie schnell kannst du hier sein?«, fragte ich ihn.

*

Er saß schließlich in dem kleinen Büro, das man mir zugewiesen hatte, und studierte Carrascos Strafakte – Drogenhandel, Hinrichtungen, ein waghalsiger Ausbruch mit dem Hubschrauber aus einem Gefängnis in Guadalajara und schließlich die Schießerei in einem Motel in San Antonio, bei der er verwundet und schließlich festgenommen worden war. Man hatte ihn wegen Mordversuchs an dem Polizeibeamten, der ihn verhaftet hatte, verurteilt und dann nach Huntsville verlegt, wo er am Stock gehend und stark humpelnd eintraf. Seine Verletzung war laut seiner Akte der Grund dafür, dass er überhaupt in The Walls gelandet war, weil es dort ein Gefängniskrankenhaus gibt.

Dr. Garcia legte die Akte beiseite und blickte mich über den Schreibtisch hinweg kopfschüttelnd an. »Dieser Mann«, so mutmaßte er, »schert sich den Teufel um die Leute da drüben. Alles, was den interessiert, ist er selbst. Und er genießt die Aufmerksamkeit. Sie treibt ihn an. Der sitzt da drüben, guckt sich im Fernsehen die Nachrichten an und lässt sich jeden Tag die Zeitung bringen. Der nimmt sich von Minute zu Minute wichtiger.« Er stand auf, trat ans Fenster und blickte hinüber zum Gefängnis. »Ich vermute mal stark, dass er vor Samstag nichts unternimmt.«

Ich konnte ihm nicht folgen.

»Der will seinen Ausbruch als *die* Schlagzeile aller Sonntagsblätter sehen«, erklärte er.

Er erklärte sich bereit, einige Tage in Huntsville zu bleiben, und kam mit mir in den Konferenzraum. »Ich halte mich im Hintergrund«, sagte er, »aber beim geringsten Hinweis darauf, dass jemand durchzudrehen beginnt, sag mir Bescheid, und ich werde sehen, ob ich helfen kann.«

*

Als auch das Wochenende verging, ohne dass sich etwas tat, schien sich im Konferenzraum eine gewisse, wenn auch instabile

Entschlossenheit breit zu machen. Die Zornausbrüche verschwanden; es wurde nicht mehr so viel geweint. Stattdessen bot sich mir eine geradezu exemplarische Entfaltung von Glaube und Kraft; die Menschen halfen einander; die Negativität wurde durch positives Denken ersetzt. In dieser finstersten aller Stunden sah ich, wie Fremde einander wie Angehörige zu akzeptieren begannen. Wie durch ein Wunder entstand hier ein Band; ich hatte so etwas noch nie erlebt.

Wir sprachen miteinander, wir beteten; darüber hinaus richteten wir uns auf eine lange und ungewisse Wartezeit ein. Als ein anderer Geistlicher aus der Stadt Bescheid gab, dass er sich uns gern anschließen würde, versuchte ich ihm die brüchige Routine zu erklären, in der wir uns eingerichtet hatten. Ich wusste, er meinte es aufrichtig, versuchte ihm aber klar zu machen, dass die Leute mir zu verstehen gegeben hatten, sie würden keine weiteren Außenseiter mehr akzeptieren. Einige der Betroffenen hatten ja sogar meinen Vorschlag verworfen, die Geistlichen ihrer eigenen Kirchen herüberzubitten. Vertrauen für Außenstehende war im Konferenzraum zur Mangelware geworden. Wie auch immer, er bestand darauf und hatte alsbald seinen grandiosen Auftritt: »Der Herr schickt mich, euch zu trösten«, verkündete er, »jeden Einzelnen hier!« Er erntete nichts als Schweigen und eisige Blicke. Nachdem er fast vier Stunden allein in der Ecke gesessen hatte, ging er wieder.

Wie Dr. Garcia schon gesagt hatte, machte Carrasco kein Hehl daraus, dass er die Aufmerksamkeit der Presse genoss. Er verlangte des Öfteren, mit Reportern zu telefonieren, und als man es ihm gestattete, begann er in langen wirren Interviews gegen die Haftbedingungen vom Leder zu ziehen. Wenn hier Leute starben, so beharrte er, dann sei das die Schuld der texanischen Gefängnisverwaltung und nicht etwa die seine. Zum Beweis dafür, dass den Geiseln nichts passiert war, ließ er die eine oder andere mit den Reportern sprechen.

Dann kamen wieder lange, qualvolle Strecken, in denen überhaupt nichts zu passieren schien. In diesen stillen Stunden spürte ich die erwartungsvollen Blicke aller auf mir; man folgte jeder meiner Bewegungen und fragte sich dabei, ob ich nicht vielleicht doch eine Information für sie hätte, und sei sie auch noch so klein. Immer wieder kam ich von einem Telefonat mit der Anstaltsleitung mit nichts weiter zurück als einer erneuten Warnung. Ein weiteres von Carrascos Ultimaten stehe kurz vor dem Ablaufen, gab ich dann bekannt. Es war ein Hinweis darauf, von den Fenstern wegzubleiben, für den Fall, dass es zu einer Schießerei kommen sollte.

Mitte der Woche dann gestattete Carrasco einigen ausgewählten Geiseln kurze Telefonate mit ihren Angehörigen. Die Anrufe, die über das Büro des Direktors geschaltet wurden, landeten bei mir im Verwaltungsbau, und Carrasco ließ mich wissen, wen ich an den Apparat rufen sollte. Sie begannen jeden Abend um sechs. Eines Abends sagte er mir, er wolle erst mit mir sprechen, bevor ich ihm Jack Branch gab, damit der mit seiner Frau sprechen konnte. »Prediger«, sagte er mit Reibeisenstimme, »ich weiß, dass ich ein paar von Ihren Leuten hier habe. Weil sie von Ihnen reden. Ich hätte da eine Frage an Sie.«

»Und die wäre?«

»Ich würde gerne wissen, was Ihre Frauen so stark macht?«, fragte er.

*

Als eine neue Woche begann, schien in der kleinen Welt, in der wir da lebten, die Zeit stehen geblieben zu sein. Die Tage begannen zu verschwimmen. Die Sorge wuchs, drinnen wie draußen. Eine Zeitlang hieß es in der Stadt, die Häftlinge verfügten über selbst gebaute Bomben und würden jeden Augenblick ein Loch in die Gefängnismauer sprengen, um durch dieses zu fliehen. Gleich mehrere Male täglich kam das Gerücht auf, Carrasco habe eine

Geisel getötet, nachdem man eine seiner Forderungen nicht erfüllt oder ein Ultimatum nicht eingehalten habe. Für zusätzliche Angst sorgte eine Geschichte, laut der einige von Carrascos Kontakten aus der Drogenwelt aus Mexiko heraufgekommen waren; sie sammelten sich in einem Rasthaus am Highway, direkt vor der Stadt, und planten einen Angriff auf das Gefängnis. Jeder spürte den Druck. Wie viele andere auch fürchtete meine Frau Sonya, es könnte zu einer Schießerei kommen, die sich über das Gefängnis hinaus ausbreitete; sie sagte schließlich, sie bringe die Kinder nach Fort Worth, bis der Wahnsinn zu Ende sei. Karel, meine Älteste, weigerte sich zu gehen. »Papi braucht mich womöglich hier«, sagte sie so lange, bis sie schließlich bleiben durfte.

Noch größer waren die Spannungen im Gefängnis selbst. Carrasco kam auf immer neue Forderungen. Er wollte, dass ein gepanzertes Fahrzeug mit Sprechfunkanlage und Telefon bereitstand, wenn er soweit war; er wollte spezielle kugelsichere Westen und Helme; ja sogar neue Anzüge für ihre weitere Flucht in die Freiheit forderte er. Einmal machte er gar den Vorschlag, die Geiseln gegen Direktor Estelle, Anstaltsleiter Hal Husbands und einige andere Entscheidungsträger der texanischen Gefängnisverwaltung einzutauschen. Die Situation wurde so verzweifelt, dass man den Gedanken sogar kurz in Erwägung zog, bis der Gefängnisausschuss sich in einer Abstimmung einstimmig dagegen aussprach.

Man berief einen Rechtsanwalt aus San Antonio zum Vermittler bei den Verhandlungen, aber auch er kam in seinen Bemühungen nicht weit, seinen Mandanten zur Aufgabe zu überreden und so das Patt friedlich zu beenden. Als am Mittwoch ein neues Ultimatum kam, schrieb der Anwalt Reuben Montemayor während eines Telefonats mit Carrasco folgende Notiz für die Gefängnisverwaltung: »Letzte Frist 20 Uhr«, kritzelte er auf einen Block, »sonst gibt es Krieg!!!«

Fred Carrasco und seine Anweisungen waren jedoch nicht das

einzige Problem. Seit Beginn der Revolte befand sich die Gesamtheit der Häftlinge unter Generaleinschluss. Sämtliche Insassen hatten in ihren Zellen zu bleiben; es wurde weder gearbeitet, noch waren Freizeitaktivitäten erlaubt. Die Duschen blieben geschlossen, die Küche blieb kalt; Sandwiches auf den Zellen waren alles, was es gab. Nur einmal durchdrang die düstere Atmosphäre ein Anflug von Humor, als der Zettel eines Häftlings, zum Papierflieger gefaltet, aus einem der Fenster gesegelt kam. Er hatte darauf geschrieben: »Habe meinen Zellengenossen als Geisel. Entweder ich kriege auf der Stelle was Warmes zu essen, oder er stirbt.«

Im Gebäude der Gefängnisverwaltung hatte man keinen Sinn für Humor. Als die Woche sich dahinschleppte, wurde klar, dass der physische Tribut, den die Situation forderte, nicht weniger groß war als die Angst selbst. Als der Juli zu Ende ging, lag auch der letzte Nerv blank, die Spannung stieg ins Unerträgliche. Der Ausbruchsversuch, so erfuhren wir, stünde unmittelbar bevor.

*

Am Nachmittag des 3. August schließlich, einem Samstag, nahm ich den Hörer ab und hörte Carrascos Stimme: »Wir gehen raus«, gab er bekannt und beschrieb bis in die letzte Einzelheit, wie er und seine Mitausbrecher von der Bibliothek in das gepanzerte Fahrzeug zu kommen gedachten, das in der Mitte des Gefängnissportplatzes geparkt war. Er schickte einen von den Häftlingen, die er nicht hatte gehen lassen, nach draußen, um sicherzugehen, dass der Wagen voll getankt und fahrbereit war. Einige Minuten lang diskutierten wir die schnellste Route durch Houston. Sie würden, so fügte er noch hinzu, zwei der Frauen mitnehmen, die sie als Geiseln hatten. »Wenn wir da sind, wo wir hin wollen«, sagte er, »rufe ich Sie innerhalb der nächsten 24 Stunden an und sage Ihnen, wo Sie sie abholen können.« Judy Standley, Yvonne Beseda und Novella Pollard, die Lehrerin, sagte er, hätten sich bereits freiwillig dazu bereit erklärt. »Ich lasse sie mal mit Ihnen reden.«

Ich konnte nur staunen über die Kraft in Judys Stimme; wie ein Echo kam mir Carrascos Frage in den Sinn. Was macht Ihre Frauen so stark? Und ganz plötzlich hatte ich die Antwort darauf, die ich ihm gern gegeben hätte: *Weil sie einen starken Glauben und ein großes Herz voll Liebe haben. Weil sie sich wohl fühlen in ihrer Haut und seit langem wissen, wie wichtig es ist, anderen Mut zuzusprechen. Weil sie das Wohlbefinden anderer mehr interessiert als das eigene. Weil sie Frauen mit bemerkenswert festen Überzeugungen sind, Frauen von großem Mut…*

Judy kam ohne Umschweife zur Sache und sagte, sie hätte sich bereit erklärt, sich mit Handschellen an Carrasco fesseln zu lassen auf dem Weg von der Bibliothek zu dem gepanzerten Wagen, der bereitgestellt war. Sie würden sich hinter einem provisorischen Schild bewegen, erklärte sie, der auf dem Weg zwischen Bibliothek und Gefängnishof für Deckung sorgen sollte. Wenn sie überhaupt so weit kamen, dann wäre sie eine der beiden Frauen, die die Gefangenen bei ihrem Fluchtversuch begleiten würden. »Ich werde heute Abend sterben«, sagte sie. »Ich weiß seit Tagen, dass es dazu kommen wird, und ich bin darauf vorbereitet. Ich habe keine Angst. Sagen Sie bitte meiner Familie, dass ich weiß, wo ich hingehe, und dass Gott sich meiner annehmen wird.«

Ich machte einen vergeblichen Versuch, sie optimistisch zu stimmen, aber sie fiel mir sofort ins Wort. »Ich muss mit Ihnen über meine Beerdigung sprechen«, sagte sie mit einer Bestimmtheit, die die Erschöpfung kaschierte, die doch schier überwältigend sein musste.

Sie hatte gründlich nachgedacht über ihre Bitte, soviel war klar. Sie zählte ihre liebsten Kirchenlieder auf, die wir singen sollten, und dann hatte sie für jedes ihrer fünf Kinder eine Nachricht, die ich zu überbringen hatte. Ihre Mutter, so merkte sie an, sei Mitglied der Church of Christ, mit anderen Worten einer Konfession, die von Instrumentalbegleitung in der Kirche nichts hält. »Wenn Sie irgend etwas Besonderes für sie tun können«, sagte Judy, »ich wäre Ihnen wirklich dankbar.« Ich versprach ihr einen A-cappella-Chor.

Auf ihrem Grabstein sollte Folgendes stehen: »Sie starb, auf dass andere leben.«

»Noch etwas«, sagte sie. »Versprechen Sie mir, Sie werden nicht zulassen, dass Dru die Hochzeit absagt. Sie wissen ja, bis dahin sind es nur noch zwei Wochen.«

»Ich kümmere mich darum. Es wird eine wunderschöne Hochzeit.«

Sie begann leise zu weinen. »Sagen Sie ihr«, fuhr sie fort, »dass ich gern dabei gewesen wäre.« Damit reichte sie den Hörer Yvonne.

Wieder notierte ich Pläne für eine Beerdigung. Wie schon Judy hatte sie sich aus freien Stücken erboten, bei dem Ausbruchsversuch als Geisel mitzugehen; und auch sie wusste sehr gut, dass sie keine Chance hatte, ihn zu überleben. Sie diktierte mir Botschaften für ihre Kinder.

»Was«, so fragte ich sie, »soll ich denn Ihrem Mann sagen?«

»Sagen Sie ihm, dass ich ihn sehr, sehr lieb habe«, antwortete sie, »und dass es mir nicht Leid tut, dass ich den Job hier angenommen habe. Ich wollte einfach nur anderen helfen...«

Und dann war die Leitung mit einem Mal tot; die Gefängnisoberen hatten das Gespräch unterbrochen. Es war das Signal für den Beginn der letzten Konfrontation.

Einige Minuten lang saß ich allein in dem Büro; eine nie gekannte Traurigkeit beschlich mich. Ich war mir nicht sicher, ob meine Beine mich tragen würden, selbst wenn ich aufzustehen versuchte.

Schließlich machte ich mich denn doch auf den Weg den Flur hinauf zum Konferenzraum. Buster Beseda kam auf mich zu. »Sie haben mit Yvonne gesprochen, nicht wahr?«, sagte er.

Ich nickte und machte ihm Zeichen, mit mir in das Büro zurückzukommen. Dort berichtete ich ihm über den Fluchtplan, wie man ihn mir beschrieben hatte, und richtete ihm aus, was seine Frau mir aufgetragen hatte. Er sagte nichts, sondern begann zu weinen. Und zum ersten Mal seit Beginn dieser hässlichen, schmerzlichen Geschichte konnte auch ich nicht mehr an mich halten. »Gott, wie soll ich das bloß den Kindern sagen?«, fragte er schließlich. »Ich glaube nicht, dass ich das kann.« Sein Schmerz erfüllte die Stille des winzigen Raums; ich griff nach Buster, um ihn an mich zu ziehen.

»Ich mach das für Sie«, flüsterte ich, fragte mich aber dabei, ob ich wohl die Kraft dazu aufbringen würde.

*

Draußen, auf den Straßen vor dem Gefängnis, war plötzlich eine ganz neue Dringlichkeit zu spüren. Man hatte ein großes Zelt aufgebaut, das zum Hauptquartier für die nach wie vor wachsende Zahl von Presseleuten geworden war. In der Straße direkt vor der Anstalt, die seit Tagen gesperrt war, drängten sich mit einem Mal Löschfahrzeuge der Feuerwehr; Schläuche wurden abgeladen und an die nächsten Hydranten montiert. Ein Heer von Vollzugsbeamten aller nur möglichen Behörden – Texas Rangers, Staatspolizei, Sheriff und Gefängnisverwaltung – ging in Position. Der Plan, auf den man sich im Büro des Direktors geeinigt hatte, sah vor, das Schutzschild der Ausbrecher mit Wasser unter Beschuss zu nehmen, um die Gruppe von den Beinen zu werfen, wenn sie die Rampe herunterkam. Darauf sollte der Sturm der Einsatzgruppe folgen, die gleich in der Nähe in Deckung gegangen war.

Im Konferenzraum wurde die Stille erdrückend, als das große Warten begann. Mit einem Mal verspürte ich das Bedürfnis, an mehreren Orten gleichzeitig zu sein. Ich begleitete Buster und seine Kinder in ein anderes Zimmer, dann sammelte ich Judys Kinder zusammen, um sie in einen anderen Raum zu bringen, wo sie warten konnten. Die Pollards, die wussten, dass Novella sich freiwillig bereit erklärt hatte, sich an einen der Häftlinge fesseln zu lassen, folgten mir den Flur hinauf in einen Raum, in dem man sie nicht stören würde. Ich versicherte jeder der Familien, ich würde auf der Stelle zurückkommen, wenn ich etwas erfuhr. Nachdem ich mir selbst noch einen Augenblick genommen hatte, um ein rasches Gebet zu sprechen, ging ich zurück zu den anderen.

Abends, um 21 Uhr 40, waren die ersten Schüsse zu hören.

Da das Telefon nicht mehr in Betrieb war, blieb mir nichts anderes, als in Estelles Büro zu laufen, wollte ich etwas erfahren; seine Sekretärin stand in Kontakt mit der Einsatzleitung auf der anderen Straßenseite. Als ich eintrat, hatte sie ein Walkie-Talkie am Ohr. Blass und müde, dirigierte sie mich mit einem Nicken in meine Richtung auf einen Stuhl. Dann sagte sie, eine Hand über der Muschel: »Sie haben es nicht geschafft.« Ihr versagte die Stimme, als sich ihre Augen mit Tränen zu füllen begannen. »Bleiben Sie hier«, fuhr sie fort. »Mr. Estelle schickt gleich jemanden herüber, der Ihnen sagt, was passiert ist.« Wir sahen uns einige Augenblicke schweigend an, bevor sie wieder sprach: »Ich beneide Sie nicht um Ihre Aufgabe«, sagte sie.

Es dauerte nicht lange, und Ron Taylor, der Pressesprecher der Justizvollzugsanstalt, erschien; ihm kamen die Tränen noch vor dem ersten Wort. »Judy und Yvonne«, brachte er schließlich heraus, »sind tot. Father O'Brien wurde angeschossen, kommt aber durch. Den anderen ist nichts passiert.«

Er hatte rasch eine Erklärung für die Leute im Konferenzraum aufgesetzt. »Wie wollen Sie's denn angehen?«, fragte er mich.

»Lassen Sie mich erst mit den Familien der Angehörigen sprechen«, schlug ich vor. Er nickte und sackte in einen Sessel, um zu warten. Jeder Schritt eine Mühsal für sich, ging ich hinaus auf den Flur.

Buster wartete schon in der Tür, zitternd, aschfahl. »Sie ist tot«, sagte ich. Von irgendwo tief in ihm machte sein Kummer sich in einem Laut Luft, wie ich noch keinen gehört hatte. Sein Sohn Robert, ein viel versprechender Bühnenschauspieler, der eigens aus New York nach Hause gekommen war, sprang auf einen Schreibtisch und schlug mit der Faust gegen die Decke, ohne auf den Schmerz zu achten, als er sich mehrere Knochen in der Hand brach. Ich stand schweigend dabei, während sein Zorn sich entlud. Es gelang Buster schließlich, ihn zu beruhigen, bevor er sich wieder an mich wandte. »Was ist mit Judy?«, fragte er. Zu mehr, als den Kopf zu schütteln, hatte ich keine Kraft; ich wandte mich ab, um nach ihren zwei Töchtern und drei Söhnen zu sehen.

Bei all dem unerträglichen Schmerz in den beiden kleinen Zimmern hörte man die unbändige Freude der Menschen im Konferenzraum den Flur hinauf, wo die anderen Familien, die mehr Glück gehabt hatten, erfuhren, dass die Geiselnahme vorbei sei und sie ihre Lieben bald wieder sehen würden.

Auf der Straße unter uns war eine Jahrmarktsatmosphäre aufgekommen, als sich neugierige und erleichterte Menschen aus der Stadt unter die Reporter vor dem Gebäude zu mischen begannen. Noch einmal nahm ich die Hilfe von Estelles müder Sekretärin in Anspruch. »Unmöglich, die Leute hier jetzt all den Reportern da unten auszusetzen«, erklärte ich. »Ich brauche jemanden, der mir hilft, sie aus dem Haus und nach Hause zu schaffen.« Fast wie durch Zauberhand erschienen zehn Texas Rangers, um als Begleitschutz zu dienen.

Als der Letzte wohlbehalten aus dem Haus und auf dem Weg zum Wiedersehen mit seinen Angehörigen war, um das wir alle gebetet hatten, sackte ich erschöpft in einen Sessel und warf einen Blick durch den leeren Raum. In der Stille ließ ich die vergangenen Tage und Nächte Revue passieren, in denen dieser Raum praktisch selbst zu einem Gefängnis, einer Hölle geworden war. Und ich versuchte mir das Drama, den Wahnsinn vorzustellen, der sich drüben in The Walls abgespielt hatte.

*

In den frühen Morgenstunden schon hatte Carrasco mit Linda Woodham eine der Geiseln freigelassen und ihr den Plan des vierseitigen Schutzschilds mitgegeben, den er und seine Helfer entworfen und aus schwarzen Schiefertafeln gebaut hatten – sozusagen der Schützenpanzer eines kranken Gehirns. Man brachte sie in das Büro des Direktors, wo sie den Fluchtplan und den provisorischen Panzer beschrieb. Letzterer war auf allen Seiten mit dicken juristischen Wälzern verstärkt, die mit Klebestreifen an den Tafeln befestigt waren; insgesamt war er groß genug, um den Ausbrechern mit ihren drei Geiseln Sichtschutz zu gewähren. Yvonne, so berichtete Linda Woodham, sei dabei mit Handschellen an Carrasco gefesselt, Judy an Rudy Dominguez und Novella Pollard an Ignacio Cuevas. Father O'Brien bilde, mit Handschellen an den Panzer gefesselt, den Schild für die Lücke, die hinten blieb. Die drei Häftlinge, so erklärte sie weiter, würden die kugelsicheren Helme tragen, die schließlich Carrascos Zustimmung gefunden hatten. Um die Außenseite des Panzers waren Seile gespannt, an die mit Handschellen die restlichen fünf Angestellten sowie drei weitere Häftlinge gefesselt werden sollten. Deren Aufgabe war es, den tragbaren Schild ohne Zwischenfall die Rampe hinab in den Hof zu navigieren.

Die geplante Route war denkbar einfach: zur Bibliothekstür hinaus, die Rampe, die sich über drei Geschosse zog, hinunter auf den Sportplatz im Hof; dort wollte man mit Yvonne, Judy und Novella in das gepanzerte Fahrzeug steigen und damit zum Tor hinaus in die Freiheit fahren. »Er ist absolut bereit, mit fliegenden Fahnen unterzugehen«, hatte sie noch gesagt.

*

Kurz nach 21 Uhr nahm der Fluchtversuch seinen Lauf.

Was die Ausbrecher nicht eingeplant hatten, das waren die engen Windungen der Rampe, mit denen sie es auf dem Weg nach unten zu tun hatten. Sie brauchten fast zwanzig Minuten, um endlich den zweiten Stock hinter sich zu lassen, während Polizei und Aufseher ungeduldig zwei Geschosse tiefer ausharrten, im finsteren Speisesaal der Anstalt versteckt.

Als der schwer zu manövrierende Panzer endlich das erste Obergeschoss erreichte, tauchten die Polizisten aus der Dunkelheit auf und nahmen den Panzer mit den Hochdruckstrahlen der Feuerwehrschläuche unter Beschuss. Die Wucht des Wassers sollte das Gebilde auseinander reißen und den Gesetzeshütern die kostbaren Sekunden verschaffen, die für einen Sturm nötig waren. So schien ein unblutiges Ende möglich.

Als aber einer der Schläuche platzte, fehlte den Strahlen die zum Umwerfen des Panzers nötige Wucht. Infolgedessen wurden Geiseln wie Geiselnehmer gerade mal ordentlich nass. Und dann waren auch schon die Schüsse aus dem Innern des Panzers zu hören.

Beim Sturm auf das Gebilde wurden mehrere Beamte getroffen, der Aufprall der Geschosse auf ihren kugelsicheren Westen warf sie zurück. Andere jedoch erreichten den Panzer und versuchten ihn umzudrehen. Einer der Wärter zerschnitt das Seil, an dem einige Geiseln festgemacht waren, was ihnen die Flucht in die Sicherheit ermöglichte. Innen waren, in rascher Folge, noch zwei Schüsse zu hören. Stille trat ein, bevor der Scheinwerfer eines Hubschraubers einen weiten Lichtkreis auf die grausige Szene warf.

Während Dutzende von Beamten sich näherten, schrie Father O'Brien, selbst an Brust und Arm verletzt, ihnen eine Warnung entgegen: Dominguez sei noch am Leben und versuche nach einer Waffe zu greifen. Man eröffnete das Feuer und erschoss ihn. Dann war es still.

Während des Blutbads hatte Carrasco sich selbst gerichtet und damit sein Wort gehalten, dass man ihn nicht lebend zu fassen bekäme. Judy Standley hatte vier Kugeln im Rücken und war tot;

Yvonne Beseda war durch einen einzigen Schuss in die Brust gestorben. In den folgenden Tagen stellte man fest, dass Carrasco und Dominguez die beiden Frauen hingerichtet hatten. Cuevas, der offensichtlich bei den ersten Schüssen in Ohnmacht gefallen war, hatte unverletzt überlebt. Neben Father O'Brien war nur noch eine weitere Geisel verletzt, ein Häftling namens Martin Quiroz; er hatte eine Fleischwunde am Arm.

Nach elf schier endlosen Tagen hatte der tragische Höhepunkt des Alptraums gerade mal einige Minuten gedauert.

*

Es war bereits Mitternacht, als mir Dorothy Coleman sachte eine Hand auf die Schulter legte; Jim Estelle, sagte sie, würde mich gern sprechen, er sei noch immer drüben im Büro des Direktors. »Er schickt jemanden rüber, der Sie durch den Auflauf da unten lotst«, sagte sie.

Estelle saß an einem Schreibtisch, als ich eintrat; Kummer und Erschöpfung standen ihm in die reglosen Züge geschrieben. Auf dem Boden lagen die handgemachten Helme, die die Gefangenen bei ihrem tödlichen Ausbruchsversuch getragen hatten. Gleich daneben lagen die Waffen, die dem Leben von Judy und Yvonne ein Ende gemacht hatten. Vom Fenster aus sah ich das blau-weiße Panzerfahrzeug, das noch mitten auf dem Sportplatz stand. Vielleicht bildete ich es mir nur ein, aber ich hatte mit einem Mal den Geruch von Schießpulver in der Nase.

Estelle hatte alle die zusammengeholt, die ihm bei den Verhandlungen zur Seite gestanden hatten, und bedankte sich bei jedem Einzelnen für sein Bemühen. Mich bat er, ein Gebet zu sprechen.

Erst nachdem alle anderen gegangen waren, fragte er mich, ob ich ihn begleiten würde, wenn er am Nachmittag zu den Standleys und den Besedas ging. Ich sagte es ihm zu und wandte mich zum Gehen. »Sie verstehen doch«, sagte er, seine Stimme kraftlos, traurig, »dass es völlig ausgeschlossen war, derart gewalttätige Menschen noch mal auf die Welt da draußen loszulassen. Wären die Geiseln erst mal durchs Tor gewesen, sie hätten nicht die geringste Chance gehabt.«

Es war eine Erklärung, die nicht nötig gewesen wäre. Ich wusste, der Kummer, der ihn so offensichtlich plagte, würde ihn für den Rest seines Lebens verfolgen. Er hatte eine so unmögliche wie unpopuläre Aufgabe zu erfüllen gehabt, die aufgrund ihrer Natur schon kaum Alternativen ließ.

Das erste Tageslicht kam bereits durch, als ich mich auf den Heimweg machte. Da ich Karel nicht wecken wollte, schlich ich mich ins Wohnzimmer, als ich die wohltuende Stimme meiner Tochter hörte: »Papi, bist du das?« Mit einem Mal tat mir mein Körper nicht mehr gar so weh, meine Stimmung hob sich etwas. Ich ging nach oben in ihr Zimmer, wo sie mich mit einer festen Umarmung begrüßte. »Ich hab mir solche Sorgen um dich gemacht«, sagte sie.

Einige Stunden lang saßen wir auf dem Boden, Hand in Hand, und unterhielten uns leise. Zum ersten Mal in ihrem Leben sah sie ihren Vater weinen.

*

Auch wenn die Geiselnahme vorbei war, ihre Nachwehen stellten den Alltag unserer Gemeinschaft noch für geraume Zeit auf den Kopf. Estelle und ich verbrachten den Sonntagnachmittag mit den Standleys und den Besedas. Tags darauf besorgte ich vormittags Judys Beerdigung, am Nachmittag dann die von Yvonne. Dass beide Messen weltweit im Fernsehen übertragen wurden, halte ich persönlich für einen angemessenen Tribut. Mit der Zeit jedoch verschwanden die Kameras und Mikrofone wieder, als die Reporter sich auf die Suche nach einer neuen Story machten.

Noch tagelang bekam ich einen Anruf nach dem anderen von den Menschen, die bei der Wache im Konferenzraum mit dabei gewesen waren – einige bedankten sich, anderen musste ich versichern, dass der Zorn und die schrecklichen Träume, die sie plagten, eines Tages wieder vergehen würden. Ich freute mich, meine eigene Familie wieder zu Hause begrüßen zu können, und schließlich kamen wir auch dazu, Geburtstagsgeschenke für die Zwillinge zu kaufen. Ich besuchte Father O'Brien im Krankenhaus und sah zu meiner Freude, dass er sich gut erholte, und dann fuhr ich nach Victoria, um endlich meinen Vater zu besuchen, für den ich keine Zeit gehabt hatte, so wie mich diese Tage in Anspruch genommen hatten. Er habe meine Predigten bei den Beerdigungen der beiden Frauen im Fernsehen gesehen und sei stolz auf mich, sagte er. Seit Jahren hatte mir nichts mehr so gut getan wie diese Worte.

Vier Monate später sollte ich auf seiner Beerdigung die Grabrede halten.

*

Ignacio Cuevas, der einzige Überlebende des Trios, das die ganze Stadt in Atem gehalten hatte, war rasch des Mordes angeklagt. Eine Untersuchung ergab, dass Lawrence Hall, ein Gefängnis-Kalfakter, die Waffen für den tödlichen Ausbruchsversuch in die Anstalt geschmuggelt hatte; er selbst hatte sie von einem gewissen Benito Alonzo, einem Freund Carrascos aus San Antonio, bekommen. In den folgenden Monaten machte man auch ihnen den Prozess und verurteilte sie.

Und schließlich und endlich konnte ich mich wieder meiner Kirche und den Bedürfnissen meiner Gemeinde widmen. Dru Standleys Hochzeit verlief wie geplant, so wie ihre Mutter es sich gewünscht hatte. Fest entschlossen, selbst danach zu handeln, was ich nun so lange schon predigte, wusste ich, dass das Leben, wenn es auch nicht mehr so einfach war, wie ich einst gedacht hatte, weitergeht. Es würde seine Zeit brauchen, das war mir klar, bis wir wirklich verstanden, was da passiert war. Es würde eine Zeit dauern, bis die Galerie der feierlichen, verschreckten Gesichter, in die ich täglich blickte, meine Träume wieder verließ. Unmöglich, je völlig zu vergessen, was da passiert war.

Mit Sicherheit aber wusste ich damals nur eines. Ich hatte es Dan McKaskill gesagt, dem Mann von der Gefängnisleitung, der mir in der Nacht, in der der Aufstand sein Ende fand, auf dem Weg in Jim Estelles Büro geholfen hatte, den Medien aus dem Weg zu gehen.

Ich hatte ihm versichert, und es war mehr ein Gelöbnis gewesen als eine schlichte Erklärung, dass ich nie wieder, unter keinen Umständen, einen Fuß in das Gefängnis setzen würde.

Ich hatte ja keine Ahnung.

Kapitel Zwei

Warum Menschen sich zu bestimmten Berufen hingezogen fühlen, bei denen sie dann ein Leben lang bleiben, ist für mich seit jeher schon ein Rätsel von besonderem Reiz. Oft schon habe ich mich gefragt, welches Zusammenspiel von Interesse, Veranlagung, Zufall und Zuspruch wohl dazu gehört, um den einen Testpilot werden zu lassen, den anderen Baseballprofi. Gibt es irgendein magisches Gen, das künftigen Ärzten, Anwälten und politischen Machern den Weg zeigt? Und in welchem Lebensabschnitt weist einem Mann der Finger Gottes den Weg zum Talar?

Als Jugendlicher in Südtexas spielte ich vorübergehend mit dem Gedanken, in die Fußstapfen meiner Eltern zu treten und Lehrer zu werden. Als ich einen gewissen Erfolg auf dem Tennisplatz zu haben begann, kam mir der Gedanke, doch vielleicht diese beiden Interessen miteinander zu verbinden und Lehrer und Trainer zu werden. Dann jedoch, ich war eben ans College gekommen, bat mich mein Seelsorger, Rev. John Newton, ihm bei der Renovierung eines leer stehenden Gebäudes der United Services Organization zu helfen, in dem er ein Jugendzentrum für seine Kirche einzurichten gedachte. Als wir uns anfreundeten, war ich bald fasziniert von der Leidenschaft und der Hingabe, die er seinem Beruf entgegenbrachte. Ich fand seine Predigten ebenso packend wie geistig anregend. Im Lauf der Zeit überredete er mich dazu, seinen Jugendchor zu leiten. Damit waren für mich die Weichen gestellt.

Schon lange bevor ich am College meinen Abschluss machte und ans Seminar ging, wusste ich, dass ich Geistlicher werden wollte.

Meine Berufung, davon war ich überzeugt, bestand nicht etwa darin, die Welt zu retten, nein, mir stand der Sinn danach, Seelsorger einer kleinen Gemeinde vertrauter Gesichter zu sein. Ich glaubte fest daran, dass meine große Stärke als Pastor im persönlichen Umgang mit dem Einzelnen lag, und der Gedanke einer beruflichen Laufbahn abseits von der großen Welt sagte mir durchaus zu. In einer anderen Zeit hätte man den von mir erstrebten Beruf wohl als »Landpfarrer« bezeichnet. Mir behagte einfach der Gedanke, die Menschen mit den Vornamen ansprechen zu können, zu wissen, in welcher Klasse die Kinder gerade waren und welcher Geburts- oder Jahrestag gerade anstand.

Und so war es denn auch in meinen ersten Tagen als Geistlicher in kleinen texanischen Nestern wie Pottsboro und Sinton.

Und so hatte es auch in Victoria angefangen, als ich das erste Mal am Sonntagvormittag vor einer Gemeinde stand, um in meiner Predigt über die Bedeutung der Kirche als Erweiterung der Familie zu sprechen. Mit Gottes Hilfe, so versicherte ich denen, die sich eingefunden hatten, um mich an der Kanzel willkommen zu heißen, würden wir unsere Freuden und Stärken ebenso teilen wie unseren Kummer; miteinander würden wir das kostbarste Geschenk an die menschliche Natur erfahren – eine liebende, hilfreiche Hand. In dieser Predigt teilte ich meine Philosophie, meine Überzeugungen mit meiner Gemeinde, und in den kommenden Wochen und Monaten nahm man sie an.

Keine Erfahrung der Welt hätte mir mehr geben können.

Im Lauf der Zeit jedoch wuchs meine Gemeinde zahlenmäßig über alle meine Erwartungen hinaus. Nach sechs Jahren schien meine wesentliche Funktion auf die des Chefspendensammlers für den Kirchenneubau reduziert, ganz zu schweigen von der des unwilligen Vermittlers in dem unseligen politischen Hickhack, das mit dem Zuwachs der Gemeinde einherging. Nach langem Gewissenskampf und intensiven Gebeten kam ich zu der Überzeugung, ich sei nicht mehr der richtige Mann für den Job. Ich war zum Landpfarrer mit einer Großstadtgemeinde geworden und längst mehr Geschäftsmann als Seelsorger. Die Zeit schien gekommen, ein neues Kapitel aufzuschlagen.

Noch war ich am Überlegen, als mich ein Anruf von der First Presbyterian Church in Huntsville erreichte. Der einst blühenden Gemeinde mit einer gut besuchten Kirche ging es gar nicht gut. Ein Glaubenskrieg unter den Mitgliedern hatte dafür gesorgt, dass die Leute gleich scharenweise wegblieben. Was man dringend bräuchte, so sagte man mir, sei ein Pastor, der für Frieden sorgen und eine Versöhnung herbeiführen könnte. Ob mich das interessierte?

Eines freilich verschwieg der Vorsitzende des mit der Suche beauftragten Ausschusses mir geflissentlich – dass nicht weniger als sechsundvierzig Geistliche sein Angebot bereits abgelehnt hatten, bevor man auf mich gekommen war.

»Kommen Sie uns doch einfach hier in Huntsville besuchen, mit der Familie«, drängte er. »Glauben Sie mir, wenn Sie erst mal hier sind, werden Sie nicht mehr weg wollen, so schön finden Sie's hier.«

Die Stadtführung dauerte nicht lange. Wir fuhren über den weitläufigen Campus der Sam Houston State University, besuchten einige gepflegte Wohngegenden und sahen uns das kleine Zentrum an, wo im Schatten der gewaltigen roten Gefängnismauern und der umliegenden Verwaltungsgebäude kleine Geschäfte in Familienbesitz gediehen.

Es war mir noch nicht einmal so recht aufgegangen, als wir nach Huntsville gefahren waren, dass die Stadt das Hauptquartier des texanischen Justizvollzugssystems war. Ebenso wenig war ich auf den Gedanken gekommen, die verlorenen Seelen, die die Mauern vor dem Auge der Öffentlichkeit verbargen, könnten irgendetwas mit der Stellung zu tun haben, die man mir da bot.

Ich bräuchte, so sagte ich meinem Gastgeber und seinen Kollegen aus dem Ausschuss, einige Zeit zum Überlegen, bevor ich ihnen meine Antwort gab.

Zwei Monate später, im September 1967, wurde ich der neue Pastor der in Schwierigkeiten geratenen Kirche. Beim ersten Gottesdienst bestand meine Gemeinde aus sechs Mitgliedern. Mein Chor bestand aus einem Ehepaar und seinen beiden Kindern.

Es war nur die erste einer langen Liste von Herausforderungen, vor die ich mich gestellt sah. Aber als im Lauf der Zeit die Kirchenbesuche wieder zunahmen und mit ihnen das Engagement, war ich zuversichtlich, ein neues Zuhause gefunden zu haben.

Vielleicht, wären meine Antennen etwas ausgeprägter gewesen, hätte ich auch die zarten Zeichen zu deuten gewusst, die damals schon auf eine Berufung wiesen, an die ich nie gedacht hatte.

Unter den zahlreichen Angestellten der Justizvollzugsanstalt, die gelegentlich meinen Gottesdienst besuchten, befand sich Dr. George Beto, der damals Direktor des Department of Corrections – der texanischen Gefängnisverwaltung – war. Dieser Bär von einem Mann hatte Jahre zuvor einen beruflichen Schritt getan, den ich wirklich bemerkenswert fand. Er war früher Priester gewesen, ein Lutheraner, und hatte sich dann dafür entschieden, sich im Strafvollzug zu engagieren; er hatte sich hochgearbeitet bis auf einen der wichtigsten Posten im Staat. Er galt in Amerika als Pionier der Strafrechtswissenschaft; sein Argument, das er ein Gutteil seines Erwachsenlebens vertreten hatte: Wenn er sich die Kriminellen auf der einen Seite und auf der anderen das moderne Vollzugssystem ansehe, so habe er nie so recht sagen können, worauf es eigentlich abziele – auf Rache oder Rehabilitation. Dr. Beto befürwortete Letztere, und das offen und engagiert. Während seiner langen Amtszeit als oberster Chef des texanischen Vollzugswesens hatte er eine Reihe revolutionärer Maßnahmen eingeführt, die darauf abzielten, den Strafgefangenen auf den Tag vorzubereiten, an dem man ihn in die Freiheit entließ. Ungeachtet der Kontroversen, zu denen diese Maßnahmen unweigerlich führen mussten, hatte er in dem Netz der ihm unterstehenden Anstalten eine ganze Reihe von Dingen eingeführt wie etwa

Explorer-Scout-Gruppen für jüngere Häftlinge und eine Jaycee-(Junior-Chamber-)Sektion für die berufliche Fortbildung der älteren. Darüber hinaus förderte er die Beziehung zwischen Haftanstalten und den jeweiligen Universitäten am Ort, um den ihm anvertrauten Häftlingen die Möglichkeit zu geben, den einen oder anderen Kurs zu absolvieren. Unter seiner Ägide waren die texanischen Gefängnisse praktisch autark geworden: Man zog Feldfrüchte auf von Häftlingen bewirtschafteten Farmen, und die Gefängniswerkstätten produzierten Güter, die man an Konsumenten von draußen vertrieb. Gefangene mit technischen Fertigkeiten kümmerten sich um den Fuhrpark, Leute mit medizinischer Ausbildung arbeiteten in den Gefängniskrankenhäusern, andere lernten, was nötig war, um Kleidung und Bettwäsche für ganze Gefängnisse herzustellen. Wenn man so will, könnte man sagen, dass das texanische Gefängnissystem unter Dr. Beto wie eine autarke Stadt funktionierte, die fest entschlossen war, dem Steuerzahler nicht auf der Tasche zu liegen.

Für die Vertrauenswürdigen unter den Strafgefangenen, deren Entlassung auf Bewährung in Sicht rückte, initiierte er ein Freigänger-Programm, das es den Betreffenden erlaubte, außerhalb der Anstalt zu arbeiten. Man gestattete ihnen, die Anstalt tagsüber zu verlassen, um einer Arbeit bei einem örtlichen Arbeitgeber nachzugehen, der bereit war, Häftlinge einzustellen; zur Zählung vor dem Nachteinschluss hatten sie wieder in der Zelle zu sein.

Eines von Dr. Betos erklärten Zielen bestand darin, dafür zu sorgen, dass Gefangene, die ihre Zeit abgesessen und ihre Schuld der Gesellschaft gegenüber beglichen hatten, nicht wieder straffällig wurden. Ich konnte nur staunen über die Mischung aus beinharter Strenge und aufrichtiger Anteilnahme für seine Mitmenschen, mit der jemand in seiner Position seinen Pflichten nachkam. Wir freundeten uns im Lauf der Zeit an, und ich entwickelte eine große Bewunderung für den Mann.

Und mit der Zeit lernte ich denn auch seine eine große Schwachstelle kennen.

Eines Morgens, mitten unter der Woche, ging ich ans Telefon und zum ersten Mal, seit ich ihn kannte, klang seine Stimme gepresst. Bob Arrington, ein Pilot der Gefängnisverwaltung, der darüber hinaus meiner Gemeinde angehörte, war zur Überführung eines Strafgefangenen nach Colorado geflogen und nicht mehr zurückgekehrt. Er sei während eines Schneesturms zum Rückflug gestartet, erklärte Dr. Beto. »Seine Maschine wird vermisst.«

Ann, die Gattin des Piloten, sei Lehrerin; sie habe ihre Stunden sofort einem Assistenten übergeben und sei bereits auf dem Weg zum Flugplatz. »Sie sollte jetzt auf keinen Fall allein sein«, sagte er, »und um ganz ehrlich zu sein, ich mache praktisch alles, aber eine verzweifelte Frau trösten, das ist nicht mein Fall. Ich kann ihr nicht helfen. Ich weiß schlicht nicht, wie ich so was anstellen soll.«

Ich sagte ihm, ich sei unterwegs.

*

Selten vergeht die Zeit so langsam, wie wenn man im Zweifel auf etwas wartet. Den ganzen Tag über bis in die Nacht hinein gingen wir im Terminal des Flugplatzes auf und ab, sprachen miteinander und beteten, während die Suche nach der vermissten Maschine anhielt. Ann hatte eine Freundin beauftragt, ihre Tochter von der Schule abzuholen, und als die Schlafenszeit der Sechsjährigen näher rückte, begann ihre Mutter zu weinen. »Ich muss Melanie sagen, was los ist«, sagte sie, »aber ich kann mich unmöglich so sehen lassen.«

Nachdem ich mich vergewissert hatte, dass sie eine halbe Stunde alleine zurechtkam, fuhr ich zum Haus der Arringtons und tat mein Bestes, der Kleinen zu erklären, warum Mami und Papi nicht da waren, um sie ins Bett zu bringen. Ich lauschte ihrem unschuldigen Gutenachtgebet, versicherte ihr, dass ihre Mutter die Babysitterin, die die Nacht über blieb, bald ablösen würde; dann fuhr ich zurück zum Flugplatz. Während der kurzen Fahrt sprach ich selbst ein Gebet.

Es war fast Mittag des folgenden Tages, als uns die Nachricht erreichte, dass man das Wrack der Maschine gefunden hatte. Es gab keine Überlebenden.

Nach einer Nacht schlaflosen Wartens geschwächt und von der schlimmen Nachricht erschüttert, war Ann nicht mehr in der Lage, selbst nach Hause zu fahren. Ebenso wenig wie sie, so fürchtete ich, die Kraft aufbringen würde, ihrer Tochter die Nachricht von der Tragödie zu überbringen, die da über sie hereingebrochen war. »Ich habe sie in die Schule geschickt«, sagte sie, »aber sie kommt doch bald nach Hause. Ich weiß nicht, was ich ihr sagen soll.«

Damit war die schwere Aufgabe mir zugefallen. Da ich selbst drei Kinder hatte, die nur einige Jahre älter, und ein weiteres, das zwei Jahre jünger war, versuchte ich mir vorzustellen, wie sie wohl auf eine solche Nachricht reagieren würden, aber es wollte mir nicht gelingen. Ich betete um milde Worte, die den Schlag für das Kind irgendwie hätten lindern können, immerhin hatte es den Mann, der da irgendwo tot in der verschneiten Wildnis von Colorado lag, abgöttisch verehrt, aber es stellten sich keine ein. Ich musste an diesem schmerzlich traurigen Nachmittag lernen, dass es einfach keine richtigen Worte dafür gibt, einem Kind zu sagen, sein Papi käme nie wieder nach Haus.

Am folgenden Montag besorgte ich die erste Beerdigung, bei der die Mehrzahl der Trauernden im Gefängnis angestellt war. Auch Dr. Beto war darunter, der – damals bereits kurz vor der Pension – das erste Mal den Verlust eines Mannes aus seiner Belegschaft zu betrauern hatte. Als die Leute nach der Zeremonie die Kirche verließen, stand er neben mir an der Pforte, den Kummer ins Gesicht geschrieben, während er nervös darauf wartete, mit Ann Arrington sprechen zu können. Als wüsste sie instinktiv, wie schwierig der Augenblick für ihn war, griff sie lächelnd nach seiner Hand: »Mein Mann«, sagte sie, »hatte so großen Respekt für Sie.«

Als ich mir an dem Tag die Fahnenwache ansah, die das Gefängnis abgestellt hatte, und die Prozession trübsinniger Gesichter, die aus der Kirche kam, wurde mir mit einem Mal etwas klar, was ich in meiner Anfangszeit als Geistlicher in Huntsville nicht gemerkt hatte: Die Menschen, die im Gefängnis arbeiteten und tagtäglich dem Zorn, dem Hass derer ausgesetzt waren, die sie zu bewachen hatten, waren nicht anders als wir. Sie weinten wie wir, und ihr Schmerz ging nicht weniger tief als der unsere.

Der Tod von Bob Arrington verhalf mir zu einem besseren Verständnis der Menschen, die ihren Lebensunterhalt hinter diesen rostroten Mauern verdienten, und auch wenn ich das damals noch nicht wusste, er half mir, mich auf den scheinbar endlosen Alptraum jener elf qualvollen Tage im Sommer 1974 vorzubereiten, der uns einander noch näher brachte.

In den Jahren nach der Geiselnahme sah ich mich des Öfteren an die prophetischen Worte des Ausschussvorsitzenden erinnert, der mich seinerzeit nach Huntsville eingeladen hatte: »Wenn Sie erst mal hier sind, werden Sie nicht mehr wegwollen, so schön finden Sie's hier.« Ich hatte die Menschen der Stadt als herzlich und offen erlebt. Althergebrachte Werte ordneten das Zusammenleben, und die Universität verlieh ihr eine rege intellektuelle Atmosphäre, die ich anziehend fand. Und die Tennisplätze waren auch nicht ohne. Egal wie man es sah, es war eine großartige Stadt, um Kinder großzuziehen.

Es dauerte nicht lange, und ich wagte mich weit über meine Pflichten in der Kirche hinaus – ich erklärte mich bereit, als Kaplan in der Notaufnahme des Krankenhauses zu arbeiten, ich half mit bei der Einrichtung eines ökumenischen Bundes, der darauf abzielte, die Geistlichen der verschiedenen Konfessionen in Huntsville einander näher zu bringen. Wir schufen Gruppen wie die Christian Organization for Missionary Endeavors für die Obdachlosenhilfe und Helping Out Widows, die bereitstanden, um bei Tragödien spirituelle Hilfe zu leisten. Zusammen mit Jack Branch, dem Gefängnislehrer – einer der Geiseln, die Fred Carrascos Ausbruchsversuch überlebten – kandidierte ich für einen Sitz in der Schulaufsichtsbehörde; wir wurden beide gewählt. Ich erklärte mich bereit, ehrenamtlich das Amt des Schatzmeisters unserer örtlichen Heilsarmee zu übernehmen. Wir konnten unsere Kinder heranwachsen und Freundschaften schließen sehen. Ich trainierte die Baseballteams der Little League, gab Tennisunterricht und hatte in meiner Eigenschaft als Angehöriger der Schulaufsicht die Ehre, jedem Schulabgänger sein Zeugnis auszuhändigen. Ich war vollauf beschäftigt und viel zu glücklich und zufrieden, um die dunklen Wolken über meinem eigenen Zuhause aufziehen zu sehen.

*

Meine Frau entwickelte in den Jahren nach der Geiselnahme zunehmend Ressentiments gegenüber meinem öffentlichen Engagement. Meine Prioritäten, so behauptete sie, stimmten hinten und vorne nicht mehr. Ich musste eingestehen, dass ich auf zu vielen Hochzeiten tanzte, und so begann ich denn meine ehrenamtlichen Aktivitäten einzuschränken in der Hoffnung, eine Ehe zu retten, die ganz eindeutig aus dem Leim zu gehen begann. Aber was auch immer ich machte, nichts schien sie zufrieden zu stellen, und es kam schließlich so weit, dass sie in der Kirche eine Gegnerin sah.

Als die 70er-Jahre sich dem Ende zuneigten, hatte sich die Situation derart verschlechtert, dass sie mir sagte, nur unter einer Bedingung würde sie es sich überhaupt überlegen, unserer Ehe noch eine Chance zu geben – wenn ich mein Amt als Seelsorger aufgab.

Am Nachmittag des letzten Sonntags im Dezember 1979 schließlich ließ sie mich nach einer weiteren Diskussion in einer

Reihe zunehmend hitziger Debatten wissen, sie würde eine Weile zu ihrer Schwester nach Houston gehen. Ihr Groll richtete sich mittlerweile gegen alles, was mich nur irgendwie beanspruchte. Jüngster Brennpunkt ihres Zorns war der Umstand, dass mich eine Reihe feiertagsbedingter Autounfälle länger denn je in der Notaufnahme des Krankenhauses festhielt. Beim Packen hatte sie zwei Frauen aus der Kirchengemeinde angerufen und ihnen ihre Frustration anvertraut.

Es hatte sich rasch herumgesprochen. Fast auf der Stelle kamen Angehörige der Kirche bei mir im Büro vorbei, um die Sorge zu äußern, dass ich »Probleme« haben könnte, über die ich sprechen sollte. Und obwohl ich meine Eheprobleme nicht mit anderen zu diskutieren gedachte, ich hegte ja irgendwie die Hoffnung, dass sich das alles wieder einrenkte, wurde mir rasch bewusst, dass meine Position innerhalb der Kirche gefährdet war. Eines der Kirchenmitglieder sagte es klipp und klar: »Wenn Sie und Sonya sich scheiden lassen, können Sie nicht mehr unser Pastor sein, das wissen Sie ja?« Und ein anderer meinte ganz unverblümt: »Ich denke, Ihre Tage als Seelsorger hier sind vorbei.« Ich spürte eine Welle von Groll in mir aufsteigen gegen diese Leute, die sich da ein Urteil anmaßten, ohne wirklich zu wissen, worum es eigentlich ging.

Als ich am folgenden Sonntag meine Frau nicht unter den Gläubigen wusste, fühlte ich mich zum ersten Mal in meinem Leben unwürdig, an den Tisch des Herrn zu treten. Im Grunde meines Herzens wusste ich, ich würde bald eine Arbeit verlieren, die mir sehr viel bedeutete. Meine Möglichkeiten hatten sich in dem Augenblick in Luft aufgelöst, als mein Bruder bei mir eintraf und seine Hilfe anbot. Sonya hatte ihn gebeten, die Rolle des Mittlers zu spielen. In Wirklichkeit freilich konnte er wenig tun. »Sie sagt«, so erklärte er mir mit einem hilflosen Achselzucken, »dass sie nur zurückkommt, wenn du dein Amt niederlegst.«

So kam es denn, dass ich mich am 8. Januar 1980 – dem 17. Geburtstag unserer Tochter Charlotte – mit dem Kirchenvorstand traf und meinen Rücktritt einreichte. Ich hatte der First Presbyterian dreizehn Jahre gedient, und der Entschluss war, gelinde gesagt, bittersüß. Die Kirche war gewachsen und stand bestens da. Ich hatte mir Freunde in der Gemeinde gemacht, Freundschaften, die ein Leben lang anhalten würden, das wusste ich. Auf der anderen Seite gibt es in diesem Beruf eben auch die ungeschriebene Regel, nach der die Amtszeit eines Pastors in einer Gemeinde nicht ewig währt. Es kommt immer mal der Zeitpunkt, an dem ein neuer Hirte gefragt ist, wenn Gottes Werk vorangehen soll. Um die Wahrheit zu sagen, ich hatte meiner Gemeinde gegeben, was ich zu geben hatte. Was freilich die schmerzliche Erkenntnis nicht linderte, dass es in der Gemeinde auch einige gab, die mich nicht länger als Pastor wollten.

Einige Tage zuvor schon hatte Sonya unseren Kindern gesagt, dass ich mein Amt bald niederlegen würde. »Nur damit wir endlich wieder eine Familie und glücklich sein können«, erklärte sie. Charlotte, der die Kirche ein zweites Zuhause geworden war, brach bei der Ankündigung in Tränen aus.

Ich erklärte mich bereit zu bleiben, bis man einen neuen Pastor gefunden hatte, und kaum war das geklärt, sah ich mich mit Fragen hinsichtlich meiner Zukunftspläne bombardiert. Nun, um die Wahrheit zu sagen, ich hatte keine Ahnung, was ich machen sollte. Aber wo ich nun so viele Jahre die Bedeutung des Gottvertrauens gepredigt hatte, konnte ich mich nur an meinen eigenen Glauben halten und mich darauf verlassen, dass Gott mir den Weg wies.

Es dauerte nur zehn Tage.

*

Eines Morgens, als ich an einer Predigt arbeitete und jedem Gedanken daran auszuweichen versuchte, was die Zukunft für mich und meine Familie wohl bereit halten mochte, erreichte mich ein Anruf eines Gemeindemitglieds. Jim Estelle, der Dr. Beto als Direktor der texanischen Gefängnisverwaltung abgelöst hatte, drückte mir sein Bedauern darüber aus, mich bald gehen zu sehen. Wir unterhielten uns über die enge Freundschaft, die unsere beiden halbwüchsigen Töchter verband. »Wissen Sie«, sagte er schließlich, »es wäre wirklich eine Schande, Charlotte vor ihrem Abschlussjahr hier von der Schule zu nehmen.« Ich hatte ihm anvertraut, dass mir der Gedanke ziemlich zu schaffen machte.

»Ich möchte, dass Sie bei mir anfangen«, sagte er schließlich. »Ich brauche einen Kaplan.«

Erst dachte ich, es sei ein Scherz. Oder dass sein Angebot womöglich eher ein Almosen war, als dass er tatsächlich jemanden brauchte. Ich brachte meine Vorbehalte zum Ausdruck. »Probieren Sie's doch für 'n Jahr«, schlug er vor. »Das gibt Ihnen Gelegenheit zu sehen, ob das was für Sie wäre, und Ihre Tochter hat die Möglichkeit, den High-School-Abschluss mit ihren Freunden zu machen. Kommen Sie vorbei, und wir reden drüber.«

Ich saß eine ganze Weile lang allein in meinem Arbeitszimmer und ließ mir unser Gespräch durch den Kopf gehen. Ich hatte einige Anrufe bekommen bezüglich möglicher Stellen – eine Schule, eine Firma, die religiöses Material vertrieb, sogar zwei Kirchen hatten sich an mich gewandt –, aber ich hatte keines der Angebote ernsthaft in Betracht gezogen. Jetzt stellte ich zu meiner Überraschung fest, dass ich daran dachte, Gefängniskaplan zu werden, und das, obwohl ich noch nicht einmal eine rechte Vorstellung hatte, was ich als solcher zu tun hätte. Wie sollte man es anstellen, Seelen zu retten, die Gesetze und Gerichte, vor allem aber die Gesellschaft bereits aufgegeben hatten? Obwohl ich sicher war, dass für Gottes liebende Hand weder Backsteinmauern noch Gitter ein Hindernis darstellten, fragte ich mich, ob das auch für mich gelten würde, so fremd wie mir diese Welt war.

Und dann dachte ich zurück an eine dunkle Nacht, in der der

Geruch von Schießpulver und Tod einen schier zu ersticken drohte, und an mein fast feierliches Gelöbnis, nie wieder auch nur einen Fuß in das Gefängnis zu setzen. Jahrelang hatte ich aus reiner Gewohnheit Umwege gemacht, um nicht daran vorbeifahren zu müssen, so sehr fürchtete ich die Erinnerungen, die sein Anblick unweigerlich in mir wachrief.

Sonya dagegen schien begeistert von dem Gedanken. »Es wird dir gut tun, mal einen Chef zu haben, dem du verantwortlich bist«, sagte sie. »Und eine geregelte Arbeitszeit. Du hast viel zu lang versucht, alles Mögliche für alle möglichen Leute zu sein, und es hat uns um ein Haar kaputtgemacht.«

*

Wie zum Beweis dafür, dass Gottes Wege tatsächlich unergründlich sind, nahm ich den Job an, und mein Aufgabenbereich wurde The Walls. In der Hauptsache, so erfuhr ich, bestünden meine Pflichten darin, regelmäßig einen Gottesdienst in der kleinen Chapel of Hope abzuhalten, die in einer Ecke des Gefängnishofes untergebracht war; und dann hätte ich mich um die Patienten des Krankenhauses zu kümmern. Als ich meinen Vorgänger um Rat anging, antwortete dieser kurz und auf den Punkt: Was mir dort begegnen würde, sei Lichtjahre von allem entfernt, was sich einem Seelsorger irgendwo sonst auf der Welt bot. »Wenn Sie nicht furchtbar aufpassen«, warnte er mich, »dann kann es passieren, dass die Häftlinge Ihnen so viel nehmen, dass für Sie selbst nichts mehr bleibt.« Ich überlegte, ob er wohl ging, weil ihn dieses Schicksal ereilt hatte, verkniff es mir aber gerade noch, ihm die Frage tatsächlich zu stellen.

Bis zum Sommer 1980 waren wir umgezogen, vom Pfarrhaus meiner alten Kirche in eines der adretten Zweifamilienhäuser, die Angestellten der Haftanstalt zustanden. Es lag meinem neuen Arbeitsplatz gleich gegenüber, und ich hatte große Hoffnungen, dass mein neues Abenteuer – wie sonst sollte man eine Reise ins

Unbekannte nennen? – meiner Frau und mir zu einem Neustart verhelfen würde. Wo ich mich nur um meine Pflichten als Kaplan zu kümmern hatte und mein Büro von zu Hause aus zu Fuß zu erreichen war, konnte ich sicher sein, weit mehr Zeit mit meiner Familie verbringen zu können. Der Kirchenrat der First Presbyterian hatte meinem Jobwechsel zum »Geistlichen mit Sonderaufgaben«, wie man es offiziell nannte, seinen Segen gegeben, und ich hatte beträchtliche Zeit mit Gefängnisdirektor Jack Pursley beisammengesessen, einem Kollegen aus dem Schulrat, aus dem ich mich zurückgezogen hatte; zusammen waren wir die Gesetze und Vorschriften durchgegangen, die meiner neuen Aufgabe strenge Grenzen zogen.

Hätte ich damals gewusst, was die Zukunft bringen würde, ich hätte mich womöglich – noch vor meiner ersten Predigt hinter Gittern – feige in Sicherheit zu bringen versucht.

*

Ein Gefängnis ist eine Welt für sich, das Leben dort eine geisttötende Routine, die bis ins Letzte vom Gedanken der Bestrafung derer geprägt ist, die es ihr Zuhause nennen. Die Mahlzeiten gibt es Tag für Tag zur exakt gleichen Zeit; jeden Morgen, jeden Abend erfolgt eine Zählung; geduscht wird auf die Sekunde drei Minuten lang; das Licht geht immer um dieselbe Zeit aus, und selbst minimale Privilegien gibt es nur bei bester Führung. Es gibt so viele Vorschriften, dass man von einem Einzelnen schier nicht erwarten kann, sie sich alle zu merken. Es ist, wie ich bald erfahren sollte, eine Welt voller Paranoia, zermürbender Einsamkeit, Wut und Resignation. Die Vorurteile, die bereits in der freien Welt kursieren, sind hinter Gefängnismauern noch größer, die Cliquenbildung wird zum Cliquenzwang; Rassenspannungen sind an der Tagesordnung, die Gebildeten sehen auf die Ungebildeten herab, die Starken schikanieren die Schwachen, und jeder, der Autorität hat, ist praktisch automatisch der Feind. Viele bringen die Gewalttätigkeit, die sie früher draußen ungehemmt ausgelebt hatten, mit in den Zellenblock. Sogar die, die nur ihre Verbrechen abbüßen und ansonsten ihre Ruhe wollen, können das nur in einer Atmosphäre der Angst, die keinen Augenblick schläft.

Wie alle texanischen Vollzugsanstalten hatte auch The Walls zwei Kapläne – einen protestantischen und einen katholischen. Mein Kollege war damit Father Joseph O'Brien, der mutig wieder in sein Amt zurückgekehrt war, nachdem er sich nach dem misslungenen Ausbruchsversuch von den Schussverletzungen erholt hatte. Mir wurde bald klar, dass ihm die schrecklichen Tage und Nächte, die er und die anderen Geiseln durchgemacht hatten, noch immer zu schaffen machten, selbst nach sechs Jahren. Von meinem ersten Tag an bis zu dem, an dem er schließlich in den Ruhestand ging, hatten wir kaum ein Gespräch, in dem wir nicht irgendwann auf die verhängnisvolle Nacht zu sprechen gekommen wären, in der er auf dem Weg die Rampe hinab in einen Kugelhagel geraten war. »Hast du dir wohl nicht träumen lassen«, meinte er eines Tages lachend, nachdem wir über die Ängste und Zweifel gesprochen hatten, die ihn nach wie vor plagten, »dass es zu deinem Job hier gehören würde, Priester eines Priesters zu sein.«

Jedem von uns war ein Häftling als Assistent zugeteilt, der Schreibarbeiten erledigte, die Post abholte, Botengänge machte. Wie zum Beweis dafür, dass im Gefängnisleben so manches anders war als draußen, hatte Father O'Brien, der Katholik, einen Juden als rechte Hand. Mein eigener Assistent war ein selbst erklärter Agnostiker mit einem Zorn auf Gott und die Welt. Alle nannten ihn Blue. Als Gewohnheitsverbrecher hatte er so einiges auf dem Kerbholz – seine Spezialität war Bankraub –, aber er hatte schon meinem Vorgänger als Sekretär gedient. »Ich weiß, was ich zu tun habe«, ließ er mich wissen. »Ich mache Ihnen Ihren Papierkram und pass auf Sie auf, aber in die Kapelle gehe ich nicht.«

Für den Versuch, seine Meinung diesbezüglich zu ändern, hatte ich ganz offensichtlich reichlich Zeit. Im Augenblick war es sein

Versprechen, »auf mich aufzupassen«, das mich aufhorchen ließ.

Blue stöhnte. »Sie sind vielleicht naiv, Mann, genau wie Ihr Vorgänger. Und wahrscheinlich auch der Typ vor ihm. Bis Sie eingearbeitet sind, tun Sie mir hier keinen Schritt ohne mich, ist das klar?«

Ich zuckte ratlos die Achseln. »Hey, Sie sind der Boss«, sagte ich. Worauf Blue zum ersten Mal lächelte. Offensichtlich sagte ihm der Gedanke zu.

Freunde, die meinen Stellenwechsel kommentierten, begleiteten ihre Bemerkungen nicht selten mit einem abgedroschenen Witz. Wenigstens, so meinten sie, käme mir bei meinen künftigen Predigten keiner mehr aus. Sie wussten freilich nicht, dass der Besuch des Gottesdienstes, der sonntags und mittwochs stattfand, für die Häftlinge keineswegs zwingend war.

Bei meiner ersten Predigt sah ich mich für einen beunruhigenden Augenblick an meinen ersten Sonntag in der First Presbyterian zurückversetzt. Von den über 2000 Leuten, die in The Walls eingesperrt waren, verteilten sich ganze sechs Figuren auf das Gestühl der Kapelle. Ein einzelner Aufseher stand Wache an der Tür, und dem war anzusehen, dass er lieber woanders gewesen wäre. Als ich erklärte, warum ich vor ihnen stand, und meine Pläne für künftige Gottesdienste umriss, begann mir zu dämmern, dass der Posten weit größere Herausforderungen bieten würde, als ich erwartet hatte.

Noch größer wurde meine Enttäuschung, als der Chef des Sicherheitsdienstes sich vorstellte und mir unverblümt zu verstehen gab, was ihn anbelangte, so müsste ich mir seinen Respekt erst verdienen. Zwei Jahre später ließ eben jener Major mich nach einem Schlaganfall an sein Bett kommen und bat mich, da er nicht mehr lange zu leben hatte, seine Beerdigung zu übernehmen.

Ich war mir der zahllosen Einschränkungen bewusst, gegen die ich nicht das Geringste würde tun können, war aber fest entschlossen, die Kapelle zu einem einladenden Ort zu machen, einer

Kirche draußen in der freien Welt so ähnlich wie nur irgend möglich. Eines Tages, so hoffte ich, würde das Klavier, das still in der Ecke stand, wieder Musik von sich geben, würde ein Chor seine Stimme erheben und die leeren Reihen sich wieder füllen. Und dass die Wärter das alles nicht mehr gar so aufmerksam verfolgen müssten. Ich umriss Pläne für eine Bibelstunde sowie regelmäßige Besuche von Geistlichen anderer Konfessionen und erklärte, dass ich nicht hier sei, um zu urteilen, sondern einfach nur um zu helfen. Mein Büro, so versprach ich, stünde jedem offen, der mich sehen wollte.

Man begegnete meinen Worten mit ausdruckslosen Mienen und Skepsis im Blick.

»Sie können doch nicht erwarten, dass die Leute hier zu Ihnen kommen«, erklärte Blue mir anschließend. »Die warten darauf, dass Sie zu ihnen kommen. So ist das hier nun mal. Man will einem erst mal auf den Zahn fühlen, bevor man ihm traut.« Erster Punkt der Tagesordnung war somit für mich, mir das Vertrauen der Insassen zu verdienen.

Blue machte einige Vorschläge, wen ich unbedingt kennen lernen sollte. Ganz obenan stand ein gewisser »Redbird« McCarter. »Ohne den geht hier gar nichts«, sagte mir Blue. McCarter, der wegen Mordes saß, war anerkanntermaßen der Pate des Gefängnisses, beinhart und bei seinen Mitinsassen gefürchtet. Ich fand ihn schließlich in einer der Sicherheitszellen im Isoliertrakt, wo er wegen einer ganzen Latte von Verstößen gegen die Anstaltsordnung saß: Schlägereien, Arbeitsverweigerung, mangelnder Respekt gegenüber dem Personal. Als ich bei ihm vorbeikam, die Bibel in der Hand, saß er auf dem Bett beim Abendessen, zu dem es Bohnen und ein Brötchen gab. Eine 20-Watt-Birne über ihm warf ein trübes Licht in die kahle Zelle. Abgesehen von Bett und Toilette gab es nichts als nackten Beton.

Ich bat ihn nicht direkt, bei seinen Mitgefangenen ein gutes Wort für mich einzulegen, umriss ihm aber meine Pläne. Als ich meine Hoffnung erwähnte, eines Tages eine Predigt ohne Aufsicht der Wärter halten zu können, lachte er nur. Ich wusste, unten in Darrington, der Gefängnisfarm ganz im Süden von Texas, fanden die Gottesdienste unter den Adleraugen von sage und schreibe zwanzig Aufsehern statt, damit auch ja niemand etwas Verbotenes austauschte und es während der Predigt nicht etwa zu unziemlichen Körperkontakten kam.

Im Verlauf meines halbstündigen Besuchs bekam ich nichts zu hören außer Skepsis und Vorwürfen, was die schlechte Behandlung anging. Das Gefängnis, sagte er, und nie zuvor hatte ich soviel Zorn in einer Stimme gehört, sei eine Welt, in der nur eines gelte: »Die gegen uns«. Als ich mich aber dann zum Gehen anschickte, bedankte er sich für meinen Besuch. »Wir kriegen hier auf Absonderung kaum je einen Priester zu sehen«, sagte er.

Ich ließ ihm die Bibel da und sagte ihm, ich käme wieder vorbei.

Einige schlecht besuchte Sonntagsgottesdienste später sah ich Redbird unter den ersten, die sich nach und nach in der Kapelle einfanden. Als er sich setzte, blickte er herauf und nickte mir kaum merklich zu. Zu meinem Erstaunen begannen sich die Bänke zu füllen. Wieder aus der Isolationshaft entlassen, hatte er offensichtlich die Parole ausgegeben, der Besuch des Gottesdienstes sei ab sofort Pflicht.

*

Langsam fügte sich eines ins andere. Mit das Erste, was mir auffiel, war das unglaubliche Reservoir an musikalischen Talenten im Gefängnis. Pianisten meldeten sich gleich mehrere, dann ein Akkordeonspieler, dessen Lehrer im Orchester von Lawrence Welk gespielt hatte. Im Nu war ein Gospelquartett gebildet: ein Mörder, der im Chor des hawaiischen Popidols Don Ho gesungen hatte; ein Mann, der einen bewaffneten Raubüberfall begangen hatte und zuvor als Sänger mit einer Gruppe durch die Lounges amerikanischer Holiday Inns getourt war; die andere Hälfte bestand aus einem Vater-Sohn-Team, das wegen Bankraubs einsaß. Senior war vor ihrer Verhaftung und Verurteilung Evangelist gewesen, Junior Programmdirektor für christliche Musik. Der Pianist, der die vier begleitete, büßte für den Mord an seiner Frau. Als Nächstes bildeten wir noch einige Chöre, darunter einen aus schwarzen Gospelsängern und einen, der sich ausschließlich aus spanischstämmigen Insassen zusammensetzte. Wir begannen gelegentliche Wettkämpfe mit anderen Anstalten auszurichten, für die wir den Discjockey eines religiösen Senders aus Fort Worth als Preisrichter gewinnen konnten.

Dessen Aufgabe war angesichts unserer Talente gar nicht so einfach. Die waren sogar so beachtlich, dass der Journalist Bill Moyers vom Sender PBS für eine TV-Dokumentation über Entstehung und Geschichte des Gospel-Evergreens »Amazing Grace« ein Team nach Huntsville schickte, um die Version unseres Chapel of Hope Choir aufnehmen zu lassen, die dann auch ihren Platz in dem TV-Special fand.

Mit die schwierigste Aufgabe, vor die ich mich gestellt sah, war die Organisation der wöchentlichen Bibelstunde. Da sie unter das offizielle Bildungsprogramm der Anstalt fiel, hatte ich sie in eben jenem Gebäude abzuhalten, in dem sich sechs Jahre zuvor Carrasco und seine Leute mit ihren Geiseln verbarrikadiert hatten. Mein erster Gang die lange Rampe hinauf, vorbei an der Stelle, wo Judy Standley und Yvonne Beseda gestorben waren, fiel mir nicht leicht.

Auf Blues Rat hin ließ ich mich im Gefängnis sehen; ich besuchte Zellenblöcke und Werkstätten und bewegte mich unter den Häftlingen auf Sportplatz und Hof. Als ich erfuhr, dass einige Gefangene im Gefängniskrankenhaus aus physischen Gründen nicht an den Gottesdiensten teilnehmen konnten, beantragte ich bei Major A. J. Murdock, sie von den Jaycees unter den Häftlingen abholen zu lassen. So schob man denn bald Sonntag für Sonntag ein Dutzend und mehr Rollstühle über den Hof in Richtung der Kapelle.

Letztendlich fanden die Messen dann auch tatsächlich ohne Aufsicht statt. Ich war der festen Überzeugung, dass die Kapelle für eine Glaubensprüfung stand, die zu bestehen war, sollte sie ihrer Bestimmung gerecht werden. Und wenn schon ich den Gefangenen diesen Glauben nicht entgegenbrachte, wie konnte ich ihn von ihnen erwarten?

*

Ich verbrachte eine Menge Zeit im Gefängniskrankenhaus, insbesondere bei den unheilbar Kranken im zweiten Stock. Jeden Donnerstag besuchte ich dort mit Blue die siebzig Betten, in denen in langen Reihen Männer lagen, die sich mit der Tatsache abzufinden versuchten, dass sie bald sterben würden. Und wie ich rasch erfahren sollte, machte dieser Gedanke selbst den Stärksten und Gesündesten unter den Gefangenen Angst. Ungeachtet der Länge ihrer Haftstrafen, egal, wie viele Jahre es noch dauern mochte, bevor ein Bewährungsausschuss über ihren Fall beriet, alle – einer wie der andere – hatten sie Angst, es könnte sie der Tod noch vor der Entlassung ereilen.

Die Männer auf der Sterbestation hatten alle Hoffnung, die freie Welt draußen je wieder zu sehen, aufgegeben. Meine Aufgabe bestand darin, ihnen soviel Trost zu spenden wie nur irgend möglich. Ich brachte ihnen Schreibmaterial und Umschläge und erbot mich, ihnen beim Abfassen ihrer Briefe zu helfen; und dann hatte ich meine Bibel bei mir für den Fall, dass ein Patient eine besondere Stelle aus der Heiligen Schrift hören wollte. Größtenteils jedoch hörte ich einfach zu.

Ich musste bald erfahren, dass es gar nicht so ungewöhnlich war, Zeit mit einem Patienten zu verbringen, um dann kurz darauf einer weiteren meiner Pflichten nachzukommen: Insassen ohne Angehörige oder Freunde draußen in der freien Welt wurden nämlich auf dem Anstaltsfriedhof beerdigt, und mir oblag es, die Beerdigung zu besorgen. Ganz selten kam es vor, dass dabei mehr

Menschen am Grab standen als der Gefängnisdirektor und die Gefangenen, die als Sargträger und Totengräber abgestellt waren.

Ich hatte das medizinische Personal gebeten, mir Bescheid zu geben, wann immer man einen der Häftlinge in die Notaufnahme brachte oder wenn es nicht mehr zu übersehen war, dass es mit einem Todkranken zu Ende ging. Ich bin der festen Überzeugung, dass niemand alleine sterben sollte, und hatte einfach das Gefühl, dass es zu meiner Verantwortung gehörte, dem Betreffenden in seinen letzten Stunden so viel Trost zu spenden, wie ich nur irgendwie konnte. Während einer dieser Nachtwachen erlebte ich ein geradezu dramatisches Beispiel dafür, dass es Mitgefühl und Erbarmen nicht nur draußen in der freien Welt gab.

Eines Abends, es war schon ziemlich spät, rief mich zu Hause jemand an, um mir zu sagen, dass einer der älteren Insassen – ein Krebskranker – im Sterben lag. Wie für das übrige Gefängnis galt auch für das Krankenhaus ein strenges »Licht aus«, so dass der zweite Stock im Dunkeln lag, als ich dort eintraf. Ich suchte mir meinen Weg an das Bett des Patienten, zog mir lautlos einen Stuhl an die Bettkante, setzte mich und nahm ihn bei der Hand. Kurz nachdem ich mich gesetzt hatte, hörte ich jemanden flüstern. »Er hat's nicht gern dunkel«, erklärte ein anderer Patient. »Es macht ihm Angst. Ich find's nicht richtig, dass er so im Finstern liegt.« Als ich mich nach der Stimme umwandte, sah ich einen alten Schwarzen, auch sein Körper vom Krebs verwüstet, mit einer winzigen Leselampe. Er steckte sie in eine Steckdose neben dem Bett und stand dann neben mir, unter Missachtung seiner eigenen Schmerzen, und hielt seinem Freund während der letzten Stunden seines Lebens die kleine Lampe über das Bett.

Nie habe ich ein ergreifenderes Beispiel menschlicher Nächstenliebe gesehen.

*

Ich hatte einem Probejahr in meinem Amt zugestimmt, und das schien mir wie im Flug zu vergehen. Und auch wenn ich das Jahr in einer ganz anderen Gesellschaft verbrachte, als ich sie von draußen her kannte, merkte ich schnell, dass es auch Gemeinsamkeiten mit der freien Welt gab. So wurden Häftlinge krank wie andere Menschen auch; es gab welche, die hatten gern das Sagen, und andere, die sich einfach einzupassen versuchten. Auch sie hatten Fragen und Ängste, und die plagten sie im Dunkel der Nacht.

Es waren eben Menschen, und ich war fest entschlossen, sie auch als solche zu behandeln.

Sogar als ich mich nach und nach in meine Rolle einlebte, sah ich mich immer wieder selbst mit Problemen konfrontiert. So wie die Gefangenen Regeln zu befolgen hatten, so hatte auch ich nach strikten Regeln zu handeln. Chorproben und Abendandachten hatten sich an strenge Zeiten zu halten, alles hatte lange vor der abendlichen Zählung wieder zu Ende zu sein. Der Papierkrieg allein dafür, dass ein Insasse mich zu einer Sitzung in meinem Büro aufsuchen durfte, schien endlos. Der geringste Regelverstoß wurde damit geahndet, dass man Gefangenen das Recht auf den Besuch der Kapelle entzog. Während meiner Anfangszeit dachte ich mir nicht das Geringste dabei, einem Insassen, der mich in meinem Büro aufsuchte, die Hand zu schütteln, und gelegentlich hatte ich auch einem Neuling in der Messe oder bei der Bibelstunde auf die Schulter geklopft. Aber es dauerte nicht lange, und der eine oder andere Bereichsleiter hatte mir selbst einen Verweis verpasst. Ich musste mich daran erinnern lassen, dass jeglicher Körperkontakt zwischen Personal und Gefangenen gegen die Anstaltsregeln verstieß.

Es war nur eine von vielen Regeln, die mir nicht einleuchten wollten. Aber ich sah auch, dass es weit größere Fragen gab, die kein Regelbuch beantworten konnte: Worin bestand unsere Rolle als Personal einer Haftanstalt? Beschränkte sie sich darauf, Straftäter einzusperren und den Schlüssel wegzuwerfen? Wollten wir nur bestrafen, oder war es uns Ernst mit der Rehabilitation? Und, wo wir schon dabei sind: Wie definierte sich meine Rolle als spiritueller Führer einer Vollzugsanstalt?

Ich fand niemanden, der mir diese Fragen konkret hätte beantworten können. Direktor Pursley, würde ich sagen, kam der Sache am nächsten. Als ich eines Tages bei ihm im Büro saß, sagte er: »Ich glaube nicht, dass ich Ihnen zu einer Philosophie raten kann, ich kann Ihnen ja noch nicht mal kurz und bündig sagen, wie die meine aussieht«, gestand er. »Ich überlasse das Ihnen. Es gibt in diesem Geschäft kaum etwas, dessen ich mir sicher bin, aber eines weiß ich, ich verstehe meinen Job. Und ich bin sicher, Sie verstehen den Ihren.«

Und dem fügte er alles hinzu, was es bei mir an Ermutigung brauchte: »Sie sind aus den richtigen Gründen hier«, sagte er.

*

Nur schade, dass meine Frau Pursleys Ansicht nicht teilte. Anfangs schien sie noch ganz zufrieden mit meiner neuen Stellung. Mit der Zeit jedoch wurmten die Anrufe sie, die mich spät abends noch zu irgendeinem Notfall ins Gefängniskrankenhaus riefen. Wenn eine wichtige Besprechung dazu führte, dass ich später nach Hause kam, hielt sie mit ihrer Ungeduld nicht hinterm Berg. Wie weit wir auch gekommen sein mochten mit dem Versuch, unsere Beziehung zu kitten, es ging wieder bergab. Sonya war so ganz offensichtlich nicht glücklich. Und für mich galt dasselbe.

Trotzdem betete ich um ein Wunder, das die Kluft zwischen uns wieder schloss.

Zwei Tage vor Charlottes High-School-Abschluss gingen ihre Mutter und ich zur Feier unseres 26. Hochzeitstages abends groß aus. Es war ein angenehmer Abend, wir lachten, tauschten Geschenke aus, und alles in allem erweckte er in mir die Hoffnung, unsere Beziehung könnte sich doch noch mal einrenken lassen. Tags darauf jedoch, während ich bei der Arbeit war, zog Sonya aus.

Selbst während des Abendessens zur Feier unseres Hochzeitstages hatte sie mir nicht gesagt, dass sie drei Wochen zuvor die Scheidung eingereicht hatte. Überhaupt fand ich das erst Ende Juni heraus, als ich meiner Tochter Anne, die damals die University of Texas besuchte, einen neuen Wagen kaufen wollte. Sie hatte den, den wir ihr geschenkt hatten, als sie aufs College gekommen war, zu Schrott gefahren. Erst als der Verkäufer mir sagte, dass mein Konto gesperrt sei, nahm Anne mich am Arm und zog mich außer Hörweite des Mannes. »Papi«, sagte sie, und ich sah, dass ihr die Tränen in die Augen traten, »ich dachte, du wüsstest Bescheid.«

»Worüber denn?«

»Mutter hat die Scheidung eingereicht«, sagte sie. Sonya, so erklärte sie mir, habe ihr und den anderen Kindern gesagt, sie würde uns bald verlassen. Mit Hilfe ihrer Mutter hatte sie sich bereits ein Mobile Home gekauft, in dem sie zu leben gedachte.

Eine Zeitlang wehrte ich mich schon gegen den bloßen Gedanken, eine Beziehung, die ein Vierteljahrhundert gehalten hatte, könnte so einfach zu Ende sein. Ich war überzeugt, dass kein Problem so groß sein konnte, dass es sich nicht irgendwie lösen ließ, legte man sich nur richtig ins Zeug. Zu meinen stärksten Überzeugungen als Christ gehörte die, dass eine Scheidung in den Augen Gottes ein Gräuel war, und ich betete zu ihm, mir einen Weg aus den Problemen zu weisen, die nun schon so lange schwärten. Ich war fest entschlossen, den Schaden zu reparieren – irgendwie.

Es wurde jedoch bald offensichtlich, dass ich das Unmögliche versuchte. Vor dem Scheidungsgericht beschwor Sonya eine ellenlange Liste seelischer Grausamkeiten, die ich ihr angeblich zugefügt hatte. Sie behauptete sogar, das Kleid, das sie an dem Tag trug, sei das einzige, das sie besitze, und selbst das hätte ihr ihre

Schwester gekauft, als klar wurde, dass ich ihr selbst das Notwendigste verweigere.

Ich musste mich geschlagen geben – es war vorbei.

Es folgte eine Zeit, in der ich meinen Glauben auf eine harte Probe gestellt sah. Ich hatte alle Mühe, an mich zu halten in meinem Zorn, wann immer ich die Frage stellte, wie Gott eine solche Tragödie nur zulassen konnte. Die übermächtige Enttäuschung, die ich seinerzeit verspürt hatte, als ein Teil meiner Gemeinde gegen mich Stellung bezog und mich nicht weiter zum Seelsorger hatte haben wollen, stellte sich wieder ein. Ich war wütend auf meine Frau, die meiner Ansicht nach Unmögliches von mir verlangte. Und ich verwünschte meine eigene Unzulänglichkeit.

Nur allmählich begannen Kummer und Zweifel sich wieder zu legen, als ich zu einer neuen Erkenntnis kam: Wollte ich die Glaubensstärke, die ich mein Leben lang gepredigt hatte, auch tatsächlich demonstrieren, dann galt es, den Blick nach vorn zu richten. Auch wenn ich Fehler gemacht hatte, die mich teuer zu stehen gekommen waren, ich hatte das Gefühl, dass Gott mich noch nicht ganz aufgegeben hatte. Und zu verstehen gegeben hatte er mir dies, wie mir klar wurde, durch Jim Estelles Angebot, Gefängniskaplan zu werden. Es war Gottes Art, mir zu sagen: »Ich habe noch Vertrauen in dich.«

Und es war, wie mir schließlich klar wurde, Gottes Art, mich wissen zu lassen, auf welchem Platz er mich haben wollte. Vielleicht konnte ich, indem ich Strafgefangenen half, ein neues Leben zu beginnen, in meinem eigenen Leben einen Schritt weitergehen.

Selbst in finstersten Lebensabschnitten, so sollte ich rasch lernen, bietet sich hier und da ein Anlass zu einem Lächeln. Am Sonntag, nachdem Sonya ausgezogen war, traten nach der Messe einige der Gefangenen auf mich zu, um mir zu sagen, sie hätten Geld von ihrem Einkauf abgezweigt, um Blumen zu kaufen. »Wofür denn?«, fragte ich sie.

»Na ja«, sagte einer von ihnen schließlich zögernd, »Sie wissen ja, wie schnell sich hier was rumspricht. Wir haben gehört, dass Sie Ihre Frau verloren haben. Wir dachten, Sie hätten die Blumen vielleicht gern für ihr Grab.«

Ich konnte nicht anders, ich musste lachen. »Verloren schon«, räumte ich ein, »aber sie ist nicht tot.«

Kapitel Drei

Das Gefängnis ist kein Ort der Hoffnung. Wo ich nur hinsah, von der Sterbestation im Gefängnishospital bis hin zu den Isolierzellen, begegnete ich Gesichtern, denen die Verzweiflung in die Züge gemeißelt war. Die alte Weisheit, laut der man in jedem Schützenloch und jeder Gefängniszelle eine Bibel findet, erwies sich als schlechter Witz – viele der Insassen hatten jeden Glauben, der sie einmal geleitet haben mochte, verloren. Wenn die Männer, die hinter diesen Mauern lebten, morgens die Augen aufschlugen, blickten sie in einen pechschwarzen Tunnel, der kein Ende zu haben schien.

Mit der Zeit begannen sie sich in meinem Büro einzufinden, ein unablässiger Strom von Menschen mit einer so schweren, finsteren Last auf den Schultern, dass ich mich fragte, wie der eine oder andere kleine Gefallen, den mir die Vorschriften erlaubten, ihnen eine Hilfe sein sollte. Trotzdem gelobte ich, es zu versuchen.

Leicht war es nicht, und es gab Tage, an denen ich so ausgelaugt war, so verwirrt, frustriert und deprimiert, dass ich noch allein in meinem Büro saß, lange nachdem der letzte Häftling wieder gegangen war, lange nachdem die letzte Zählung für eine Stille gesorgt hatte, die in diesen Mauern nur nachts anzutreffen war.

Auch diese Menschen, so sagte ich mir immer wieder, sind Gottes Kinder. Ungeachtet ihrer Fehler und der Verbrechen, die sie begangen hatten, ungeachtet der Schlechtigkeit, des Zorns, was immer sie hinter diese Mauern gebracht haben mochte, sie waren in vieler Hinsicht nicht anders als wir. Unter der Last der Trennung von ihren Lieben verzehrten sie sich nach etwas innerem Frieden. Sie sorgten sich um eine kranke Mutter, einen sterbenden Vater, die sie nicht trösten konnten, ja noch nicht mal berühren. Die meisten von ihnen kamen nicht aus spirituellen Gründen zu mir, sondern mit ganz alltäglichen Sorgen: Der Sohn draußen schwänzte die Schule und war wegen eines Drogenvergehens verhaftet worden; die Tochter hatte sich mit der Mutter gezankt und war von zu Hause weggelaufen; eine Freundin kam nicht mehr zu Besuch. Sie lebten in Angst und Zweifel und waren ständig auf der vergeblichen Suche nach der Kraft, die sie einen weiteren Tag durchstehen ließ.

Mit welchem Maß an Angst die Gefangenen zu leben hatten, wurde mir schon nach einigen Tagen klar.

Während meiner Sitzungen mit den Gefangenen blieb Blue – stets um mein physisches Wohlergehen besorgt – grundsätzlich an dem Schreibtisch sitzen, der ihm in unserem gemeinsamen Büro zugeteilt war. Obwohl meine Besucher immer wieder um ein Gespräch unter vier Augen baten, erklärte sich mein Assistent nur hin und wieder bereit, kurz vor die Tür zu gehen. Im Allgemeinen richtete ich mich nach seinem Rat. Er saß bereits zum dritten Mal hinter Gittern; er kannte die Gefahren und wusste, auf welche der Männer man ein Auge haben musste.

Eines Morgens, ich hatte eben durch einen Anruf aus der Krankenstation erfahren, dass einer der Gefangenen eine körperliche Untersuchung verweigerte, bevor er nicht mit mir gesprochen hatte, wusste Blue instinktiv, dass das Anliegen des Besuchers privater Natur war. Als der Gefangene, ein Neuling in The Walls, in mein Büro trat, sagte Blue, er würde vor der Tür warten, für den Fall, dass ich ihn bräuchte.

Mir gegenüber saß schließlich ein junger Mann Anfang zwanzig, blass, müde, mit Tränen in den Augen, noch bevor er auch nur ein Wort gesagt hatte. Sein Gesicht war übel zugerichtet, und obwohl er die Hände auf dem Schoß gefaltet hatte, sah ich, dass sie zitterten. An einem Bein seines weißen Overalls sah ich etwas noch nicht ganz trockenes Blut.

Es dauerte einige Minuten, bevor er sein Schluchzen soweit im Griff hatte, dass er sprechen konnte. »Bleibt unser Gespräch unter uns?«, fragte er.

Ich versicherte es ihm.

»Man hat mich vergewaltigt«, platzte er schließlich heraus. »Ich habe Angst, dass ich verletzt bin. Ich blute. Aber das kann ich drüben auf der Krankenstation keinem sagen.«

Ich war damals noch naiver, als ich zugeben wollte. »Warum nicht?«

»Weil die dann einen Bericht machen, und dann kommen sie und fragen, wer das gewesen ist. Und man hat mich schon gewarnt. Wenn ich was sage, dann passiert es noch mal.«

In einer anderen Welt, zu einer anderen Zeit hätte ich ihn auf der Stelle in die nächste Notaufnahme gefahren. Hier jedoch, wo Logik nicht selten ein Fremdwort war und die geschriebenen Regeln sich einem schwer verständlichen Gesetz des Dschungels zu beugen hatten, stand mir diese Möglichkeit nicht zu Gebote. Ich wusste, ich musste ihn irgendwie überreden, sich im Krankenhaus behandeln zu lassen; gleichzeitig musste ich einen Weg finden, seine Sicherheit zu garantieren. Er erklärte, er sei erst seit kurzem hier, um eine sechsjährige Haftstrafe zu verbüßen.

»Meine Situation«, sagte er, »ist hoffnungslos. Ich stehe das nicht noch mal durch. Und sie haben gesagt, sie könnten mich ›haben‹, wann immer es ihnen passt. Ich habe keine Möglichkeit, mich zu schützen. Ich bringe mich lieber um, als dass ich das noch mal durchmache.«

Ich hörte zu, wie er mir bis ins Detail schilderte, wie drei ältere Mithäftlinge ihn geschlagen und anal vergewaltigt hatten; seine Verzweiflung hallte geradezu in dem kleinen Raum. Und ich kam mir so völlig hilflos vor. Laut Vorschrift hatte ich jede Selbstmorddrohung sofort dem Direktor zu melden. Aber das hätte nur zu Druck auf den Gefangenen geführt, um die Gründe für seinen Wunsch, sich das Leben zu nehmen, zu erfahren. Und gab er die

Gründe dafür an, konnte eine Untersuchung seiner Behauptung, vergewaltigt worden zu sein, seine Zwangslage nur verschlimmern.

Schließlich erklärte er sich jedoch bereit, wieder ins Krankenhaus zu gehen, um jemanden nach seinen Verletzungen sehen zu lassen. Sobald ich seine Selbstmorddrohung gemeldet hatte, das wusste ich, würde man ihn absondern und einen Aufseher beauftragen, rund um die Uhr nach ihm zu sehen. Immerhin ließ sich so wenigstens vorübergehend für Sicherheit sorgen und damit etwas Zeit gewinnen.

Einige Tage darauf kam er wieder in mein Büro; er weinte nicht mehr, befand sich dafür aber in einer Depression, wie ich noch keine gesehen hatte. Ein Anstaltspsychiater hatte mit ihm gesprochen und empfohlen, ihn auf der Stelle in die psychiatrische Abteilung des Krankenhauses zu verlegen. Es war der sicherste Hafen, den das Gefängnis zu bieten hatte.

Im Lauf der Zeit wurde der junge Mann zu einem regelmäßigen Besucher der Kapelle, wo er schweigend dasaß, völlig ausdruckslos, bar jeder Lebensfreude. Man diagnostizierte ihn als manischdepressiv. Er duschte nur noch, wenn Ärzte oder Aufseher ihn dazu zwangen, und fürchtete sich sogar davor, zu den Mahlzeiten in den Speisesaal zu gehen. Ich musste zusehen, wie er in wenigen Monaten zu einem alten Mann wurde. Und mir machte der Umstand zu schaffen, dass ich so wenig für ihn hatte tun können.

Die Namen der Männer, die ihm das angetan hatten, behielt er für sich.

Die Gefängnisse sind voller Geschichten über sexuelle Gewalt. Allzu oft kam jemand mit einem Erlebnis wie dem des jungen Mannes zu mir, und je mehr ich hörte, desto zorniger wurde ich. Ich fragte mich, was das für Menschen sein mussten, die so etwas taten, und warum die Wärter, die doch bezahlt wurden, um auf die Gefangenen aufzupassen, solche Gräuel nicht verhindern konnten. Erst als man mir die Zahlen vor Augen führte – auf 2200

Häftlinge kamen in The Walls kaum 100 Mann Wachpersonal – wurde mir klar, dass es ein Ding der Unmöglichkeit war, ständig jeden Einzelnen im Auge zu behalten.

Den besten Schutz für einen hilflosen jungen Gefangenen, so erfuhr ich bald, bieten die Mitgefangenen selbst. Hinter Gefängnismauern treiben weit weniger Vergewaltiger ihr Unwesen, als uns schlechte Hollywoodfilme weismachen wollen; es handelt sich im Gegenteil um eine kleine Minderheit von Insassen, die im Allgemeinen von ihren Mitgefangenen mit derselben Geringschätzung behandelt werden, die sie sonst für Kinderschänder reservieren. Ich erfuhr damals von einem Kodex unter den Häftlingen, der ein gewisses Maß an Sicherheit bot. Es gab Gefangene, die es auf sich nahmen, bei jungen Häftlingen die Rolle des Beschützers zu spielen. Wann immer möglich, wies man diesen Häftlingen Neulinge als Zellengenossen zu. Es war keine Patentlösung, aber effektiver als alles, was der Gefängnisverwaltung im Lauf der Zeit sonst eingefallen war.

*

Für mich bestand damals die größte Herausforderung im Kampf mit einem Feind, der nur in den Augen meiner Besucher zu sehen, nur in ihren Stimmen zu hören war. Und dann musste ich mich mit der Tatsache abfinden, dass ich keine Wunder wirken konnte. Mir blieb nichts als die Suche nach der einen oder anderen Möglichkeit, den Schmerz eines Gefangenen vorübergehend zu lindern. In vielen Fällen beschränkte sich das aufs Zuhören, darauf, dem Betreffenden ein Freund zu sein, und sei es auch nur für diesen Tag; darüber hinaus blieb mir nur die Hoffnung, dass schon die schlichte Erkenntnis, dass ihn jemand zu verstehen versuchte, einen gewissen Trost bot.

Zu den Sorgen, die mir regelmäßig angetragen wurden, gehörte die um Angehörige. Ständig beklagten Gefangene sich darüber, dass Ehefrauen oder Freundinnen, Kinder oder Eltern sie nicht besuchten oder dass man ihnen nicht schrieb. Einige verzichteten sogar auf das eine R-Gespräch, das jedem Gefangenen pro Quartal zustand. Fast täglich führte ich Telefonate oder schrieb Briefe an Fremde in dem Versuch, sie behutsam daran zu erinnern, wie wichtig es sei, den Kontakt nicht abreißen zu lassen. Manchmal hatte ich Erfolg; manchmal gab man mir unmissverständlich zu verstehen, dass an Kontakt kein Interesse bestand.

*

Einer der in jeder Hinsicht bösartigsten und gefürchtetsten Insassen des Gefängnisses war ein gewisser Cecil. Als er das erste Mal bei mir war, kam ich rasch zu dem Urteil, dass er zu denen gehörte, denen der Besuch bei mir eine wohlfeile Ausrede dafür bot, hin und wieder für eine Stunde die Arbeit zu schwänzen. Es war ein durchsichtiger Trick, der mir ständig begegnete, so wie ich ständig mit Leuten zu tun hatte, die die Bibel besser zitierten als viele Geistliche, ganz zu schweigen von dem Häftling, der mir anvertraute, er hätte sich seit seiner Inhaftierung nicht weniger als neunmal taufen lassen und das von einer ganzen Reihe von Geistlichen verschiedenen Glaubens. Nur um sicherzugehen, wie er mir erklärte. Ich sah jedoch rasch, dass diese Männer keine echte Überzeugung verspürten; sie verspotteten das Christentum und versuchten mich – oder, was wichtiger war, den Bewährungsausschuss – hinters Licht zu führen.

Im Lauf der Zeit jedoch begannen sich Cecils eigene Schwachstellen zu zeigen. Seine Mutter, so vertraute er mir an, sei sehr krank und könne ihn nicht mehr besuchen. Er sagte, er mache sich ständig Sorgen um sie, er könne kaum noch schlafen. Eines Nachmittags, während einer unserer Sitzungen, bat ich ihn um ihre Telefonnummer. Die Vorschriften besagten zwar, dass er sie nicht anrufen dürfe, aber nirgendwo stand, dass ich nicht mit ihr sprechen und mich nach ihrem Befinden erkundigen könne, um es ihm dann zu sagen.

Ich machte mir damit einen Freund. Und einen Verbündeten. Obwohl Cecil selbst nie zur Messe kam, nicht ein einziges Mal, wurde er zu einer der größten Stützen der Kapelle. Er sah mich schließlich als einzigen Kontakt zur Außenwelt. Es kam jedoch vor, dass er seine Loyalität auf eine Art und Weise zeigte, um die ich wohl kaum gebeten hätte.

Als er, nur um ein Beispiel zu nennen, erfuhr, dass ein Mitgefangener mich und meinen Gottesdienst schlecht gemacht hatte, ging er in die Kraftecke im Hof und steckte dort ein kleines Gewicht in eine Socke. Dann lauerte er dem Betreffenden in einer für die Wärter nicht einsehbaren Ecke auf und schlug den Mann mit der provisorischen Waffe bewusstlos.

Einige Tage später erzählte er mir, was er gemacht hatte. Stolz verkündete er, dass der Mitgefangene, der sich noch von einer Gehirnerschütterung erholte, wohl kaum noch einmal etwas Schlechtes über mich oder die Kapelle sagen würde. Es schien ihn noch nicht einmal zu stören, dass ich verpflichtet war, ihn beim Direktor zu melden. Er meinte nur achselzuckend, er sei schon öfter in Absonderung gewesen. Das sei für ihn gar nichts. Hauptsache, er habe sich verständlich gemacht.

Als ich erfuhr, dass man seine Mutter ins Krankenhaus gebracht hatte, setzte ich mich dafür ein, dass man ihm einen Besuch an ihrem Krankenbett genehmigte, etwas, was nur sehr, sehr selten bewilligt wurde. Ich hatte alle Mühe mit meinem Antrag. Seine gewalttätige Vergangenheit, sowohl draußen wie im Gefängnis, machte ihn zum Sicherheitsrisiko. Mein Argument: Wenn die Gefängnisverwaltung das »Problem Cecil« in den Griff bekommen wollte, so wäre das womöglich am besten dadurch zu bewerkstelligen, dass sie etwas Anteilnahme zeigte. Schließlich genehmigte man ihm eine Fahrt ins Presbyterian Hospital von Dallas, freilich nur in Begleitung eines Aufsehers. Man gestand ihm einen zehnminütigen Besuch bei seiner Mutter in Fußfesseln und Handschellen zu; dann sollte er sofort wieder ins Gefängnis zurückkehren. Der Aufseher, der anfänglich sehr skeptisch gewesen war, was den Ausflug anging, staunte über Cecils vorbildliches Verhalten und dehnte den Besuch auf ganze zwei Stunden aus, bevor man sich auf die Rückfahrt nach Huntsville machte. Von da an war Cecil ein Musterhäftling.

Man entließ ihn schließlich zur Bewährung, aber er war kaum draußen, als er wieder straffällig wurde. Er verdingte sich als Brandstifter und Geldeintreiber für einen Kredithai. Kurz nachdem er einem Mann die Beine mit einem Baseballschläger gebrochen hatte, hob man die Entlassung zur Bewährung wieder auf, und er kam wieder ins Gefängnis. Diesmal jedoch landete er im Eastham Prison, einer berüchtigten Strafanstalt, in der Texas nur die allergefährlichsten Verbrecher wegschloss.

Ich hatte eine ganze Weile nicht mehr an Cecil gedacht, als seine Frau mich eines Vormittags im Büro anrief, um mir zu sagen, dass seine Mutter gestorben sei. Ob ich eine Möglichkeit sähe, fragte sie, ihm das persönlich mitzuteilen?

Ich fuhr also hinaus ins Eastham Prison, erklärte dem dortigen Direktor den Sinn meines Besuchs und bat ihn, Cecil in einen der Verhörräume bringen zu lassen. Er kam in Handschellen und Fußfesseln. Der Wärter war so überrascht wie besorgt, als ich ihn bat, die Fesseln zu entfernen. »Ich kenne den Mann«, erklärte ich ihm. »Er tut mir schon nichts.« Widerstrebend kam der Wärter meinem Wunsch nach.

So überbrachte ich ihm denn an jenem Nachmittag die Nachricht vom Tod seiner Mutter. Ich saß einem Mann gegenüber, der als einer der bösartigsten im gesamten texanischen Gefängnissystem galt, und sah, wie seine Schultern zusammenfielen und seine Augen sich mit Tränen füllten.

Später am selben Tag, auf dem Weg zurück ins Büro, fragte ich mich, was Cecil wohl auf den Weg des zornigen Kriminellen gebracht hatte, auf dem er nun schon so lange unterwegs war. Er war anerkanntermaßen eine Gefahr für die Gesellschaft und würde sich kaum jemals wieder in Freiheit bewegen. Und ich hatte dem rational nichts entgegenzusetzen. Aber es blieben Fragen: Welches Zusammenspiel von Genen und Gefühlen, sozialer Umgebung, Erziehung und Bildung mochte wohl dazu führen, dass ein Mensch auf der einen Seite nicht die geringste Reue darüber zeigt, einem anderen die Knie mit einem Baseballschläger zerschlagen zu haben, auf der anderen aber bei der Nachricht vom Tod seiner Mutter haltlos in Tränen ausbricht? Hatte die Gesellschaft, was ihn anbelangte, zu einem kritischen Zeitpunkt versagt? Oder war er für seine Probleme ganz allein verantwortlich?

Was, so hätte ich zu gern gewusst, hatte Cecil – und so viele andere wie ihn – zu dem hoffnungslosen Fall gemacht, der er geworden war?

*

Es war nicht einfach, die Hoffnung der Gefangenen dahinschwinden und – allen eigenen Bemühungen, ihnen Mut zu machen, zum Trotz – starke Männer ihren Lebensmut verlieren zu sehen. Ich hatte einen Mann mit einem bemerkenswerten Tenor im Chor. Wenn er solo ein Kirchenlied sang, dann schien die Kapelle sich mit dem Licht der Sommersonne zu füllen. Aber dass er je auf den Text gehört hat, möchte ich bezweifeln.

Er war im Gefängnis, weil er um ein Haar seinen Schwager umgebracht hatte, nachdem ihm zu Ohren gekommen war, dass der seine drei Kinder sexuell missbraucht hatte. Als er davon erfuhr, hatte Bill, schier rasend vor Zorn, seine schwangere Frau überredet, ihm dabei zu helfen, das Verbrechen an den Kindern zu rächen. Während sie ihren Bruder festhielt, hatte ihr Gatte den Kinderschänder so schlimm geschlagen, dass man eine Zeitlang befürchtete, er käme nicht durch. Man hatte Bill und seine Frau wegen schwerer Körperverletzung zu langen Haftstrafen verurteilt.

Kurz nach ihrer Einlieferung in die Frauenhaftanstalt von Gatesville hatte Bills Frau ein Kind zur Welt gebracht, das im Augenblick der Geburt ein Mündel des Staates geworden war. Verzweifelt reichte sie kurz darauf die Scheidung ein. Die Kinder, die er hatte rächen wollen, weigerten sich, ihn zu besuchen. Der einzige Mensch, der weiter zu ihm hielt, war eine Schwester in Alabama, zu weit weg für einen Besuch.

Immer wieder hatte sich der Bewährungsausschuss mit Bills Fall befasst, immer wieder hatte man ihn abgelehnt. Und mit jeder Ablehnung rückte die Hoffnung, sein Leben noch einmal neu aufbauen zu können, etwas weiter in die Ferne. Er blieb davon überzeugt, nur auf ein abscheuliches Verbrechen reagiert zu haben. »Ich sollte nicht hier drin sein«, sagte er oft zu mir.

Bill machte sich schließlich daran, seinem Leben langsam, aber sicher ein Ende zu bereiten, indem er sich buchstäblich zu Tode fraß. Ständig lag ich ihm in den Ohren, sich doch mehr zu bewegen, um wieder Gewicht zu verlieren. »Wozu?«, fragte er.

Er wog fast 180 Kilo, als er schließlich einen tödlichen Herzanfall erlitt, während er, abseits von den anderen, auf dem Gefängnishof beim Basketball zusah.

*

Selbstmorde sind im Gefängnis an der Tagesordnung; fast alles kann dazu führen, vom Abschiedsbrief der Frau oder Freundin bis hin zu einer aus der Langeweile geborenen Depression. Tag für Tag in einer einen Meter fünfzig mal knapp drei Meter großen Zelle zu verbringen! Es ist unmöglich zu beschreiben, wie einem diese Enge zusetzen kann. Und selbst wenn er seine Zelle verlassen darf, bleibt die ganze Welt des Gefangenen innerhalb der von vier weiteren Mauern gesetzten Grenzen, die ihm die Sicht auf den Rest der Welt versperren. Selbst ich, der wusste, dass er abends hinauskonnte, zurück in eine Welt voll jahreszeitlich bedingter Farben und zu allem, was die Freiheit Augen und

Ohren so bietet, hatte alle Mühe, mich der unheimlichen, gedrückten Stimmung zu erwehren, die einen in The Walls empfing und nicht mehr losließ.

Die einzige Stelle in The Walls, von der aus man über die Gefängnismauern hinweg auf die freie Welt hinausschauen konnte, war der vierte Stock des Gefängniskrankenhauses. Eines Tages, als ich mit Blue auf Visite bei den Kranken war, blieben wir an einem der Fenster stehen, und ich zeigte ihm Sehenswürdigkeiten wie das Zentrum, den College Campus, meine alte Kirche und das Haus, in dem ich einmal gewohnt hatte. Er stand da wie ein Kind – als sehe er ein Wunder, das zu sehen er sich noch nicht einmal hätte träumen lassen.

*

Die schwierigste Zeit waren immer die Feiertage. Obwohl ich für spezielle Gottesdienste sorgte, was Passah, Thanksgiving und Weihnachten anbelangte, und die Kapelle mit den traditionellen Lichtern, Kränzen, ja sogar mit einem Baum schmücken ließ, war es nicht einfach, gegen die Trostlosigkeit anzugehen, die viele der Häftlinge gerade während dieser Zeit schier erdrückte.

An einem Sonntagnachmittag im Dezember saß ich in meinem Büro. Ich erwartete niemanden, da wir mitten in der Football-Saison waren und viele Häftlinge vor dem Fernseher saßen; andere warteten darauf, dass man sie in den Besuchsraum brachte, um Angehörige oder Freunde zu sehen. Von meinem Fenster aus sah ich, dass der Hof, der normalerweise von Gefangenen wimmelte, verwaist war. Kurz nach vier kam ein Gefangener mit der Bitte um ein dringendes Gespräch; der Mann war einer meiner regelmäßigen Gäste.

»Ich hatte grade schlimmen Besuch«, erklärte er, als er sich auf einen Stuhl fallen ließ. Er weinte. »Meine Frau hat mir gesagt, sie hat eine Beziehung mit jemandem«, sagte er. »Sie schläft mit ihm. Sie hat gesagt, dass sie's mir sagen musste, weil sie ein schlechtes Gewissen hat.«

»Will sie die Scheidung?«

»Nein.«

»Ist sie schwanger?«

»Nein.«

Er wich meinem Blick aus während dieser knappen Antworten, und ich sah, dass er mir gern noch etwas anderes gesagt hätte. Aus irgendeinem Grund jedoch brachte er es nicht über sich. Ich hatte diese Geschichte schon so oft gehört, von so vielen Gefangenen, die in einem Brief von der Frau erfahren hatten, dass sie einen anderen gefunden hatte. Und dann waren da noch die gefürchteten Dienstage, an denen vom Gericht bestellte Boten routinemäßig die Scheidungspapiere brachten. Nur selten fand ich bei diesen Gelegenheiten Worte, die den Schmerz der Betroffenen darüber linderten, einen weiteren Teil seines Lebens zu verlieren wie einen Arm. Ich versuchte einfach da zu sein, die sprichwörtliche Schulter, an der es sich ausweinen ließ.

Mein Besucher weinte noch, als er sich höflich bei mir fürs Zuhören bedankte, dann schickte er sich zum Gehen. Ich schlug ihm vor, am Montag noch mal darüber zu reden.

Er war noch gar nicht so lange fort, als ich einen Anruf von einem Wärter bekam, der die Aufsicht auf dem Hof hatte. Ein Gefangener, so sagte er, hätte sich das Leben genommen; er hätte etwas Frostschutzmittel von einem der Gefängnis-Lkw's abgezapft und getrunken. Es gehörte zu meinen Pflichten, die Angehörigen zu informieren.

Es ist eine schwierige Aufgabe, bei der man am besten geradeheraus sagt, was passiert ist. Ich rief seine Frau an und sagte nur, ich hätte eine schlimme Nachricht für sie. Ich fragte sie, ob sie jemanden bei sich hatte oder ob es jemanden gab, den ich ihr rufen könne. Als sie sagte, sie habe ihre Schwester zu Besuch, teilte ich ihr mit, was passiert war. Minutenlang, wie es schien, hörte ich nichts weiter als eine Reihe entsetzlicher Schreie vom anderen Ende der Leitung; dann nahm sie sich zusammen, um die Frage stellen zu können, die ich schon so oft gehört hatte: »Warum hat er das nur getan?«

Ich hätte ihr sagen können, dass ihm Einsamkeit und Isolation einfach zuviel geworden waren. Dass auch der letzte Funke Hoffnung verglüht war. Dass er einfach den Punkt erreicht hatte, an dem ihm der Tod erträglicher schien als das Leben. Stattdessen gab ich ihr die einzige aufrichtige Antwort, die ich hatte. »Ich weiß es nicht«, sagte ich und versprach ihr, mich wieder zu melden, um mit ihr die Einzelheiten für die Beerdigung durchzugehen.

Mit einem Mal konnte ich es kaum erwarten, nach Hause zu kommen und dem Gefängnis und der Traurigkeit, die auf ihm lastete, den Rücken zu kehren. Zwei verzweifelte Männer, der eine schier außer sich über die Untreue seiner Gattin, der andere tot aus Gründen, die ich nicht näher kannte, hatten mir die Feiertagsfreude beträchtlich getrübt.

Es sollte noch schlimmer kommen.

Kurz nach der Zählung um zehn Uhr abends klingelte das Telefon. Man hatte den jungen Mann, der mich erst Stunden zuvor besucht hatte, in seiner Zelle gefunden. Er hatte sich erhängt.

Als ich im Zellenblock ankam, baumelte seine Leiche noch immer schlaff am Ende einiger zusammengeknoteter Laken. Durch die Gitterstäbe blickte ich ihm in die leeren Augen; die Tränen, die er geweint hatte, kamen mir in den Sinn. Ich betete still darum, dass er wenigstens schnell und mit einem Minimum an Qualen gestorben war.

Wieder hatte ich eine tragische Nachricht zu übermitteln und das binnen weniger Stunden. Wieder sollte ich die Frage hören: Warum?

Ein Gefangener aus einer Zelle nebenan rief zu mir heraus. Nur kurz bevor der Mann sich das Leben genommen hatte, so erfuhr ich, sei er an dem Holzkasten am Ende des Flurs gewesen, in dem die Häftlinge ihre Post deponierten.

In der Gewissheit, dass er eine bessere Erklärung für die Verfassung des Mannes liefern könnte, als er sie mir gegeben hatte, bat ich den Major um Erlaubnis, den Brief an mich nehmen zu dürfen. Ich wusste, es verstieß gegen die Vorschriften, sich in irgendeiner Weise an der Post eines Gefangenen zu schaffen zu machen. Ich sagte, der Brief sei ja noch nicht abgeholt worden und falle damit noch nicht offiziell in die Zuständigkeit der Postzentrale. Ich wies darauf hin, dass er womöglich nicht nur mir dabei half, bei den Angehörigen die richtigen Worte zu finden, sondern auch der Gefängnisverwaltung bei der Feststellung nützen könnte, ob nicht vielleicht ein Verbrechen vorlag. Und womöglich basierte sein Entschluss, sich das Leben zu nehmen, ja auch auf etwas, was im Gefängnis passiert war. Ich wusste, es handelte sich da um Haarspaltereien, konnte den Major aber schließlich dazu überreden, mich den Brief aus dem Kasten nehmen zu lassen.

Ich nahm ihn mit in mein Büro und las ihn, bevor ich bei seiner Frau anrief. In der Tat enthielt er in zittriger, kaum lesbarer Handschrift eine zornige Erklärung für seinen Freitod. Adressiert war der Brief an seine Frau. Er schilderte darin den Kummer, den sie ihm früher am Tag mit der Nachricht bereitet hatte, sie habe eine sexuelle Beziehung mit seinem Vater.

Zu meiner Erleichterung stellte ich bei Akteneinsicht fest, dass im Todesfalle nicht seine Frau, sondern seine Mutter zu benachrichtigen war. Noch bevor ich die Nummer wählte, war mir klar, ich würde behaupten, ich wüsste nicht um die Gründe für den Tod ihres Sohns. Die eine Nachricht war Kummer genug.

Bevor ich wieder nach Hause ging, kehrte ich noch mal in den Zellenblock zurück, um mich bei dem Gefangenen zu bedanken, der mich auf den Brief hingewiesen hatte. Als ich auf dem Flur ankam, war die Zelle neben der seinen bereits leer; man hatte den leblosen Körper von der Decke geholt und weggeschafft. Nur die Stille auf dem Flur wies darauf hin, dass etwas Außergewöhnliches passiert war. Man hätte eine Stecknadel fallen hören können.

Ich war erst einige Minuten bei dem Mann, als aus dem Walkie-Talkie des Sergeants, der mich begleitete, knisternd eine dringende Nachricht kam. Ich sollte mich so rasch wie nur möglich im Krankenbau melden; es war zu einem weiteren Selbstmord gekommen.

Einer der Gefangenen von der psychiatrischen Station hatte sich aus der winzigen Klinge eines Einwegrasierers und dem Stiel einer Zahnbürste eine Waffe gebastelt und sich damit tiefe Schnitte am ganzen Körper beigebracht, bevor er sich schließlich die Kehle durchschnitt. Die Zelle war eine einzige Blutlache. Die nackte Leiche auf dem Boden war von Kopf bis Fuß übersät mit Schnittwunden.

*

Es war schon nach Mitternacht, als ich mich schließlich auf den kurzen Heimweg machte. Selbst in der frischen Winterluft noch hatte ich den widerlichen Geruch des Todes in der Nase. Ich versank in dumpfes Brüten; soviel finstere Verzweiflung, dachte ich, drei Selbstmorde, und das an einem einzigen Tag. Ein voller Mond leuchtete mir den Weg, und ich musste an die Warnung denken, die ich seit meiner Ankunft im Gefängnis schon von mehreren Wärtern gehört hatte: »Bei Vollmond spielen die hier so richtig verrückt.«

Zu Hause angekommen, machte ich Musik an und setzte mich in den Liegesessel im Wohnzimmer. Ich schloss die Augen, nicht etwa um zu schlafen, sondern um für die verlorenen Seelen zu beten – und um die Kraft, auch nur einen weiteren Tag da hinüberzugehen.

Kapitel Vier

Eines Spätnachmittags im November 1982 bekam ich Bescheid, der Direktor habe für den nächsten Tag das Personal zu einer Besprechung zusammengerufen. Das war an sich nichts Ungewöhnliches, nur dass wir diesmal telefonisch und nicht wie sonst durch ein Memo davon erfuhren. Es war offensichtlich, dass man etwas Außergewöhnliches bekannt zu geben hatte.

Lange bevor Direktor Pursley hereinkam, füllten geflüsterte Fragen den Raum. Ich selbst wandte mich an den Mann vom Sicherheitsdienst neben mir und fragte: »Was ist denn?« Er antwortete mit demselben Achselzucken, wie ich es im ganzen Raum sah.

Im Allgemeinen verliefen solche Meetings in einer recht zwanglosen Atmosphäre, in der man die Tagesordnung mit gutmütigen Scherzen, Kaffee und Doughnuts auflockerte. Diesmal jedoch fehlte die übliche Herzlichkeit ebenso wie die Annehmlichkeiten. Schließlich kam, ein Klemmbrett in der Hand, der Direktor herein. Sein Gesicht war hart.

Pursley hatte als Teenager für die High School von Huntsville Football gespielt und es sogar bis in die texanische Auswahl gebracht; fit hielt ihn vor allem seine kleine Ranch, auf der er an den Wochenenden mit anpackte. Er trug gern einen Westernanzug und Cowboystiefel, nur selten sah man ihn ohne den entsprechenden Hut; er sah aus wie der Inbegriff des texanischen Gefängnisdirektors.

Er legte seinen Stetson auf den Schreibtisch vor ihm und ging ohne Umschweife in medias res: »Wir werden hier bald eine Hinrichtung haben«, gab er bekannt. Man nahm die Nachricht mit betroffenem Schweigen auf. Texas hatte 1964 das letzte Todesurteil vollstreckt; das war damals die Hinrichtung des Mörders Joseph Johnson auf dem elektrischen Stuhl. Er war der 361. texanische Häftling gewesen, den man hingerichtet hatte, seit die Verantwortung für Hinrichtungen 1924 von den Counties an den Staat übergegangen war. Zuvor hatte man das Gesetz des »Alten Westens« ziemlich großzügig auf Viehdiebe, Bankräuber, Mörder und auch sonst jeden angewandt, der einmal als Schädling der Gemeinschaft eingestuft war. Die Behörden des County, in dem der Betreffende das Verbrechen begangen hatte, machten am nächsten Galgenbaum kurzen Prozess, und wenn der Betreffende Pech hatte, schon die des County, in dem man ihn verhaftet hatte. Diese unseligen Zeiten waren Gott sei Dank längst vorbei.

Als 1972 der amerikanische Supreme Court die Praxis der Todesstrafe für »grausam und außergewöhnlich« erklärte, atmeten viele erleichtert auf in der Annahme, unsere Gesellschaft wäre endlich über die Todesstrafen-Mentalität hinaus. Rasch wandelte man die Strafen der Häftlinge, die in amerikanischen Todeszellen auf ihre Hinrichtung warteten (darunter auch 45 in Texas), in lebenslänglich um. Selbst nachdem das texanische Parlament zwei Jahre darauf durch eine Änderung im Strafgesetz der im Urteil des Bundesgerichtshofes implizierten »menschenwürdigen« Hinrichtung Rechnung zu tragen versuchte und es seinen Gerichten weiterhin anheim stellte, die Todesstrafe in Fällen von *capital murder* (Mord mit erschwerenden Umständen) in Erwägung zu ziehen, waren keinerlei ernsthafte Bestrebungen zu erkennen, solche Urteile dann auch tatsächlich zu vollstrecken. Erst wachsender politischer Druck seitens unzufriedener Angehöriger von Mordopfern und mit ihnen sympathisierender Organisationen, die keinen Hehl aus ihrer Ansicht machten, dass Menschen für ihre Verbrechen sterben sollten, hatte die Debatte von neuem entfacht.

Und obwohl Utah im Januar 1977 mit der Hinrichtung des Mörders Gary Gilmore durch ein Exekutionskommando eine Rückkehr zur Todesstrafe signalisierte, bedeutete das keineswegs, dass Amerika ein besonderes Bedürfnis verspürte, sie in Bausch und Bogen wieder einzuführen. 1982 jedoch kam sie urplötzlich, wie eine Sonderzustellung aus der Hölle, nach Texas. Ich spürte, wie sich mein Magen zusammenkrampfte.

Auch nicht einer von denen, die Direktor Pursleys bedrückende Ankündigung hörten, hatte bereits im Gefängnis von Huntsville gearbeitet, als dort 1964 die letzte Hinrichtung vollstreckt worden war. Die Tage, in denen Verurteilte mit Hilfe von Old Sparky – dem elektrischen Stuhl – »gegrillt« wurden, waren kaum mehr als Stoff für Geschichtsbücher und Oldtimer, die auf einem sonnigen Fleckchen des Stadtplatzes Anekdoten austauschten. (Zu den beliebtesten Legenden gehörte die, dass in der ganzen Gemeinde Lichter und Lampen zu flackern begannen, wann immer in der nahe gelegenen Todeskammer der Schalter umgelegt wurde, so dass auch der Letzte wusste, dass es einen Verbrecher weniger auf der Welt gab.) Und plötzlich sagte man uns, wir hätten – jeder Einzelne von uns – eine Rolle in einem neuen Kapitel texanischer Gefängnisgeschichte zu spielen. Ganz im Einklang mit der absurden Vorstellung, es gäbe tatsächlich so etwas wie eine Hinrichtungsmethode, die weder grausam noch unmenschlich ist, sollte die bevorstehende staatlich angeordnete Exekution durch eine Giftinjektion erfolgen. Anstatt den Gefangenen auf einen Stuhl zu schnallen, um ihn einem tödlichen Stromstoß auszusetzen, läge er nun auf einer Bahre, während man ihm intravenös eine Mischung aus Thiopental-Natrium, Pancuroniumbromid und Kaliumchlorid verabreichte.

Es sollte die erste Hinrichtung dieser Art überhaupt sein, und nur die medizinische Theorie versprach einen raschen, schmerzlosen Tod. »Ich habe nicht die leiseste Ahnung, was wir da zu tun haben«, sagte Pursley. »Wir werden alle eine Menge lernen müssen, und das in kürzester Zeit.«

Die Hinrichtung, so sagte er, sei für den 7. Dezember angesetzt. Dann richtete er den Blick auf die Schreibunterlage vor sich und begann jedem von uns einen Verantwortungsbereich zuzuteilen. Er suchte keine Freiwilligen; jeder bekam seine Aufgabe zugewiesen, die von der Sicherheit reichte bis hin zum Dienst im »Fixierteam«, wie man es künftig nennen sollte. Als letzten Namen nannte der Direktor den meinen. »Über Ihre Rolle reden wir später«, sagte er mir.

Ich hatte in dem Augenblick ganz entschieden den Eindruck, dass er noch keine Ahnung hatte, welche Rolle ich dabei spielen könnte. Mir jedoch stellte sich bereits die Frage, ob ich an so etwas überhaupt teilnehmen konnte.

Die presbyterianische Kirche, das war mir klar, hatte sich vor langer Zeit schon ganz entschieden gegen die Todesstrafe ausgesprochen. Eine entschieden formulierte Grundsatzerklärung unserer General Assembly wies darauf hin, die Bibel verlange von uns als Christen, »die Erlösung der Bösen anzustreben und nicht ihren Tod.« Darüber hinaus hieß es, »die Anwendung der Todesstrafe trägt zur Verrohung der Gesellschaft bei, die sie billigt«. Und während meine eigenen Gefühle unter dem Eindruck jener letzten Nacht der Geiselnahme von 1974 eher gemischt waren, wusste ich im Grunde meines Herzens, dass meine Kirche Recht hatte. So zornig ich auch gewesen war, so sehr ich das Gefühl gehabt hatte, dass der Tod von Judy Standley und Yvonne Beseda gerächt werden müsse, trotz des tiefen Abscheus, den ich für die Männer empfand, die für ihren sinnlosen, unverzeihlichen Tod verantwortlich gewesen waren, glaubte ich fest daran, dass die Todesstrafe nichts weiter war als ein gesetzlich sanktionierter Verstoß gegen das fünfte Gebot.

Ein von der presbyterianischen Kirche einberufener Strafrechtsausschuss hatte sich mit dem Problem befasst und die Mahnung ausgesprochen, man ignoriere Gottes Gebot nur auf eigene Gefahr.

Noch bevor der Direktor vorschlug, dem so lang verwaisten Todeshaus einen Besuch abzustatten, um zu sehen, wo die Hinrichtung stattfinden würde, drehte sich mir der Magen um.

Wir verließen den Sitzungsraum, passierten den Wartebereich für Besucher und das Büro des Bewährungsausschusses und folgten dem Direktor dann, schweigend und in Zweierreihen, durch ein Labyrinth von Korridoren. Schließlich ging es durch zwei Eisentüren, die erst aufzuschließen waren, in einen Raum, den nur wenige zuvor gesehen hatten. Es war das Original – der erste Todestrakt des texanischen Vollzugssystems, und mit seinen dicken Schichten trister grauer Farbe, die im Lauf der Jahre aufgetragen worden waren, habe ich mein Lebtag nichts gesehen, was einem mittelalterlichen Verlies näher gekommen wäre. Bevor jemand die ausstellbaren Fenster den Zellengang entlang aufstieß, hatte man das Gefühl, man bewege sich in einem Raum, aus dem irgendwie die Luft abgesaugt war. Eine Klimaanlage hatte ganz offensichtlich nicht zum Komfort derer gehört, die hier auf ihren Tod gewartet hatten. Auf dem Weg den schmalen Flur entlang zählte ich sieben winzige Zellen, Zeugnis dafür, dass die Planer nicht damit gerechnet hatten, je mehr als sieben Gefangene auf einmal im Todestrakt zu haben. Noch während wir unsere grausige Tour absolvierten, warteten in einem neuen, moderneren Todestrakt im Hochsicherheitsgefängnis von Ellis fünfzehn Meilen weiter 150 Kandidaten auf ihren Tod.

Fast hörte man die Anwesenden nach Luft schnappen, als jemand erklärte, dass die große Kiste am Ende des Flurs »Old Sparky« enthalte, den legendären elektrischen Stuhl aus Eichenholz, der jetzt durch moderne Medizin ersetzt werden sollte. In der Ecke gegenüber stand der Generator, der den Strom für die Hinrichtungen geliefert hatte.

Auf einer Seite führte eine weitere Metalltür auf einen kleinen Hof, dessen hohe Backsteinmauern von einem messerscharfen Drahtverhau gekrönt waren. Niemand drehte hier noch seine Runden; es war nichts weiter als ungenutzter Raum.

Während wir schweigend dastanden und den Ernst dessen zu erfassen versuchten, was hier bald stattfinden sollte, nickte der

Direktor seinem Sicherheitschef zu. Dieser öffnete darauf eine letzte Stahltür.

Wir drängten uns in die Todeskammer.

In der Mitte eines knapp vier mal fünf Meter großen Raums, der von einer ganzen Batterie von Strahlern an der weiß getünchten Decke erhellt wurde, stand eine nackte Bahre, über die einige breite Ledergurte gelegt waren. Die Farben taten den Augen weh. Die auf Hochglanz polierten Linoleumfliesen waren dunkelgrün, die Wände waren aus den allgegenwärtigen roten Ziegeln. Über uns befand sich das weiß gestrichene Rohr eines Abzugsschachts, der keine Daseinsberechtigung mehr hatte; in den Tagen des elektrischen Stuhls hatte der ekelhafte Gestank des Todes ihn nötig gemacht. Jetzt versprach ein Wunder der Wissenschaft uns nicht nur einen schmerzlosen, sondern darüber hinaus auch noch einen geruchlosen Tod.

Nur wenige Schritte von der Bahre befand sich ein hüfthohes Messinggeländer, hinter dem sich die aufzustellen hätten, die als Zeugen zu dem grausigen Ereignis zugelassen waren. Auf der Nordseite befanden sich drei kleine Fenster mit minzgrünen Rahmen. Dahinter, so sagte man uns, sorge jemand für das richtige Mischungsverhältnis der tödlichen Mixtur. Durch lange Plastikschläuche, die im Arm des Verurteilten endeten, gelange diese in dessen Blut. Irgendwo dort hinten stünde versteckt der Scharfrichter, dessen Identität nie jemand erfahren würde.

Geradezu eine Ironie schien der Umstand, dass es in diesem Raum gleich zwei Telefone gab, die eine Leitung eine Direktverbindung mit dem Büro des Gouverneurs, die andere mit dem des Justizministers; sie waren dazu da, die Gefängnisleitung in letzter Minute vom Aufschub einer Hinrichtung zu unterrichten (oder auch nur für die Mitteilung, dass man sie wie geplant durchführen solle). Hinter diesen Fenstern, deren Vorhänge aus Handtüchern genäht waren, versteckten sich also sowohl die letzte Hoffnung als auch der Tod.

Wenn jedoch alles nach Plan ging, dann begänne die erste Injektion kurz nach Mitternacht, pünktlich am festgesetzten Tag. Das erste Medikament würde den Gefangenen sedieren, das zweite würde seine Muskeln entspannen sowie Zwerchfell und Lunge lähmen, das dritte schließlich würde zum Herzstillstand führen. Die ganze Prozedur sollte einige Minuten dauern, nicht länger.

Zum ersten Mal, seit ich als Gefängniskaplan angefangen hatte, verspürte ich eine merkwürdige und zugleich beunruhigende Verwandtschaft mit den Gefangenen. Ich schwitzte meinen Kragen durch, während meine Kehle knochentrocken war. Ich wäre am liebsten davongelaufen, so weit weg von diesem hässlichen, finsteren Ort wie nur möglich. Aber ich konnte nicht. Die schweren Stahltüren hatten sich hinter mir geschlossen, hatten mich eingesperrt; auch ich war ein Gefangener geworden.

Mit der Zeit ließ der Direktor alle gehen bis auf das Fixierteam und mich. »Wir gehen das Ganze mal durch«, sagte er. »Dann noch mal morgen und übermorgen noch mal.« Sein Ton ließ seine Besorgnis erkennen. Wenn es schon zu einer Hinrichtung kommen musste, dann sollte sie auch wie am Schnürchen über die Bühne gehen.

*

Unsere täglichen Übungen hatten durchaus etwas Makabres. Das Fixierteam, mit anderen Worten die Männer, die dem Gefangenen die Ledergurte um Arme, Beine und Brust zu legen hatten, debattierte über jeden einzelnen Handgriff, angefangen damit, ob es besser wäre, erst die Hände festzuschnallen oder die Füße, oder wie man feststellen sollte, ob die Gurte auch straff genug saßen. Fragen über Fragen. Wer sollte die intravenösen Kanülen setzen? Würde man dafür Ärzte aus dem Gefängniskrankenhaus abstellen, oder käme ein spezielles Team von draußen dazu? Was, wenn man Probleme hätte, eine geeignete Vene zu finden? Wie sollte der Direktor, der sich mit in der Todeskammer befand, Zeichen geben, mit der Prozedur zu beginnen? Und wo sollte ich mich postieren? Schließlich sollte ich dem Gefangenen nicht von der Seite weichen von dem Augenblick an, in dem er im Todeshaus eintraf, bis zu seinem letzten Atemzug. Man könnte fast sagen, wir entwickelten die Prozedur, indem wir das eine oder andere ausprobierten, bis wir sicher sein konnten, auf die bestmögliche Lösung für diese missliche Situation gekommen zu sein. Gerade als sich das Gefühl einzustellen begann, so könnte es gehen, stellte der Direktor uns vor eine neue Hürde. Vier Tage lang war der junge Lieutenant, der den Verurteilten zu spielen hatte, ohne Murren jeder unserer Anweisungen gefolgt. Als ich ihm sagte, es sei so weit, trat er aus der winzigen Zelle heraus auf den schmalen Flur und machte sich in Begleitung der Aufseher auf den kurzen Weg in die Hinrichtungskammer. Dort stieg er auf die Bahre und legte sich hin. An diesem Tag jedoch geriet er in Panik, als wir die Kammer betraten; er weigerte sich, den Anweisungen nachzukommen, und setzte sich mit Händen und Füßen zur Wehr. Nachdem die erste Überraschung überwunden war, gelang es den Wärtern, ihn zu bändigen; schweißgebadet hatte man ihn schließlich auf der Bahre und schnallte ihn, so rasch es eben ging, fest.

Der Direktor hatte den Lieutenant insgeheim angewiesen, sich ausnahmsweise einmal zu wehren. »Eine solche Szene«, erklärte er, »ist durchaus denkbar. Wir müssen darauf gefasst sein.« Man kam an diesem Nachmittag zu dem Schluss, das Fixierteam um einen Mann aufzustocken.

Schließlich blickte er herüber zu mir. Ich hatte in den letzten Tagen nichts weiter zu tun gehabt, als dabeizustehen und zuzusehen. Man hatte mir gesagt, wo ich mich hinzustellen hätte, wenn der Gefangene eintraf, und auch, dass ich die ganze Zeit, die er auf die Hinrichtung wartete, bei ihm zu bleiben hatte. Und schließlich hatte ich ihn in die Todeskammer zu begleiten. Darüber hinaus wusste ich herzlich wenig. Er wies auf den Vorhang, der an einer Schiene zwischen der Bahre und dem Teil des Raums hing, der für die Zeugen reserviert war, und sagte mir, es obläge meiner Verantwortung, ihn sofort zuzuziehen, falls etwas schief ging.

»Aber Ihre eigentliche Aufgabe«, sagte mir Direktor Pursley, »besteht darin, dafür zu sorgen, dass so etwas wie eben erst gar nicht passiert. Sie werden den ganzen Tag mit dem Gefangenen verbringen, und es ist wichtig, so schnell wie möglich sein Vertrauen zu gewinnen. Reden Sie mit ihm, hören Sie ihm zu, sprechen Sie ihm Trost zu, so gut es irgendwie geht. Aber vor allem möchte ich, dass Sie ihn emotionell so in den Griff bekommen, dass er sich nicht wehrt.«

*

Mir fiel es zunehmend schwer zu schlafen, je näher der Tag der Hinrichtung rückte. Auch wenn ich das Anliegen des Direktors verstand, bei dem Gedanken, dass meine Rolle dabei einzig darin bestand, den Verurteilten so gut wie nur irgend möglich einzulullen, war mir nicht wohl. Das konnte doch unmöglich alles sein, was ich tun konnte.

Bei einer anderen Besprechung in seinem Büro ging Direktor Pursley ausführlicher auf meine Rolle ein. Der Gefangene, so erklärte er, käme am Tag der Hinrichtung aus Ellis zu uns herüber ins Todeshaus. Die Route, die die mit der Überstellung betrauten Aufseher nehmen würden, sei nur ihnen bekannt. Auch die Ankunftszeit würde geheim bleiben, um die Medien nicht unnötig anzuziehen.

Ich sollte ihn bei seiner Ankunft bereits erwarten und in Empfang nehmen. Während der Stunden vor seinem Tod sollte ich ihm zur Hand gehen, falls Schreibarbeiten zu erledigen waren, Briefe zum Beispiel, und die von der Gefängnisverwaltung genehmigten Besuche koordinieren. Ich sollte ihm sogar beim Aufsetzen seiner letzten Worte helfen, falls der Gefangene vor seinem Tod noch etwas sagen wollte. Im Wesentlichen sollte ich ihm jede schlichte Gefälligkeit erweisen, die in meiner Macht stand.

Kaum ein Augenblick, in dem mich nicht beschäftigte, was da in Kürze passieren sollte. So sehr ich mich auf meinen Alltag in Kapelle und Büro zu konzentrieren versuchte, ich fand keine Ruhe vor dem Gedanken, dass ich da einen Menschen zu betreuen hätte, dessen Todeszeit feststand, ohne dass er an einer tödlichen Krankheit litt. Ich schlug mich mit den Anschauungen meiner Kirche und meinen eigenen Überzeugungen herum. Und ich fragte mich, ob das, was wir da vorbereiteten, auch wenn es vom Staat gebilligt war, etwas anderes sein konnte als Mord.

Mich erdrückten diese Gedanken schier. Wie konnte ich mich an etwas beteiligen, das mir so unchristlich, so barbarisch vorkam? Bei all den finsteren Gefühlen, die mich seit jener Geiselnahme verfolgt hatten, wurde mir jetzt klar, dass meine Rachegedanken nie auch nur an die Grenze herangereicht hatten, die zu überschreiten ich mich da anschickte. Und, so fragte ich mich, bestand die Möglichkeit, dass man in mir, auch wenn ich mich nur als Seelsorger um einen zum Tode Verurteilten kümmerte, einen bereitwilligen Handlanger bei seiner Hinrichtung sah?

Ein Gedanke jedoch, der sich mir immer wieder aufdrängte, gab mir dann die nötige Kraft. Meine ganze Laufbahn als Seelsorger hindurch war ich der festen Überzeugung gewesen, dass der Mensch tröstlichen Zuspruch dann am nötigsten hat, wenn er sich der Realität seines Todes stellen muss. Falls Gott mir überhaupt eine Gabe gegeben hat, so war es die, einem Menschen in seinen letzten Stunden beizustehen. Niemand, so glaubte ich schon seit langem, sollte sich dem Tod allein stellen müssen. Noch nicht einmal ein abgebrühter Verbrecher, der vor seiner Hinrichtung stand.

Beim Abwägen meiner Alternativen wusste ich, meine Stimme hätte nicht das Gewicht, die Entscheidung der Gesetzgeber rückgängig zu machen; die Hinrichtung würde stattfinden, ob ich mich nun um den Mann kümmerte oder nicht. Allmählich wurde aus meinen Zweifeln Resignation, bis ich schließlich zu dem Entschluss gelangte, meinen Beitrag so positiv gestalten zu wollen wie nur irgend möglich.

Ich fasste schließlich den Entschluss, mehr zu tun, als den Gefangenen einzulullen, wie der Direktor es mir nahe gelegt hatte; wenigstens wollte ich es versuchen. Im Todeshaus wie in der Kapelle. Ich würde meiner seelsorgerischen Aufgabe nachkommen, so gut ich nur konnte. Was immer das bedeutete – aus der Heiligen Schrift zu lesen, zu beten, Kirchenlieder zu singen –, ich würde es tun; wenn es nichts weiter bedeutete als den Versuch, den Betreffenden die Angst vor dem Unvermeidlichen vergessen zu lassen, ich würde es versuchen. Wenn sich meine Rolle aufs Zuhören beschränkte und darauf, Besucher zu dem Verurteilten zu führen, dann würde ich eben das nach besten Kräften erledigen. Anstatt dem traurigen Ereignis weiterhin mit Entsetzen entgegenzusehen, begann ich zu planen.

Ich besuchte meinen alten Bekannten Jim Estelle und teilte ihm meine Gedanken mit in der Hoffnung, er hätte einen Rat für mich. Ich fühlte mich in der Pflicht, erklärte ich ihm, alles in meiner Macht Stehende zu tun, um aus dieser misslichen Situation das Beste zu machen und mich des Gefangenen in jeder Hinsicht anzunehmen. »Es ist mir egal, welches Verbrechen ihn dorthin gebracht hat«, sagte ich. »Ich stehe zu ihm, ohne mich zum Richter aufzuwerfen.«

Estelle nickte lächelnd. »Ich weiß, dass das nicht leicht für Sie ist, für keinen von uns. Ich kann mir noch nicht einmal vorstellen, wie schwer der Tag selbst wird oder welche Alpträume er uns bringt. Aber man lässt uns keine andere Wahl.« Und dann gab er mir den einzigen Rat, den ich je für den Umgang mit einem Menschen im Todestrakt bekommen habe: »Folgen Sie der Stimme Ihres Herzens«, sagte er. »Versprechen Sie nichts, was Sie nicht halten können, und halten Sie immer, was Sie versprechen.«

*

Als der Tag der Hinrichtung langsam näher rückte, legte sich eine Spannung über die ganze Stadt. Die Gefangenen in The Walls gingen ihren täglichen Verrichtungen wie unter einer Bleiglocke nach. Journalisten begannen in der Stadt einzutreffen, aus allen Teilen der Welt, einige aus Neugier bezüglich der neuen Hinrichtungsmethode, die bei uns Premiere haben sollte, andere – vor allem die europäischen Korrespondenten – wollten ihren Lesern erklären, warum wir Amerikaner ein altes Ritual fortsetzten, das man für unzivilisiert hielt. Als sich die Bitten um Interviews auf meinem Schreibtisch zu stapeln begannen, entschloss ich mich, erst gar nicht zu reagieren, und zwar aus dem einfachen Grund, dass mir völlig klar war, wie die erste Frage lauten würde: Glaubte ich an die Todesstrafe?

Und ich war zu einer weiteren Entscheidung gekommen: dass es im Interesse aller Beteiligten war, meine Gefühle für mich zu behalten. Wie in aller Welt konnte ich auch nur hoffen, jemandem vor seiner Hinrichtung Trost zu spenden, wenn der Betreffende wusste, dass ich selbst gegen diese Art der Bestrafung war? Oder, wenn wir schon davon sprechen, dass ich sie für gerecht hielt? Es galt hier unverbindlich zu bleiben, wollte ich tatsächlich etwas bewirken.

In den Tagen vor dem Eintreffen des Gefangenen in The Walls sprach ich das merkwürdigste Gebet meines Lebens. Ich wusste, wenn der Verurteilte erst einmal im Todeshaus war, wo ich ihn erwartete, würde man uns zusammen einsperren, und wir hätten beisammenzubleiben bis zu jenen letzten Minuten vor Mitternacht, wenn das Ende unmittelbar bevorstand.

»Gott«, betete ich inständig, »gib mir die Kraft, nicht davonlaufen zu wollen.«

Kapitel Fünf

Charles Brooks Junior hatte 1687 Tage im Todestrakt von Ellis zugebracht, mit anderen Worten über viereinhalb Jahre, als man ihn schließlich an einem pechschwarzen, kalten Dezembermorgen an The Walls überstellte. Im weißen Gefängnisoverall saß er, an Händen und Füßen gefesselt, schweigend auf dem Rücksitz eines Van; sein Kopf bewegte sich im Rhythmus der Schlaglöcher und Kurven des schwarzen Asphaltbands, das sich auf Huntsville zuwand. Hin und wieder tauchten in der morgendlichen Dunkelheit die Lichter weihnachtlich geschmückter Häuser auf, aber er zeigte kein Interesse daran. Brooks' Lider blieben die ganze Fahrt über geschlossen. Die paar Habseligkeiten, die sich während der Jahre im Gefängnis angesammelt hatten, befanden sich in zwei Kartons, und diese standen jetzt neben ihm auf dem Sitz. Die einzigen Gegenstände, die er ganz bewusst eingepackt hatte, waren ein kleiner Radiowecker und ein Dutzend Dosen Dr. Pepper, die er Anfang der Woche im Gefängnisladen gekauft hatte.

Gerade mal vierzig Jahre alt, befand er sich auf der letzten Etappe eines vergeudeten Lebens voll Alkohol, Drogen und gedankenloser Gewalt. Und Charles Brooks war nicht etwa ein verstoßenes Kind der Straße gewesen, nein, er war der verhätschelte Sohn eines Fleischers, eines gläubigen Kirchgängers, aus Fort Worth. Mit vierzehn schon hatte er von seinem Vater einen eigenen Wagen bekommen. Und als Brooks Senior dann einem Herzanfall erlag, hatte er seinem Sohn eine kleine Rente hinterlassen, die sicherstellte, dass es ihm an nichts fehlte. Der junge Mann hatte sie ebenso verschwendet wie sein Leben. Nach eigenem Eingeständnis hatte er in den raueren Vierteln von Fort Worth verkehrt, ein großspuriger Angeber mit einem Komplex. Er hatte Narben von Stich- und Schusswunden, die bewiesen, dass er keinem Streit aus dem Weg gegangen war. Er war frühzeitig von der Schule abgegangen, hatte sich mit Ladendiebstählen durchgeschlagen, schwer zu trinken begonnen und an Drogen genommen, was immer gerade greifbar war. Er hatte schließlich geheiratet und zwei Söhne gezeugt, aber die bekamen ihn nur herzlich selten zu sehen.

1962 bereits hatte er sich eines Einbruchs in Baton Rouge schuldig bekannt. 1968 hatte man ihn wegen eines Waffendelikts verurteilt, nachdem er mit einer abgesägten Flinte erwischt worden war. Er war kaum wieder in Freiheit gewesen, als er wegen Einbruchdiebstahls in Huntsville gelandet war.

Nachdem er 1975 wieder entlassen worden war, hatte er dann das Verbrechen begangen, das zu jener Fahrt von Ellis nach Huntsville führte.

An einem Dezembermorgen des Jahres 1976 war in Fort Worth Marlene Smith, eine heroinsüchtige Prostituierte, in einen Gebrauchtwagenmarkt und durch eine Gefälligkeit sexueller Art an eine Probefahrt gekommen. Direkt vom Gebrauchtwagenmarkt aus fuhr sie zu einer Spirituosenhandlung an der Rosedale Avenue, wo sie neben ihrem Freund Woodie Loudres auch Brooks abholte. Die drei fuhren zu einem Motel, wo Loudres mit der Frau wohnte. Dort spritzte man sich Heroin. Später verlegten sie ihre Party ins Haus von Brooks' Mutter und tranken dort stundenlang Bier.

Als ihnen Alkohol und Drogen ausgingen und keiner von den dreien auch nur einen Cent hatte, schlug die Frau vor, in ein Einkaufszentrum im Süden der Stadt zu fahren, wo sie das eine oder andere klauen wollte, was sich rasch zu Geld machen ließ; davon wollte man Heroin kaufen.

Unterwegs jedoch blieb der »geborgte« Wagen wegen eines defekten Vergasers stehen. Sie schoben ihn an die nächste Tankstelle, wo sie ihn ohne Erfolg wieder in Gang zu bringen versuchten. Zornig über diese Entwicklung ging Brooks, high wie er war, zu einem nahe gelegenen Gebrauchtwagenhändler und bat dort, einen Wagen Probe fahren zu dürfen. Da es dort üblich war, Kunden auf Probefahrt einen Angestellten mitzugeben, hieß man David Gregory, einen Lackierer aus der Werkstatt, mit Brooks um den Block zu fahren.

Gegen sechs Uhr abends beobachtete jemand, wie die drei den Mann auf dem Parkplatz des New Lincoln Motel aus dem Kofferraum des Wagens holten und ihn in das Zimmer brachten, das Marlene Smith und Loudres dort bewohnten. Kurz darauf waren Schüsse zu hören.

Jemand vom Motel rief die Polizei, die David Gregory – Ehemann und Vater – allein in dem Zimmer fand. Er war mit Klebeband und einem Drahtkleiderbügel gefesselt und hatte einen Knebel im Mund. Man hatte ihm in den Kopf geschossen.

Brooks und Loudres wurden später verhaftet und vor Gericht gestellt; die Anklage lautete auf Mord in Tateinheit mit Entführung, die einen erschwerenden Umstand darstellt, und darauf steht der Tod. Ihre Fälle wurden getrennt verhandelt, und beide wurden zum Tode verurteilt, obwohl nie geklärt wurde, wer von ihnen den tödlichen Schuss auf Gregory abgegeben hatte. Die Mordwaffe selbst wurde nie gefunden. Loudres hatte einige Jahre später Glück, als ein Berufungsgericht das Todesurteil gegen ihn aufhob, und im Oktober 1982, nach einem Deal mit der Staatsanwaltschaft, bekam er schließlich vierzig Jahre.

Während also Charles Brooks im Todeshaus seine letzten Stunden zählte, sah Loudres einer, wenn auch fernen, Zukunft entgegen, in der er für eine Entlassung auf Bewährung in Frage kam.

*

Ich wusste von alledem nichts, als ich mich an dem Tag, an dem Brooks eintreffen sollte, um sechs Uhr morgens in meinem Büro einfand. Falls ich mich während der folgenden 18 Stunden seiner annehmen, ihm mit Rat und Tat zur Seite stehen sollte, so könnte ich das am besten, wenn er, soweit das eben möglich war, ein unbeschriebenes Blatt für mich war. Als Direktor Pursley mich fragte, ob ich Brooks' Akte lesen wollte, bevor ich ihn kennen lernte, lehnte ich ab.

So war der Mann, den ich in den Todestrakt treten sah, aufgrund meiner eigenen Entscheidung praktisch ein Fremder für mich. Klein und physisch fit, sah man ihm seine vierzig Jahre nicht an, obwohl er an den Schläfen bereits graumeliert war. Sein Körper trug die hässliche Signatur so vieler Häftlinge – primitive Gefängnistätowierungen an beiden Armen sowie auf der Brust, soweit sie zu sehen war. Alles in allem, so erfuhr ich später, hatte er siebzehn amateurhaft ausgeführte Slogans auf den Körper tätowiert. Einer davon lautete fast prophetisch: »I was born to die.«

Er nickte nur, als ich mich vorstellte, dann trat er in seine Zelle.

Zu den wenigen Informationen, die ich in den Tagen vor der Hinrichtung eingeholt hatte, gehörte seine Religionszugehörigkeit. Brooks, so hatte ich erfahren, hatte kurz nach seiner Einlieferung in Ellis zum Christentum gefunden, dann jedoch, als es ihm nicht den gesuchten Trost bieten konnte, andere Religionen zu studieren begonnen. Am meisten zugesagt hatte ihm der Islam. Während der letzten drei Jahre war er praktizierender Muslim gewesen und hatte sogar den arabischen Namen Shareef Ahmad Abdul-Rahim angenommen; er betete täglich zu Allah. Obwohl er Reue für das Leben, das er geführt hatte, zum Ausdruck gebracht hatte, den Mord selbst hatte er nie gestanden. Trotzdem war er zu der Überzeugung gelangt, dass ihm die Verbrechen seiner Vergangenheit verziehen waren. So war Charles Brooks von dem Augenblick an, in dem er in die letzte Zelle trat, deren Tür je hinter ihm zufallen sollte, voller Zuversicht, an der Schwelle zu einer besseren Welt zu stehen.

Da es ganz offensichtlich war, dass ein presbyterianischer Kaplan seinen spirituellen Bedürfnissen nicht gerecht werden konnte, hatte sich Akbar Nurid-Din Shabazz, ein Kaplan der American Muslim Mission, der dem Gefängnissystem zur Verfügung stand, bereit erklärt, Brooks als Muezzin – Vorbeter – und Zuhörer zur Seite zu stehen. Ich würde auf Abruf zugegen sein für den Fall, dass er sonst noch etwas brauchte.

Trübsinnig und ganz offensichtlich nervös, machte Brooks sich zusammen mit Shabazz an ein kurzes Gebet und bat dann den Aufseher, ihm das kleine Radio zu bringen, das er aus Ellis mitgebracht hatte, und einen lokalen Nachrichtensender einzustellen; seine Anwälte hatten ein Gesuch um Aufschub der Hinrichtung eingereicht, und er wollte sofort hören, wenn sich etwas tat. Jahrelang hatte er erfolglos gegen das System gekämpft, in neun Verhandlungen und fünf Gerichten vor 23 verschiedenen Richtern, jetzt jedoch lag sein Schicksal in den Händen dreier Richter am Berufungsgericht des Fünften Bezirks, die am Vormittag in New Orleans darüber beraten würden. Es gab noch höhere Instanzen, bei denen er Berufung hätte einlegen können, das wusste er, aber wenn der Fünfte Bezirk abschlägig entschied, dann schlossen sich die anderen – bis hinauf zum Obersten Bundesgericht – dem Urteil mit einiger Wahrscheinlichkeit an. Wirkliche Zuversicht spürte ich bei ihm nicht.

Als er den kleinen Kühlschrank am anderen Ende des Korridors erspähte, wo die beiden Aufseher saßen, die uns zugeteilt waren, fragte er, ob er seine Limonade dort kalt stellen konnte.

Schließlich setzte er sich auf das schmale Bett und lächelte zum ersten Mal. »Spielt jemand Schach?«, fragte er, und das stellte meine erste Herausforderung als Kaplan im Todestrakt dar.

Weder Shabazz noch die beiden Wärter spielten. Ich kannte das Spiel, spielte aber bestenfalls auf dem Niveau eines Kindes. Brooks dagegen hatte sofort geprahlt, er sei drüben in Ellis Schachkönig gewesen und hätte dort am laufenden Band Mitgefangene wie Aufseher besiegt. Ich rief im Büro des Direktors an und fragte, ob ein Wärter Dienst hätte, der sich für einen Könner in diesem Spiel hielt. Falls es einen gab, so bräuchte ich ihn.

So ließ man denn einen hoch gewachsenen Angestellten aus dem Büro des Sicherheitsdiensts in den Todestrakt; der Mann, der wie ein Bücherwurm wirkte, hatte ein zusammenklappbares Spielbrett dabei und eine Schachtel Plastikfiguren. Es war unschwer zu sehen, dass er lieber weiß Gott wo gewesen wäre. Man rückte einen kleinen Tisch ans Gitter der Zellentür, und die beiden Männer spielten schweigend ein paar Partien; Shabazz und ich sahen zu. Der Wärter hatte keine Chance gegen Brooks, und bald fiel ihm ein, dass er noch das eine oder andere zu erledigen hatte. Brooks machte keinen Versuch, ihn zum Bleiben zu bewegen.

Nur einmal sah ich einen Anflug von Zorn bei ihm durchblitzen, und zwar als der Gefängniskoch kam, um sich nach seinen Wünschen für seine letzte Mahlzeit zu erkundigen, die für den Abend angesetzt war. Brooks wünschte sich frittierte Shrimps und Austern, musste sich aber sagen lassen, dass zum Tode Verurteilte – trotz allem, was Hollywood und Kriminalromane so in die Welt gesetzt hatten – nur das bekämen, was in der Gefängnisküche auf Lager sei. »Ich dachte, ich hätte ein Recht darauf, mir was auszusuchen«, versetzte er unwirsch. Einen Augenblick darauf hatte er sich auch schon wieder unter Kontrolle und ein Lächeln auf dem Gesicht. Er bestellte sich ein T-Bone-Steak und zum Nachtisch Peach Cobbler. »Und einen Zahnstocher«, sagte er.

Mit einem Blick auf mich zuckte er die Achseln. »Hey, ich weiß, wie das läuft«, sagte er. »Im Gefängnis gibt es Rechte und Privilegien. Ich schätze, Shrimps und Austern zählen wohl zu den Privilegien.«

»So wird's wohl sein«, pflichtete ich ihm bei. »Für mich ist das alles neu.«

»Nicht nur für Sie«, antwortete er.

Kurz nach Mittag gab ein Nachrichtensprecher bekannt, dass

das Appellationsgericht des Fünften Bezirks Brooks' Gesuch abgelehnt hatte. »Tja, das wär's wohl«, sagte er nur.

»Ich denke, es ist wohl Zeit, mit Ihren Vorbereitungen zu beginnen«, sagte Shabazz.

*

Draußen vor dem Gefängnis waren ganz andere Vorbereitungen im Gange. Von überall her, aus den Vereinigten Staaten wie auch aus dem Ausland, waren Reporter angereist, um über das Ereignis zu berichten. Sein ganzes Leben hindurch war Charles Brooks Junior ein Nobody gewesen, ein gesichtsloser Schwarzer in einem Meer von Straftaten und Gerichtsverhandlungen; jetzt, wo er der erste Mensch war, der durch die Todesspritze hingerichtet werden sollte, war er mit einem Mal prominent. In den vergangenen Wochen war er Gegenstand zahlloser Bitten um Interviews gewesen; jetzt, nachdem sie alles zusammengetragen hatten, was über sein verfehltes, wenn auch nicht gerade bemerkenswertes Leben zu erfahren war, von Freunden, Verwandten und einer langen Liste von Anwälten, die ihn irgendwann vertreten hatten, blieb den Journalisten nichts weiter, als die Stunden bis zu seinem Tod zu zählen. Um die Zeit totzuschlagen, fotografierte und befragte man die wachsende Masse der Demonstranten, die zusammengekommen waren, die einen, um das Ereignis zu feiern, die anderen, um dagegen zu protestieren.

*

Besucher erwartete Brooks keine. Es bestünde die winzige Chance, sagte er, dass eine Frau aus Fort Worth, die er als seine Verlobte bezeichnete, vorbeikäme, aber sonderlich optimistisch sei er nicht. Er sei darauf vorbereitet, so erklärte er mir, ohne den letzten Beistand von Familie oder Freunden zu sterben. Genau das, so fügte er hinzu, sei der Grund dafür, dass das Christentum in seinem Fall versagt hatte – es habe seine Familie nicht beisammenhalten können. Ebenso wenig wie es ihn davor bewahrt habe, im Gefängnis zu landen. Nicht ein Gedanke daran, dass er selbst damit etwas zu tun gehabt haben könnte. Und selbst den Islam hatte er seinen persönlichen Bedürfnissen angepasst. So gestand er etwa, zunächst für eine sechsmonatige Probezeit Muslim geworden zu sein, ohne rechte Überzeugung. Anstatt sich beim Gebet nach Osten zu wenden, wie die muslimische Tradition es verlangt, zog er es vor, sich seiner Zellentür zuzuwenden, als hätte Mekka den Schlüssel dafür. Er fastete regelmäßig jeden Dienstag und Donnerstag, vergaß das Ritual aber geflissentlich an Thanksgiving, weil er nicht auf den Truthahn verzichten wollte, den es an diesem Tag auch im Gefängnis gab. Und auch wenn ihr Glaube den Moslems befahl, immer die Wahrheit zu sagen, so hatte er die Schuld am Tod von David Gregory nie eingestanden.

Trotzdem, so löchrig mir sein Glaube auch schien, den er meiner Ansicht nach nur missbrauchte, er schien ihm eine bemerkenswerte innere Stärke zu geben. Und während ich im Stillen um die Kraft betete, die mich über die langen Stunden vor Mitternacht bringen sollte, war ich in zunehmendem Maße froh, dass Shabazz dabei war, um sich um Brooks' spirituelle Bedürfnisse zu kümmern. Meine Rolle beschränkte sich nur darauf, ihm gefällig zu sein.

Der Tag zog sich ewig hin, die Stimmung bei uns im Todeshaus wurde immer trübsinniger, als die Gesprächsthemen ausgeschöpft waren. Ich verspürte eine ungemeine Erleichterung, als wir gegen Abend erfuhren, dass Brooks' Nichte ganz unerwartet gekommen sei, um ihn zu sehen. Brooks' Laune hellte sich merklich auf. »Sie ist wirklich hier?«, fragte er, und aus seiner Stimme sprach dabei geradezu kindliches Erstaunen.

Obwohl sie eine halbe Stunde nach der letzten Frist für Besucher gekommen war, geleitete man Berrie Jean Mitchell zusammen mit einem muslimischen Imam aus Fort Worth in den Todestrakt. Als sie vor der Zelle ihres Onkels stand, war sie ganz offensichtlich verwirrt von der Umgebung, sprach dann aber mit leiser, melodischer Stimme mit ihm über eine bessere Zeit. Eine Stunde lang lächelten sie und Charles sich einander durch den kräftigen Maschendraht hindurch an, und während sie Erinnerungen aus ihrer Kindheit Revue passieren ließen, war hin und wieder sogar ein Lachen zu hören. Mit der Zeit dann gingen ihnen die guten Zeiten aus, und auch Lachen war keines mehr zu vernehmen. Alles, was ihnen noch blieb, war die schwierige Aufgabe des Abschieds. Als Berrie Mitchell zu weinen begann und das müde Gesicht in die Hände legte, trat der Geistliche auf sie zu, in dessen Begleitung sie gekommen war, und legte ihr eine Hand auf die Schulter. »Vielleicht«, flüsterte er, »wäre es Zeit für ein Gebet.«

Einige Minuten später waren sie wieder fort.

Die Wärter, die sich bis dahin am Ende des Korridors aufgehalten hatten, kamen herauf. Zeit für Brooks zu duschen, sagten sie uns, und den weißen Gefängnisoverall gegen Zivilkleidung einzutauschen, die er in der Hinrichtungskammer tragen sollte. Dann brachte man seine letzte Mahlzeit herein.

Ich sah zu, wie er schweigend aß, mein Kopf ein Bienenkorb von Überlegungen über die Merkwürdigkeit dieses Rituals, in dem ich da gelandet war. Duschen und Umziehen als Vorbereitung auf den Tod? Was für eine Rolle spielte es, dass er in einem neuen Freizeithemd, gelber Hose und blauen Tennisschuhen starb? Wie konnte jemand Appetit haben, selbst mit dem köstlichsten Essen vor sich, wenn ihm klar war, dass es seine letzte Mahlzeit sein würde? Welche schrecklichen Bilder mochten einem durch den Kopf gehen in den letzten Stunden vor Beginn des ewigen Schlafs? Und wie konnte man sich, egal welchen Glaubens man war, auch nur die Spur von Ruhe und Würde bewahren?

Totenwachen waren mir nicht fremd. Ich hatte längst den Überblick darüber verloren, an wie vielen Betten ich gewacht hatte, als Priester wie als Gefängniskaplan. Aber das hier war etwas anderes.

Es war das erste Mal, dass ich mich eines Menschen anzunehmen hatte, dass ich jemandem Trost zuzusprechen versuchte, der völlig gesund war, einem Menschen ohne lebensbedrohliche Krankheit, der trotzdem bald sterben sollte. Ihn raffte kein Krebs dahin, der sich mit rasender Geschwindigkeit ausbreitete; kein unheilbares Leiden stahl ihm das Leben. Charles Brooks starb ganz einfach auf Befehl des Staates Texas.

Es ging bereits auf 18 Uhr zu, als er darum bat, einige Zeit allein sein zu dürfen; er hätte einige Briefe zu schreiben. Ich bat die Wärter, aus der Distanz ein Auge auf ihn zu haben, dann ging ich zusammen mit Shabazz hinaus. Auf unserem Weg durch das Labyrinth von Fluren und Toren zurück zu meinem Büro wurde mir irgendwann bewusst, dass mein Hemdkragen durchgeschwitzt war. Dann bemerkte ich zum ersten Mal die Schweißperlen auf Shabazz' Stirn.

»Das«, flüsterte er, als wir die frische, kühle Luft der Welt draußen atmeten, »ist das Entsetzlichste, was ich je durchgemacht habe.«

Ich pflichtete ihm von ganzem Herzen bei.

Im Büro eines der Bereichsleiter wartete Clyde Johnston, der Direktor der Gefängnisdiakonie. Ein älterer Herr schon, kurz vor dem Ruhestand, war er noch Kaplan in The Walls gewesen, bevor man die Hinrichtungen eingestellt hatte. In vierzehn Fällen hatte er Gefangene auf ihrem Weg zum elektrischen Stuhl begleitet. Er war gekommen, um mir die eine oder andere Frage zu beantworten, die ich vielleicht hatte.

Ich erklärte ihm, dass Brooks einen bemerkenswert ruhigen, ja resignierten Eindruck mache. Nickend hörte Johnston zu, als ich ihm die Atmosphäre und das Verhalten des Häftlings schilderte. »So wird es wahrscheinlich auch bleiben bis zu dem Augenblick, in dem er die Todeskammer betritt«, sagte er. »Meiner Erfahrung nach verschwinden Haltung und Würde, und zwar ausnahmslos, wenn der Betreffende erst einmal angeschnallt wird. Erst dann wird deutlich, dass sie tatsächlich Angst haben. Sie werden es sehen, und es geht Ihnen unter die Haut, also machen Sie sich darauf gefasst.«

Darüber hinaus hatte er kaum große Einsichten für mich. »Ehrlich gesagt«, sagte er, »ich habe nicht die geringste Ahnung, was die Todesspritze anbelangt. Wir können nur hoffen, dass sie so schnell und schmerzlos wirkt, wie die Experten behaupten.« Als er mich so ansah, spürte ich, dass da lang verdrängte Erinnerungen längst vergangener Hinrichtungen auf ihn einstürzten, unangenehme Bilder, die weder Zeit noch Mühe auszulöschen vermochten. Ich fragte mich dabei, wie er diese Prozedur so lange hatte ertragen können, ohne den Verstand zu verlieren.

»Es ist wichtig«, sagte er, »dass Sie mit ihm darüber sprechen, was in den nächsten Stunden passieren wird«, riet er mir. »Auch wenn er von sich aus nie fragen würde, er möchte es wissen. Er muss es wissen. Gehen Sie das mit ihm durch, so gut Sie nur können, schildern Sie ihm auch das kleinste Detail von dem, was Sie eingeübt haben, damit es keine Überraschungen gibt.«

*

Draußen vor dem Gefängnis bemerkte ich zum ersten Mal die Jahrmarktatmosphäre, die sich auf der Straße ausgebreitet hatte. Vor dem Tor liefen Leute mit handgeschriebenen Plakaten herum. Einige forderten skandierend, endlich mit der Exekution zu beginnen. Andere schrien zornig dagegen an. Wieder andere wanderten mit großen Augen durch die Menge, als hätten sie eine Freikarte für ihr erstes Rockkonzert in der Hand. Brooks' Hinrichtung war zu einem Happening geworden, um auf den Jargon der Zeit zurückzugreifen, und ich musste mich zusammennehmen, den Leuten, die da gekommen waren, nicht zuzurufen: Geht nach Hause … Lasst uns das doch friedlich hinter uns bringen und mit etwas Würde.

Im Todestrakt selbst gab Brooks Shabazz einen kleinen Stapel

Briefe und bat ihn, sie so schnell wie möglich nach seinem Tod aufzugeben. Der muslimische Imam steckte sie in die Tasche seines Jacketts, zusammen mit einer Erklärung, die Brooks für die Presse geschrieben hatte. Sie lautete folgendermaßen: »Ich habe in diesem Augenblick nicht die geringste Angst vor dem, was meinem Körper passieren kann. Meine Angst gilt Allah, Gott allein, der in diesem Augenblick als einziger die Macht über die Entscheidung hat, ob ich leben oder sterben sollte. Als frommer Muslim glaube ich, was ich gelernt habe, dass das weltliche Leben einzig und allein dem Zweck dient, einen auf das wirkliche Leben vorzubereiten, das danach kommt. Seit ich Muslim geworden bin, habe ich versucht, so zu leben, wie Allah es will…«

*

»Es ist Zeit«, sagte ich ihm, »darüber zu sprechen, was da auf Sie zukommt.«

Während der letzten Stunden hatte alles eine etwas hektischere Note angenommen.

Die Ergebnisse der allerletzten Bemühungen seitens der Anwälte begannen hereinzukommen. Der Gouverneur rief beim Direktor an, um ihn wissen zu lassen, er würde sich nicht an die Tradition halten, einen Aufschub von dreißig Tagen zu gewähren. Sowohl das Appellationsgericht als auch das Oberste Bundesgericht hatten ihre Beratungen abgeschlossen und angeordnet, die Hinrichtung zu vollziehen. In Fort Worth rief Jack Strickland, der Anklagevertreter in Brooks' Prozess, einen Richter an, um ihm zu sagen, er halte es für problematisch, dass Brooks sterben sollte, während man das Todesurteil gegen seinen Mittäter Woodie Loudres aufgehoben hatte. Dass einer der beiden Männer, zu deren Verurteilung er beigetragen hatte, sterben müsse, während der andere mit vierzig Jahren Haft davonkomme, halte er für ausgesprochen unfair. Man legte also noch einmal Berufung beim Fünften Appellationsbezirk ein, aber auch diese wurde abgelehnt.

Es dauerte bis in den späten Abend, bis auch die letzte Möglichkeit ausgeschöpft und Brooks' Schicksal endgültig besiegelt war.

*

Um halb elf rief mich der Direktor an, um mir zu sagen, es sei eine Frau – eine Schwesternhelferin aus Fort Worth – gekommen, eine gewisse Vanessa Sapp, die darum bat, »Charlie« sehen zu dürfen. Sie hatte mit Brooks 1977 zu korrespondieren begonnen und ihn dann drüben in Ellis regelmäßig besucht. Bei einer ihrer Begegnungen hatte die beiden noch nicht einmal das Plexiglas des Besucherraumes voneinander getrennt.

Sapp war bei einem von Charles' zahllosen Gerichtsterminen im Saal aufgetaucht. Gegen Ende der Verhandlung hatte Brooks den Richter gefragt, ob er nicht einige Minuten mit seiner »Verlobten« sprechen könne, bevor er wieder ins Gefängnis zurückmusste. Der äußerst entgegenkommende Richter hatte das nicht nur erlaubt, sondern sich sogar erboten, das Paar gleich zu trauen, falls sie es wünschten. Brooks hatte sich bei dem Richter für die Gelegenheit, mit Vanessa zu sprechen, bedankt, das andere Angebot jedoch verhalten abgelehnt.

Wie auch immer, er schien sich zu freuen, dass sie gekommen war, um seiner Hinrichtung beizuwohnen. Ich müsste ihr jedoch sagen, erklärte ich ihm, dass die Besuchszeit längst vorbei sei. »Sehen Sie nur zu, dass sie in Ordnung ist«, verlangte Brooks.

Draußen war sie nicht schwer zu finden: eine gewichtige Frau in einem bunt bedruckten Polyesterkleid, von Journalisten umringt. Der Direktor hatte mir erlaubt, sie hereinzubringen in die Lobby; dort könnte sie abseits der nach wie vor wachsenden Menge warten, um später zusammen mit den anderen Zeugen in die Todeskammer zu gehen. Ich versuchte ihr zu erklären, warum ein Besuch nicht mehr möglich war, und sie bedachte mich mit einem Blick, aus dem ganz klar hervorging, dass sie einen Feind in mir sah.

Ich ging zurück zu Brooks' Zelle und sagte ihm, dass man sich um Vanessa kümmere. »Ist sie okay? Ist sie stark genug für das hier?«, fragte er.

»Ich denke schon«, antwortete ich.

Ich erfuhr, dass weitere Besucher gekommen waren, die ihn sehen wollten, auch sie viel zu spät. Während der wochenlangen Planung der Hinrichtung hatte man sich auf bestimmte Regeln geeinigt, was Besucher anging: Nur Personen, die Brooks auf eine Liste gesetzt hatte, die bis einige Tage vor dem Termin einzureichen war, durften ihn sehen, und auch die nur bis 16 Uhr. Und der Direktor hatte den Stundenplan bereits einmal angepasst, um den überraschenden Besuch der Nichte unterzubringen.

Jetzt, eine Stunde vor dem Hinrichtungstermin, waren Brooks' Söhne, Derek und Adrian, eingetroffen und baten darum, ihn sehen zu dürfen.

Brooks holte tief Luft und schüttelte den Kopf. Nein, sagte er, er wolle die beiden nicht sehen. »Die hatten fünf Jahre Zeit, mich zu besuchen, und gekommen sind sie nicht. Nicht ein einziges Mal. Sagen Sie ihnen, dass sie zu lang gewartet haben.«

Er sei bereit, sagte er, seine letzten Worte mit mir durchzugehen, die er früher am Nachmittag auswendig zu lernen begonnen hatte.

Während Brooks nach dem Duschen das braune Baumwollhemd zuknöpfte, sah er mich lächelnd an, als spüre er die ungeheure Anspannung, die ich so verzweifelt zu verbergen suchte. »Ist schon in Ordnung«, sagte er. »Wirklich, das einzige Problem an dieser Art zu sterben ist, dass der Staat fünf Jahre gebraucht hat, bis er endlich so weit war. Das Warten, das ist das Schwierigste daran.«

Als ich so auf der Schwelle seiner Zelle stand, von den Wärtern flankiert, sagte ich die Worte, die während unserer Probedurchgänge so einfach schienen; jetzt brachte ich sie kaum heraus: »Es ist so weit.«

Brooks trat in den Flur und folgte Shabazz und mir. Die beiden Wärter folgten dem Gefangenen schweigend. In der Todeskammer stieg er, ohne zu zögern, auf die Bahre, und legte sich hin, während das Fixierteam mit grimmiger Präzision die weißen Gurte festzuzurren begann. Die Arme des Gefangenen kamen auf langen, im Winkel von der Bahre abstehenden schmalen Brettern zu liegen, an deren Enden man seine Hände mit Klebeband befestigte. Es dauerte nur Sekunden, dann staken die Kanülen in seinen Armen, durch die die tödlichen Flüssigkeiten fließen sollten.

Als man die Leute, die der Hinrichtung als Zeugen beiwohnen durften, in den kleinen Raum führte, stand Direktor Pursley bereits an seinem Platz am Kopfende der Bahre. Ich stand am Fußende; Shabazz stand neben mir. Von meiner Position aus konnte ich die Angst in den Augen des Verurteilten sehen, genau wie Clyde Johnston es vorhergesagt hatte. Und genau wie er gesagt hatte, begann auch ich sie zu spüren. Mir raste das Herz, und mit einem Mal tat ich mich schwer mit dem Atmen.

Ich legte Brooks eine Hand auf ein Fußgelenk, als Pursley den Hinrichtungsbefehl verlas. Dann fragte er: »Wollen Sie noch etwas sagen?«

»Ich will«, sagte Brooks und wandte sich auf der Suche nach Vanessa Sapp der Zeugengalerie zu. Sie saß in der ersten Reihe, kaum viel weiter als eine Armeslänge von ihm entfernt. Lächelnd hauchte sie ihm einen Kuss zu. »Ich liebe dich«, sagte Brooks.

Und dann begann er aus dem Koran zu singen:

»Aschhadu an la ilaha illa Allah.
Aschhadu an la ilaha illa Allah.
Aschhadu anna Muhammadan Rasul Allah.
Aschhadu anna Muhammadan Rasul Allah.«

Dann übersetzte er:

*»Ich bezeuge, dass es keine Gottheit gibt außer Allah.
Ich bezeuge, dass Muhammad der Gesandte Allahs ist.«*

Dann sprach er wieder Arabisch:

»Inna lillâhi wa inna ilayhi râji'ûna…«

Von der Galerie her rief der muslimische Imam, der mit Brooks' Nichte aus Fort Worth gekommen war, ein eigenes Gebet: »Möge Allah dich im Paradies aufnehmen.«

Brooks gab sich einige Mühe, den Kopf so weit zu drehen, bis er Vanessa direkt in die Augen blicken konnte, bevor er seine letzten Worte sprach. »Sei stark«, sagte er ihr.

Als eine Pause entstand, nahm Direktor Pursley in der Überzeugung, der Verurteilte hätte alles gesagt, was er hatte sagen wollen, die Brille ab – das vereinbarte Signal, die tödlichen Gifte in die Schläuche fließen zu lassen. Es war neun Minuten nach zwölf.

So sehr mir auch danach war, ich wandte meinen Blick nicht von ihm ab. Er blieb still und stocksteif liegen; seine Augen füllten sich mit Tränen, als er seine Angst nicht länger versteckte. Einen Augenblick versuchte er die Rechte zur Faust zu ballen, konnte aber nur die Finger leicht krümmen; man hätte meinen können, er versuche die Prozedur zu beschleunigen. Gleich darauf bewegte er sich nicht mehr. Er hatte mir zuvor gesagt, er habe vor, in den letzten Sekunden seines Lebens die Worte für den Einlass ins Paradies aufzusagen, aber er bekam nur die erste Silbe heraus, bevor seine Lider zu flattern begannen; dann blieben sie zu. Mit einem Blick auf seine Brust sah ich, dass sie sich etwas hob, aber schon im nächsten Augenblick wies nichts mehr darauf hin, dass er noch atmete. Meine Hand, die noch auf seinem Fußgelenk lag, spürte keinen Puls. Sein Kopf kippte zur Seite.

Um 0 Uhr 16 kam Dr. Ralph Gray, der Chefarzt der Anstalt, herein, setzte Brooks ein Stethoskop auf die Brust und erklärte ihn für tot. Ganz wie versprochen hatte die Hinrichtung nur Minuten gedauert – sieben, um genau zu sein –, und so weit ich das beurteilen konnte, war sie so schmerzlos und barmherzig verlaufen wie nur möglich.

Als ich so dastand, wurde ich am Rande der Zeugen gewahr, die schweigend hinausgingen. Falls jemand Tränen vergossen hatte, ich hatte sie nicht gesehen; falls jemand vor Kummer geseufzt hatte, ich hatte es nicht gehört. Es war nichts geblieben als ein betroffenes Schweigen – Beweis für die Tatsache, dass nicht einer, der dieser historischen Hinrichtung beigewohnt hatte, so recht vorbereitet gewesen war auf das, was er dann sah. Shabazz und ich blieben bei Brooks' Leiche, bis der Friedensrichter seine Untersuchung abgeschlossen hatte. Dann brachte der Bestatter sie fort.

Aber es war noch nicht vorbei.

*

Man hatte allen an der Hinrichtung Beteiligten gesagt, sich hinterher noch im Büro des Direktors einzufinden – zur Auswertung der eben durchgeführten Prozedur. Die Besprechung war schon eine Weile im Gange, als ich dazukam. Nach allgemeinem Dafürhalten, so erfuhr ich, war alles »glatt« über die Bühne gegangen. Und als ich das Wort gleich noch mehrere Male hörte, musste ich mich beherrschen, den Mund zu halten. Vom Intellekt her verstand ich durchaus, was man damit sagen wollte; vom Gefühl her fragte ich mich, wie man den Akt des Tötens mit Begriffen beschreiben konnte, die weit besser für eine Präsentation auf einer Aktionärsversammlung geeignet waren.

Einen Menschen zu töten, hätte ich am liebsten gesagt, ist doch wohl nicht etwas, das »glatt über die Bühne geht«.

Ich entschuldigte mich rasch mit der Erklärung, ich hätte versprochen, noch bei Brooks' Familie im Hotel vorbeizuschauen. Shabazz folgte mir widerstrebend hinaus.

Obwohl wir fast halb drei Uhr morgens hatten, waren die Straßen vor dem Gefängnis immer noch voll. »Ich bin nicht sonderlich scharf darauf, da rauszugehen«, sagte Shabazz.

Mir ging es genauso. Mit Hilfe eines Aufsehers verließen wir das Gefängnis über den Hof, durch einen Hinterausgang neben der Wartungswerkstatt, und gingen dann über den verlassenen Rodeoplatz. Eine halbe Stunde später waren wir im University Hotel.

Brooks' Nichte Berrie Mitchell öffnete uns; mit einem gezwungenen Lächeln forderte sie uns zum Hereinkommen auf. Im Zimmer waren bereits ihr Mann, Brooks' Exfrau, seine beiden Söhne und der Imam, der sie auf ihrer Reise von Fort Worth begleitet hatte. Shabazz verteilte die Briefe, die Brooks ihm gegeben hatte, während ich so ehrlich wie nur möglich Fragen beantwortete. Hatte man Brooks in den Stunden vor seiner Hinrichtung ordentlich behandelt? Hatte er einen von ihnen erwähnt? Ob er meiner Ansicht nach in den letzten Minuten auf der Bahre Schmerzen gehabt hatte? Wann dürften sie wohl seine Leiche abholen, damit sie sie zur Beerdigung mit nach Hause nehmen konnten? Hatte ich Brooks' Habseligkeiten mitgebracht?

In der anderen Ecke des Zimmers unterhielt Shabazz sich leise mit dem Geistlichen der Familie.

Als wir uns zum Gehen schickten, folgte Berrie Mitchell mir an die Tür, drückte mich an sich und dankte mir fürs Kommen. »Ich weiß, Sie müssen erschöpft sein«, flüsterte sie, »aber ich wäre Ihnen sehr verbunden, wenn Sie ein paar Worte für die Jungs hätten, bevor Sie gehen.«

Ich nickte und sah hinüber zu den beiden jungen Männern, beide bereits in den Zwanzigern, die die ganze Zeit über nicht einmal den Mund aufgemacht hatten. Beide hatten sie die Briefe ihres Vaters gelesen, kaum dass Shabazz sie ihnen ausgehändigt hatte. Sie saßen da und funkelten mich an. Als ich auf sie zuging, standen sie noch nicht einmal auf.

»Gibt es etwas, das ich Ihnen erklären könnte?«, fragte ich sie. »Kann ich Ihnen irgendwie helfen?«

Adrian antwortete: »Ja«, sagte er. »Warum durften wir unseren Vater nicht noch mal sehen, bevor er hingerichtet wurde?« Als ich so auf den zornigen jungen Mann hinuntersah, musste ich daran denken, was mir sein Vater erst einige Stunden zuvor gesagt hatte: »Die haben fünf Jahre Zeit gehabt … Sie haben zu lang gewartet.«

Ich überlegte mir meine Antwort gründlich. In diesen frühen Morgenstunden, so angekratzt wie alle waren, die Emotionen auf Sturm, entschied ich mich, nicht die ganze Wahrheit zu sagen, die doch nur wehgetan hätte.

»Sie waren einfach zu spät dran«, sagte ich und schickte mich wieder zum Gehen.

Kapitel Sechs

J. D. Autry war ein Einzelgänger, ein Herumtreiber aus dem Texas Panhandle; seinen Spitznamen – Cowboy – trug er nicht etwa, weil er auf Rodeos aufgetreten oder auf einer Ranch aufgewachsen war, nein, er hatte nur eine unbändige Leidenschaft für die nasalen Klänge von Country & Western-Musik. Falls er darüber hinaus für etwas große Gefühle hegte, so war das jedenfalls niemandem aufgefallen, bevor er bei einem Überfall auf einen Minimarkt im Frühjahr 1980 die Verkäuferin erschoss, Shirley Crouet.

Die Beute, die er und sein Komplize dabei machten: ein Sechserpack Bier. Als 1983 dem Ende entgegenging, sollte er der zweite texanische Häftling werden, der nach der Wiedereinsetzung der Todesstrafe hingerichtet werden sollte.

Autrys Lebensgeschichte hätte auf Tausende von Häftlingen in den Vollzugsanstalten des ganzen Landes gepasst. Ein Produkt zerrütteter Familienverhältnisse, war er seit dem zehnten Lebensjahr immer wieder ausgerissen, hatte die Schule geschwänzt und beträchtliche Zeit in Jugendarrestanstalten des Texas Youth Council verbracht. Mit achtzehn hatte er sich längst zum Kriminellen entwickelt und erhielt eine fünfjährige Haftstrafe für einen Überfall mit versuchtem Raub auf eine Tankstelle in Amarillo. Als er 1975 entlassen wurde, arbeitete er zusammen mit seinem Vater als Platzwart eines Tennisclubs, saß aber bald wieder ein, nachdem er eines Nachts ins Vereinslokal eingebrochen war, um Spirituosen und Lebensmittel zu stehlen. Da dies über das Einbruchsdelikt hinaus einen Verstoß gegen seine Bewährungsauflagen darstellte, bekam er dafür acht Jahre.

Nur vier Monate nach seiner zweiten Entlassung betrat er einen Minimarkt in Port Arthur, in dem er während eines weiteren Raubs Shirley Crouet, eine Mutter von fünf Kindern, erschoss. Ein Kunde, der sich im Laden aufhielt, wurde verletzt und blieb querschnittsgelähmt. Darüber hinaus verdächtigte man Autry des Mordes an einem ehemaligen katholischen Priester.

Als man Autry des Mordes mit erschwerenden Umständen für schuldig sprach, hatte er sich den Geschworenen zugewandt und mit funkelnden Augen geschrien: »Euch krieg ich schon!«

Dennoch war er, als er 1983 an einem Oktobermorgen in The Walls eintraf, für die Welt draußen praktisch ein Unbekannter, einer von vielen gesichtslosen Kriminellen mit einer langen Latte von Straftaten und einem Hass auf Gott und die Welt. Aber noch bevor alles vorbei war, sollte der 29-Jährige, der ein Drittel seines Lebens hinter Gittern verbracht hatte, zu einem Prominenten ersten Ranges werden.

Von dem Augenblick an, in dem Direktor Pursley uns am Morgen seiner Einlieferung ins Todeshaus einander vorstellte, machte Autry kein Hehl daraus, dass er nichts weiter verlange als seine Ruhe. Er bat nur darum, das Radio auf einen Country & Western-Sender zu stellen. Ansonsten sollte man ihn nicht behelligen.

Obwohl aus seiner Akte hervorging, dass er katholisch war und um die Anwesenheit eines Father Joe Sammon gebeten hatte, beeilte er sich darauf hinzuweisen, dass er kein Verlangen habe, den Priester tatsächlich zu sehen. »Ich wurde als Kind in einer katholischen Kirche getauft«, erklärte er, »das heißt noch lange nicht, dass ich an das glaube, für was sie steht. Und was Father Sammon angeht, ich kenne den Mann doch kaum.«

Der Priester, dem es gesundheitlich gar nicht gut ging und der eine Reise nach Chicago verschoben hatte, um sich um Autry zu kümmern, blieb im Büro des Direktors.

»Ich will bloß meine Ruhe«, sagte der Gefangene. Mir sagte er, dass er keine Besucher erwarte, keinerlei besondere Wünsche habe und auch keine letzten Worte, die er einüben wolle. So kam es, dass ich mich, während er in der Zelle auf und ab ging, rauchte, Kaffee trank und dabei einen Taschenbuchwestern las, ans Ende des Todestrakts zurückzog, um ihn alleine zu lassen, so wie er es wollte.

Erst am Nachmittag, als seine Anwälte vorbeikamen, um ihn über den Status seiner Berufung zu unterrichten, gab er den Versuch auf, so zu tun, als interessiere ihn seine Lage noch nicht einmal. Ich hatte zu zählen aufgehört, wie oft ich ihm die Kaffeetasse nachgefüllt hatte, als er mich schließlich bat, mir einen Stuhl vor seine Zelle zu ziehen und zu bleiben. »Ist still hier drin«, sagte er. »Ganz anders als im Todestrakt.« Im Hauptbau des Gefängnisses, so erklärte er mir, höre der entnervende Lärm nicht einen Augenblick auf. Pausenlos, Tag und Nacht, sei eine Mischung aus Musik und lauten Gesprächen zu hören, dazu knallten die Türen, Gefangene schlugen gegen die Gitter, dazwischen immer wieder markerschütternde Schreie, ein Alptraum. In den dreieinhalb Jahren, die er drüben in Ellis zugebracht hatte, so vertraute er mir an, könne er sich nicht an einen einzigen Augenblick der Stille erinnern. »An die Zelle hier könnte ich mich gewöhnen«, sagte er.

Als ich ihn fragte, ob er nicht jemanden anrufen wolle, seine Familie vielleicht, zeitigte das eine Litanei von Problemen, die er als Kind gehabt habe. Er war noch ganz klein gewesen, da seien seine Eltern schon von Stadt zu Stadt gezogen, von Job zu Job, und schließlich habe sein Vater sie sitzen lassen und die Scheidung eingereicht. »Er hat mit allem abgeschlossen, als er abgehauen ist, auch mit mir«, sagte Autry. »Wir Kinder haben versucht, uns um unsre Mutter zu kümmern, aber groß was ausgerichtet haben wir nicht.«

Das Leben in Besserungsanstalten, sagte er, wurde irgendwann besser als das zu Hause.

»Wollen Sie mit Ihrer Mutter sprechen?«, fragte ich ihn.

Er zuckte die Achseln und nickte, erklärte mir, dass sie erst jüngst von Colorado, wo sie wohnte, zu Freunden nach Amarillo gefahren sei, zu Besuch. Ich suchte die Nummer heraus und rief dort an. Als ich seine Mutter am Apparat hatte, fragte ich sie, ob sie mit J. D. sprechen wolle. Es kam zu einer langen Pause, aber schließlich sagte sie: »Ja.«

Ihre Unterhaltung war kurz, und nach allem, was ich mitbekam, ziemlich einseitig. »Ich hab keine Angst zu sterben«, sagte Autry, »also mach dir keine Sorgen. Ich bin bereit. Ich denke jetzt schon so lange daran.« Nach nur wenigen Minuten gab er mir den Hörer zurück. Ich spürte, dass er die Entscheidung, sie anzurufen, bedauerte.

Als der Abend näher rückte, verfinsterte sich seine Laune. Anstatt endlos auf und ab zu gehen, saß er schweigend auf dem Bett und las. Er aß einen Bissen von dem Hamburger, den er sich aus der Gefängnisküche hatte kommen lassen, und sagte auch dann kein Wort, als die Aufseher ihn den Flur hinauf zur Dusche brachten.

Eine bedrückende Frustration bemächtigte sich meiner, während ich darauf wartete, dass er zurückkam. Was immer ich gesagt oder getan hatte, nichts hatte die Unruhe lindern können, die ich knapp unter der Oberfläche der äußerlichen Gefasstheit wusste, zu der er sich zwang. Er blieb zornig, nicht etwa reuig, ein Mensch voll Bitterkeit gegen eine Welt, die er so offensichtlich verachtete. Die hässlichen Tätowierungen auf seinem Körper legten beredtes Zeugnis ab über die Konflikte, mit denen er sich ein Leben lang herumgeschlagen hatte. Auf einem Arm prangte eine Teufelsfratze, auf dem anderen zwei ineinander verschlungene Schlangen. Auf dem Rücken hatte er das Antlitz Christi. Darunter las ich »Born to Lose«.

J. D. Autry war nicht zu erreichen. Ich hatte nichts, womit ich ihm Trost hätte spenden können, kein Gebet, keine Bibelstelle, auch nicht ein Wort. Er wollte nichts hören. Als Father Sammon kam, der den ganzen Tag im Büro der Verwaltung gewartet hatte, um ihm die letzte Ölung anzubieten, wandte Autry ihm den Rücken zu und verlangte fluchend, dass er wieder ging.

Der Priester, der Diabetiker war und sich damals gerade von einer Bypass-Operation erholte, suchte mich später auf, um mir zu sagen, er würde das Death House nie wieder betreten.

Mir selbst blieb kaum mehr, als Autry die Prozedur zu beschreiben, die auf ihn zukam. Um elf, so erklärte ich ihm, würde ich ihm sagen, es sei Zeit zu gehen. Dann würden wir zusammen in die Todeskammer gehen, wo er auf die Bahre zu steigen habe.

»Ich habe noch ein paar Briefe zu schreiben«, sagte er, »ich wäre die letzte halbe Stunde gern allein.« Später gab er mir fünf Umschläge, drei davon sollte ich in die Post geben, zwei bat er mich, persönlich zu überbringen.

Kurz darauf bekam ich zum ersten Mal mit, was für hässliche Szenen sich vor dem Gefängnis abspielten. Die Menge, so erfuhr ich, war den ganzen Tag über angewachsen. Mittlerweile liefen Hunderte von Menschen durch die Straßen, viele davon skandierten zornige Parolen, die nach einer raschen Hinrichtung verlangten. Ein junger Mann hielt ein Plakat in die Höhe, auf dem man einem Gefangenen eine mit Bier gefüllte Spritze in den Arm schob. Darunter hieß es in Abwandlung der Budweiser-Reklame: »Hey, J. D., this Bud's for you.« Etwas abseits stand ein kleines Kontingent von Gegnern der Todesstrafe, das der Dinge bei einer Kerzenwache harrte. Sie waren denen, die darauf aus waren, aus der Hinrichtung eine makabre Feier zu machen, zahlenmäßig deutlich unterlegen.

*

Der ursprüngliche Plan für Charles Brooks' Hinrichtung hatte vorgesehen, diese so früh wie möglich am festgesetzten Tag durchzuführen. Aus diesem Grund schien es nur logisch, den Verurteilten noch vor Mitternacht zu präparieren, um eine Minute nach Mitternacht bereits mit der Prozedur beginnen zu können.

Um sicherzustellen, dass in der Todeskammer auch alles funktionierte, und um genügend Zeit zu haben, falls dann doch etwas nicht klappen sollte, sah der Plan vor, den Verurteilten bereits um elf Uhr aus seiner Zelle zu holen und auf die Bahre zu schnallen. Es schien eine durchaus menschliche Lösung.

Es bewies jedoch letztlich nur, dass wir noch viel zu lernen hatten.

Als es so weit war, folgte Autry mir in die Hinrichtungskammer und stieg ohne Hilfe auf die Bahre. Während das Fixierteam ihm die Gurte anlegte, starrte er schweigend an die Decke. Hektisch kaute er dabei ein Kaugummi. Als einer der Wärter ihm einen Zug von seiner Zigarette anbot, nahm Autry ihn mit einem Nicken an. Sein Verhalten änderte sich auch nicht, als ihm das medizinische Personal die Kanülen in die Arme schob. Erst als ich mit ihm allein im Raum blieb, begann seine Angst durchzukommen. Er begann furchtbar zu schwitzen, so dass ich schließlich ein Handtuch besorgte; mit dem wischte ich ihm übers Gesicht.

»Danke«, sagte er und lächelte, mehr oder weniger zum ersten Mal an dem Tag.

»Kann ich sonst noch was für Sie tun? Soll ich für Sie beten?«

»Nein.«

Nach einigen Sekunden Stille dann bat er mich, eines seiner Hosenbeine gerade zu ziehen, das beim Anlegen der Gurte verrutscht war. »Man will doch nett aussehen«, scherzte er. »Wie lang habe ich denn noch zu leben?«

Ich warf einen Blick auf meine Uhr und sagte ihm, wir hätten zwanzig Minuten vor Mitternacht. Die Chemikalien, die seinem Leben ein Ende machen würden, das hatte ich bereits erklärt, würden eine Minute nach Mitternacht fließen.

»Die Zeit vergeht wirklich schnell hier drin«, sagte er in einem Versuch, wieder zu seiner gespielten Tapferkeit zurückzufinden.

Nur Augenblicke später kam der Direktor herein. »Es ist zu

einer einstweiligen Verzögerung gekommen«, sagte Pursley. »Wir sollen abwarten.«

Autry wartete, bis der Direktor den Raum verlassen hatte, um mich zu fragen, was mit einer »einstweiligen Verzögerung« gemeint sei. Ich konnte es ihm nicht sagen. Ich hatte in diesem Augenblick keine Ahnung, dass Byron White, ein Richter am Obersten Bundesgericht, in letzter Minute einen Aufschub angeordnet hatte, der Autrys Team aus Anwälten der American Civil Liberties Union gerade mal eine halbe Stunde für einen schriftlichen Antrag gab, der von allen neun Richtern des Obersten Gerichtshofes zu beurteilen war. Ebenso wenig wie ich wusste, dass das texanische Justizministerium hektische Anstrengungen unternahm, diesen Aufschub wieder aufzuheben, um mit der Hinrichtung fortfahren zu können wie geplant.

Nur wenige Minuten vor Mitternacht tauchte der Direktor wieder auf, diesmal mit der Nachricht, dass aus der »Verzögerung« ein »einstweiliger Aufschub« geworden sei. Dann, kurz nach Mitternacht, war er wieder da, diesmal mit der Mitteilung, dass das Oberste Bundesgericht einen »Aufschub auf Dauer« angeordnet hätte.

Man hatte Autrys Leben noch einmal verschont. Die Salzlösung, die bereits in seinen Körper lief, wurde gestoppt, und man zog ihm die Nadeln wieder aus den Armen. Das Fixierteam kam wieder herein, löste die Gurte und half dem verwirrten Gefangenen wieder auf.

*

Wieder in seiner Zelle, zog er sich den Anstaltsoverall über, bevor er auf seine Pritsche sackte und dann schweigend auf den Boden vor sich starrte.

»Kann ich Ihnen was besorgen?«, fragte ich schließlich.

Er hob den Kopf und sah mich einige lange Augenblicke an, bevor er antwortete. »Ich wollte sterben, wissen Sie. Ich war so weit. Ich war bereit, es hinter mich zu bringen. Jetzt habe ich das alles noch mal vor mir, und das ist nicht richtig! Ich weiß, es wird ein nächstes Mal kommen, und wenn es so weit ist, dann gehe ich da nicht nochmal vor Mitternacht rein. Ich werde mich wehren, darauf können Sie sich verlassen. Ich werde mich wehren, wenn es sein muss.«

Der Zorn in seiner Stimme war durchaus gerechtfertigt. Es war nicht richtig, ihn über eine Stunde lang auf dieser Bahre liegen zu lassen und den Countdown für die letzten Minuten seines Lebens zu beginnen, nur weil es für die bequemer war, die das Urteil zu vollstrecken hatten. Wenn überhaupt, so hatte der Zwischenfall zumindest eines gebracht – er hatte uns gelehrt, dass noch so einige Verbesserungen nötig waren, um Menschen so menschlich wie nur irgend möglich zu Tode zu bringen.

»Was soll ich denn mit Ihren Briefen machen?«

»Ach, schicken Sie sie ruhig ab«, sagte er.

Erst am Vormittag sollten einige Mann vom Sicherheitsdienst in Ellis vorbeikommen, um ihn dorthin zurückzubringen. Ich schlug ihm vor, er solle doch versuchen, ein bisschen zu schlafen. »Oder Sie können den Western zu Ende lesen, von dem Sie gedacht haben, Sie würden damit nicht mehr fertig.«

Er lachte über die Ironie. »Ja, ich schätze, das kann ich jetzt wohl.«

Irgendwann nach drei schlief er dann doch ein. Ich blieb bei ihm.

Erst nachdem er gefrühstückt und seine Habseligkeiten eingepackt hatte, ließ man ihn aus der Zelle. Er drückte mir die Hand. »Danke«, sagte er. Und damit machte er sich auf den Weg den Korridor hinab, von Wärtern flankiert, einmal mehr an Händen und Füßen gefesselt. An der Tür wandte er sich noch einmal um, nickte in meine Richtung und lächelte dann. Das alte Funkeln kehrte in seine großen braunen Augen zurück. »Ich seh Sie wahrscheinlich eh bald wieder«, rief er.

Ich antwortete nur mit einem Nicken; ich wusste, er hatte Recht. Und ich wusste, er würde wahrscheinlich auch sein Versprechen halten, wenn die Prozedur sich nicht änderte. Ein Mann, der sich sein Leben lang gerauft und geschlagen hatte, würde wohl kaum zögern, dies wenigstens noch ein letztes Mal zu tun, soviel war klar.

Ich konnte damals noch nicht wissen, dass Autry mitten in einem erbitterten Rechtsstreit mit der texanischen Gefängnisverwaltung ins Todeshaus zurückkommen und dort zum Märtyrer werden sollte.

*

Als Erstes erschien ein Artikel im Nachrichtenmagazin *Newsweek*, der die Qualen schilderte, die Autry an jenem langen Tag, an dem er auf seinen Tod wartete, durchgestanden hatte. Obwohl ich mich des Verdachts nicht erwehren konnte, dass der Reporter seine Information direkt von Autry und seinen Anwälten hatte, waren sie so eklatant falsch, dass ich zum ersten Mal Direktor Pursleys Verachtung für die Medien zu verstehen begann. Ich konnte nur den Kopf schütteln, als ich die lange Titelstory las. Ich begann schließlich alles zu unterstreichen, was – mal mehr, mal weniger – einfach nicht der Wahrheit entsprach und dennoch als Fakt hingestellt wurde.

Neben den schlimmeren Anschuldigungen, wie etwa der, dass man ihn im Todeshaus getreten und geschlagen und dass der Direktor Autry angeblich gesagt hatte, es sei ihm scheißegal, was der Oberste Gerichtshof sagt, er werde trotzdem sterben, schilderte der Artikel reichlich Szenen, die frei erfunden waren.

Bei der Beschreibung des Telefonats mit seiner Mutter hieß es, ein Aufseher hätte Autry nach nur fünf Minuten den Hörer aus der Hand gerissen und aufgelegt, noch bevor er sich richtig hatte verabschieden können. Seine Henkersmahlzeit – Hamburger, Fritten und ein Dr. Pepper –, so hieß es in dem Artikel, sei nicht im

Gefängnis zubereitet worden, sondern aus einem Fastfood-Restaurant in der Stadt gekommen. *Newsweek* zitierte Autry höchstpersönlich mit der Behauptung, er habe Blut aus den Wunden kommen sehen, als man ihm die Kanülen in die Arme gesteckt hatte. Ich hatte dabeigestanden und wusste, dass das einfach nicht stimmte. Und nachdem dann der Aufschub angeordnet war und wir die Todeskammer wieder verließen, sollte der katholische Priester Autry zugerufen haben: »Da hat wohl jemand unsere Gebete erhört!« Worauf der Gefangene ihm lächelnd ein Peace-Zeichen gezeigt und gesagt haben sollte: »Allerdings!« Die Szene war von hinten bis vorne erfunden. Der Priester war gegangen, lange bevor man mit der eigentlichen Hinrichtungsprozedur angefangen hatte. Niemand hatte gebetet; niemand hatte die Finger zum Peace-Zeichen gehoben; der ganze Wortwechsel hatte nicht stattgefunden.

Der Artikel war ein unfairer Rundumschlag nicht nur gegen die Todesstrafe, sondern auch gegen die unbekümmerte Art und Weise, wie sie nach Ansicht des Autors durchgeführt wurde. Und obwohl der Artikel nur so wimmelte von himmelschreienden Unwahrheiten und ungerechtfertigter Kritik, er traf einen Nerv.

Es dauerte nicht lange, und der Direktor wurde mit zornigen Briefen überschwemmt. Demonstranten marschierten auf, und Autrys Anwälte gossen Öl ins Feuer.

Autry bekam inzwischen selbst mehrere Hundert Briefe täglich von wohlmeinenden Fremden, die ihm in seinem Kampf Mut zu machen versuchten. Darüber hinaus wurde er zum Magneten für Medienleute der ganzen Welt. J. D. Autry, den früher noch nicht einmal seine Mitgefangenen gekannt hatten, war zur Cause célèbre geworden. Ganz erpicht darauf, Horrorgeschichten aus dem Mund des einzigen Menschen zu hören, der dem Tod entronnen, nachdem er bereits auf die Bahre geschnallt war, kamen scharenweise Reporter, um seine Geschichte aufzuzeichnen. Und wann immer seine Details nicht grausig genug waren, sprangen seine Anwälte nur allzu gern ein.

Und in praktisch jedem Bericht stellte man das texanische Gefängnissystem als herzlos und bösartig dar. Es war die unfairste und ungerechtfertigtste Kritik, die ich je gehört hatte.

So kam es, dass ich Autry denn in einem bis auf den letzten Platz gefüllten Saal eines Bundesgerichts in Beaumont, Texas, wieder sah. Seine Anwälte von der American Civil Liberties Union hatten die texanische Gefängnisverwaltung angezeigt; man behauptete – unter anderem –, man habe während der Hinrichtungsprozedur Autrys durch den Achten Verfassungszusatz garantierten Rechte verletzt. Dass der Verurteilte über eine Stunde lang auf der Bahre habe liegen müssen, sei eine in keiner Weise zu rechtfertigende Quälerei. Ich konnte dem ruhigen Gewissens nicht widersprechen.

Über diese Vorwürfe hinaus bezichtigte Autry seine früheren Anwälte jetzt plötzlich der Inkompetenz. Diesen Vorwurf, so erfuhr ich, hatte er bereits in einem der Briefe umrissen, die er mir mit der Bitte um persönliche Zustellung ausgehändigt hatte. Erst später erfuhr ich, dass ihm einer der Anwälte dazu geraten hatte, die ihn im Todeshaus besucht hatten, für den damals kaum wahrscheinlichen Fall, dass man mit dem Gesuch um einen Aufschub durchkam. Man hätte damit eine Basis für einen künftigen Rechtsstreit.

Obwohl man mir selbst keine Vorwürfe machte, sah ich mich als Zeuge geladen. Den ganzen Tag über befragte man Angehörige der Gefängnisverwaltung zur Hinrichtungsprozedur und der Behandlung des Verurteilten während seiner Zeit in The Walls. Es war bereits Spätnachmittag, als man schließlich mich in den Zeugenstand rief. Am Tisch der Verteidigung saß Autry, die Hände vor sich gefaltet, den Blick geradewegs nach vorn gerichtet. Während meiner ganzen Aussage weigerte er sich, auch nur in meine Richtung zu sehen.

Auf Anweisung des damaligen Ministerialdirektors aus dem Justizministerium Leslie Benitez gab ich eine detaillierte Beschreibung des Tages zu Protokoll, den ich mit Autry verbracht hatte.

Ich tat dabei mein Bestes, die Fakten, wie ich sie kannte, von der Fiktion zu trennen, die die Medien, Autry selbst und seine Anwälte in die Welt gesetzt hatten.

Als es ans Kreuzverhör ging, wurde sofort klar, dass Autrys Anwalt mit meinen Antworten ganz und gar nicht zufrieden war. Er ging auf der Stelle zum Angriff über. Ob ich auch sicher sei, dass sich alles so abgespielt hätte, wie ich gesagt hatte? Sei es nicht eher so, dass ich als Angehöriger des Gefängnispersonals die Interessen des Staates zu schützen versuchte? Es war das erste Mal in meinem Leben, dass ich mich der feindseligen Atmosphäre einer Gerichtsverhandlung ausgesetzt sah, so dass ich ihm sowohl den Ton als auch die Implikationen verübelte, aber ich beantwortete seine Fragen wahrheitsgemäß.

»War Mr. Autry tatsächlich über eine Stunde lang auf der Bahre angeschnallt, bevor schließlich die Entscheidung kam, ihn wieder loszumachen?«

»Ja.«

»Und schien er Ihnen während dieser Zeit zu leiden?«

»Ja, Sir, ihm schien alles andere als wohl in seiner Haut.«

»Ist Ihnen zu irgendeinem Zeitpunkt der Gedanke gekommen, dass es inhuman sein könnte, ihn in der Todeskammer liegen zu lassen, nachdem bereits ein – wenn auch nur ein so genannter einstweiliger – Aufschub ergangen war?«

Ich gab zu, dass ich es für grausam gehalten hatte, Autry so lange in der Todeskammer liegen zu lassen. Auf der anderen Seite hätten sich die Verantwortlichen lediglich an das Prozedere gehalten. Ich erklärte, um mich herum eine gewisse Ratlosigkeit gespürt zu haben, obwohl ich mir der rechtlichen Implikationen damals natürlich nicht bewusst gewesen sei. »Der Herr Direktor kam einige Male herein, um J. D. wissen zu lassen, was da vor sich ging. Er sagte, dass er Befehl hätte, auf weitere Anweisungen zu warten, und dann, dass ein einstweiliger Aufschub ergangen sei. Als J. D. mich fragte, was das bedeutete, musste ich ihm sagen, dass ich es schlicht nicht wüsste. Ich konnte nur bei ihm bleiben und versuchen, die Situation nicht noch schlimmer werden zu lassen, als sie ohnehin schon war.«

Die Fragen des Anwalts wurden immer aggressiver, bis ihm schließlich der Richter ins Wort fiel: »Sir«, sagte er, »ich rate Ihnen, den Tenor Ihrer Fragen etwas zu ändern. Wie dem Gericht scheint, ist der Zeuge der Sache Ihres Mandanten förderlicher als irgendeiner, den wir bisher gehört haben.«

»Keine weiteren Fragen«, sagte der Anwalt mit einem letzten Blick auf mich, bevor er sich wieder an den Tisch der Verteidigung zurückzog.

*

Es vergingen einige Wochen, bis Richter Robert Parker vom Eastern District of Texas befand, dass Autrys Klage jeglicher Grundlage entbehre. Sowohl der Direktor als auch die Aufseher wurden von jeder Schuld freigesprochen und der Hinrichtungsaufschub aufgehoben. J. D. Autry sah sich einmal mehr in der Situation, die Tage bis zu seinem Tod zählen zu müssen. Damit erwiesen sich die letzten Worte, die er einige Monate zuvor für mich gehabt hatte, geradezu als prophetisch: »Ich seh Sie wahrscheinlich eh bald wieder.«

Ich konnte nicht sagen, dass ich mich darauf freute.

Aber so selbstsüchtig sein letzter Versuch, das System zu manipulieren, auch gewesen sein mochte, J. D. Autry hatte damit letztlich etwas zum Positiven bewegt. Er hatte auf einen wesentlichen Mangel in der Hinrichtungsprozedur aufmerksam gemacht, was zur Folge hatte, dass man Verurteilte nicht mehr vor Mitternacht in die Todeskammer brachte. Und auch wenn sich keiner der Beteiligten hatte zu Schulden kommen lassen, was man ihnen da vorgeworfen hatte, so sorgte das alles dennoch für ein gesteigertes Bewusstsein dafür, dass auch Menschen im Todeshaus noch mit Anteilnahme und Respekt zu behandeln sind.

Und dann hatte das alles noch eine Wirkung auf mein Amt als Seelsorger, der ich erst einige Zeit später gewahr zu werden begann. So kamen nach Autry immer wieder Männer aus dem Todestrakt in Ellis, die davon sprachen, was Autry nach seiner Rückkehr von dem Prozess in Beaumont erzählt hatte. »Er hat mit Ihrer Ehrlichkeit geprahlt«, bekam ich wiederholt zu hören.

Öffentlich freilich schlug er weiter um sich. Und selbst drüben in Ellis, wo er plötzlich eine Berühmtheit war, prahlte er damit, das System letztlich doch noch zu schlagen. Zum Beweis seiner Zuversicht organisierte er unter seinen Mitgefangenen eine Lotterie. Dass Häftlingen der Besitz von Bargeld nicht erlaubt ist, focht ihn nicht weiter an. Die Insassen von Ellis schlossen Wetten auf Tag und Uhrzeit von Autrys Hinrichtung ab, und man hatte schließlich Waren aus dem Gefängnisladen im Wert von 280 Dollar im Pott. Kassieren würde Autry diesen freilich nur, wenn er der Hinrichtung tatsächlich entging. Von den Dutzenden von Häftlingen, die sich an der Lotterie beteiligten, war J. D. der einzige, der – Tag und Uhrzeit ignorierend – auf »Aufschub« setzte.

Unter Zockern hätte man so etwas eine aussichtslose Wette genannt.

*

Mitte März 1984, am Morgen von Autrys zweiter Einlieferung ins Todeshaus, stand ich um halb fünf auf und stieß im *Houston Chronicle* auf ein beunruhigendes Zitat aus dem Munde des Verurteilten: »Ich will diesmal niemanden um mich haben, wenn ich nach Huntsville komme«, hatte er einem Reporter gesagt, »vor allem keinen Gefängniskaplan.« Und dann wies der Artikel noch darauf hin, dass er sein Wort zu halten und sich »zu wehren« gedenke in dem Fall, dass es nicht zu einem weiteren lebensrettenden Aufschub kam, mit dem er jedoch absolut rechne.

Es war noch stockdunkel, und die Luft hatte noch richtig Biss, als ich auf den Bau der Verwaltung zuhielt. Auf der Straße hatten sich bereits Vertreter der Medien postiert, die Autrys Ankunft erwarteten. Eine junge Frau mit gleich mehreren Kameras über der Schulter saß bibbernd auf der Treppe. Als ich näher kam, fragte sie: »Haben Sie eine Ahnung, wann er kommt? Ich bin am Erfrieren.«

Ich konnte ihr nicht sagen, dass sie aller Wahrscheinlichkeit nach umsonst fror, da man längst plante, Autry durch einen der Hintereingänge in The Walls zu bringen, in dem Versuch, sie und all die anderen Reporter zu umgehen.

Direktor Pursley war bereits in seinem Büro, als ich dort ankam. Obwohl der Tag gerade erst anfing, wirkte er bereits müde. »Sie können ihn wiederhaben«, sagte er, als ich eintrat. »Er ist wütend und auf dem Kriegspfad, und er sagt, dass er sich diesmal wehrt.«

»Das glaube ich nicht«, entgegnete ich.

»Wie kommen Sie denn darauf?«

Ich erzählte ihm von meiner Unterhaltung mit Autry einige Monate zuvor. »Er hat gesagt, er wehrt sich, wenn wir ihn vor zwölf in die Kammer zu schaffen versuchen. Solange wir das nicht machen, würde ich sagen, haben wir nichts zu befürchten.«

Pursley nippte an einer Tasse Kaffee und schüttelte dann den Kopf. »Ich wollte, ich könnte Ihren Optimismus teilen«, sagte er.

Um die Wahrheit zu sagen, ich hatte selbst meine Zweifel. Was mir Sorgen machte, war Autrys Erklärung, dass er diesmal keinen Kaplan dabeihaben wolle. Wie sollte ich ihm helfen, wenn er sich von mir ebenso abwandte wie das letzte Mal von dem Priester?

*

Meine Befürchtungen lösten sich in dem Augenblick in Luft auf, in dem man ihn ins Todeshaus führte. »Da sind Sie ja«, sagte er mit einem Lächeln. »Ich hab mich schon drauf gefreut, Sie zu sehen.«

Einen Augenblick war ich völlig sprachlos. Allein ihn wieder zu sehen, diesen kleinen Mann, der auf eine kernig-männliche Art ganz gut aussah, erinnerte mich an meinen ersten Gedanken von damals, als ich ihn das erste Mal gesehen hatte: Er sieht so überhaupt nicht nach einem Mörder aus.

In den folgenden Jahren, als ich Männer jeden Alters, jeder Hautfarbe und jeden Bildungsstands ins Todeshaus geleitete, einige klein, einige übergewichtig, andere furchtbar dünn, wurde mir die Torheit einer solchen Beobachtung klar. Niemandem, so musste ich lernen, sah man den Mörder an.

»Ich habe gelesen, Sie hätten gesagt, Sie wollten mich nicht dabeihaben«, sagte ich. Es schien mir wichtig, jegliche Missverständnisse, die sich auftun könnten, sofort zur Sprache zu bringen. Er schüttelte den Kopf und lächelte wieder. »Das habe ich nicht gesagt, überhaupt nicht. Ich habe dem Reporter gesagt, ich will hier drin keinen Haufen Kapläne sehen. Nur einen will ich sehen, habe ich gesagt, und das sind Sie.«

»Was ist mit einem Priester?«, fragte ich ihn.

»Nichts hat sich seit dem letzten Mal geändert. Ich bin noch immer kein Katholik, und ich glaube immer noch nichts von dem, wofür die stehen.«

Eines hatte sich allerdings doch geändert. Diesmal ging er nicht auf und ab, diesmal verlangte er nicht eine Tasse Kaffee nach der anderen, und er wollte auch nicht allein sein. Er stieß keine Drohungen aus. Schließlich wurde mir klar, was mit ihm war: Er hatte schlicht resigniert. Er wusste, das Spiel, das er so lange gespielt hatte, näherte sich seinem Ende. Bei all den himmelschreienden Erklärungen, die er der Presse und seinen Anwälten gegenüber abgegeben hatte, trotz des Maulheldentums gegenüber seinen Mitgefangenen, denen er versichert hatte, er würde dem System schon irgendwie eins auswischen, hatte J. D. Autry sich diesmal damit abgefunden, sterben zu müssen. Und er war bereit.

Und dann wollte er an diesem seinem letzten Tag tatsächlich das eine oder andere diskutieren. Den ganzen Vormittag über redete er in einer Tour. Er gab zu, der Presse gegenüber nie so ganz ehrlich gewesen zu sein, und behauptete, man wäre mehr als bereit gewesen, seine Halbwahrheiten und Anspielungen auszuschmücken; so habe man sie weit über das hinaus, was er gesagt hatte, dramatisiert. Seine Anwälte, so meinte er, hätten sich da nicht weniger begeistert gezeigt. »Da wurde eine Menge falsch dargestellt«, sagte er, »wie eben, dass ich heute niemanden dabeihaben wollte. Ich habe ausdrücklich gesagt, dass Sie der Einzige sind, mit dem ich reden will – aber das hat man eben geflissentlich überhört. Ich schätze, dass es sich einfach besser liest, dass ich niemanden sehen will.«

Ob er damals an der Wahrheit gedreht hatte oder jetzt flunkerte, spielte für mich keine große Rolle. Mich interessierte, dass er ruhig wirkte und sich offensichtlich ganz wohl in seiner Haut fühlte. Ich hätte ihn gerne gefragt, warum er so dreist gelogen hatte, was die Behandlung anging, die ihm bei seinem letzten Besuch zuteil geworden war, fragte mich aber, was es bringen sollte. Stattdessen spielten wir dieselbe Routine durch wie zuvor.

Diesmal, so sagte er, wolle er sich keine letzte Mahlzeit bestellen. Dafür erwarte er aber Besuch. Von den Tausenden von Briefen, die er während der letzten Monate erhalten hatte, habe er auf einen geantwortet, und zwar auf den einer Frau in Dallas. Mit der, sie hieß Shirley, habe er eine Korrespondenz begonnen, aus der rasch eine starke Freundschaft geworden war. Sie träfe irgendwann am Nachmittag ein, sagte er, und er freue sich schon darauf, sie zu sehen. Er wies mich darauf hin, dass er mehrere Dosen Dr. Pepper in der Schachtel mit seinen Habseligkeiten habe, und fragte, ob man sie wohl im Kühlschrank kalt stellen könne.

»Wissen Sie was, Herr Kaplan«, sagte er, »ich bin nie dazu gekommen, das Taschenbuch zu Ende zu lesen, in dem ich das letzte Mal gelesen habe.«

»Warum denn nicht?«

»Ich hab einfach das Interesse verloren«, antwortete er. »Wie an so vielem.«

Während wir uns unterhielten, kam ein Anruf aus dem Büro des Direktors, in dem man mich darauf aufmerksam machte, dass eine Gruppe von Leuten in der kleinen Stadt in Colorado, in der Autrys Mutter lebte, das Geld für den Flug nach Texas aufgebracht habe, damit sie ihn noch einmal sehen könne. Obwohl sie nicht auf der Liste der Besucher stand, die er eingereicht hatte, versicherte ich ihm, es ließe sich arrangieren – falls sie tatsächlich noch rechtzeitig kam und er sie sehen wollte.

Er reagierte mit einer Mischung aus Reserviertheit und Aufregung. »Ja«, sagte er schließlich, »ich würd' sie schon gern sehen, wenn sie es schafft.«

Die Diskussion darüber war bald hinfällig, als sich herausstellte, dass es keine Flüge aus Colorado gab, mit denen sie vor Ende der Besucherfrist um 17.30 nach Huntsville hätte kommen können. Autry zuckte lediglich die Achseln, als er das erfuhr. »Ist wahrscheinlich auch gut so«, bemerkte er.

»Wir können sie anrufen«, schlug ich vor. Er nickte.

Da seine Mutter, Shirley Stucker, selbst kein Telefon hatte, rief ich bei den Nachbarn an und wartete, während man sie holen ging. Ich stellte mich vor wie schon beim ersten Mal und sagte ihr, ihr Sohn würde sie gern sprechen; dann reichte ich ihm den Hörer.

Rückblickend wünschte ich, ich hätte ihm den Anruf nie vorgeschlagen.

Nachdem ich ihm klar gemacht hatte, er habe alle Zeit der Welt, sich von ihr zu verabschieden, ging ich ans hintere Ende des Zellengangs, damit er ungestört mit ihr sprechen konnte. Selbst aus der Entfernung noch hörte ich, dass er seine Mutter immer wieder bat, doch nicht zu weinen. Dann, nach nur wenigen Minuten, winkte er mich wieder zu sich. »Ich bin fertig«, sagte er und reichte mir den Hörer.

Als ich sah, wie aufgebracht er war, fragte ich, ob er darüber sprechen wolle.

Einige Minuten lang schien es, als hätte er mich gar nicht gehört. Die Hände fest um die Gitterstäbe gelegt, starrte er vor sich ins Leere. Schließlich sagte er: »Sie war betrunken. Mein letzter Tag auf dieser Welt, und meine Mutter ist betrunken.«

*

So zeigte Autry eine Seite von sich, die er, wie ich vermutete, länger verdrängt hatte, als ihm selbst bewusst gewesen war. In den trübsinnigen Stunden nach dem enttäuschenden Anruf legte er jedwede Maske ab. Der unbekümmerte, trotzige Cowboy, dem alles egal zu sein schien, war nicht weniger verletzlich und verängstigt wie irgendeiner seiner Mitmenschen. In der Dämmerung seines Lebens versuchte er dahinter zu kommen, zu welchem Zeitpunkt er auf die schiefe Bahn geraten war. »Wissen Sie«, sagte er, »ich habe eine Menge versäumt. Ich bin nie im Zirkus gewesen oder im Zoo. Ich war noch nicht mal auf einer Hochzeit oder einer Beerdigung. Es gibt so viel im Leben, wovon ich nie was mitgekriegt habe.«

Er hob den Kopf und lächelte matt. »Ich muss unbedingt raus aus der Stimmung«, sagte er. »Ich möchte nicht so sein, wenn Shirley kommt. Sie muntert mich schon wieder auf. Wie immer.«

*

Er telefonierte mit seiner Schwester (»Sie ist die Einzige in der Familie, der ich je trauen konnte, und es tut mir Leid, dass ich ihr so viele Probleme gemacht habe. Sie hat es akzeptiert, dass ich sterben werde«). Als er fertig war, erfuhren wir, dass seine Freundin Shirley aus Dallas im Wartezimmer sei.

Schon den ganzen Tag über war ihr Name regelmäßig in unseren Gesprächen aufgetaucht. Sie war nur einer von Tausenden von wildfremden Menschen, die Autry nach seinem ersten

Aufenthalt in der Todeskammer geschrieben hatten. Ihr Brief war einer der ganz wenigen gewesen, auf die er geantwortet hatte. Kurz darauf hatten die beiden einander täglich geschrieben.

Shirley lebe in Dallas, erklärte er mir, und sei mit ihrem dritten Mann verheiratet. Sie habe drei Kinder und erst einige Jahre zuvor tapfer die Schlacht gegen den Krebs gewonnen. Sie habe ihn einige Male im Todestrakt drüben in Ellis besucht und sich, wie sie ihm gesagt habe, im Lauf der Zeit in ihn verliebt. Sie versuche diese Zuneigung noch nicht mal vor ihrem Mann zu verstecken. Der habe sie sogar für diesen letzten Besuch bei ihm nach Huntsville gefahren. Sie sollte später als Zeugin seiner Hinrichtung beiwohnen.

Womöglich ahnte er meine unausgesprochenen Fragen: Was in aller Welt fanden Frauen an Männern im Gefängnis nur so attraktiv? Wie konnte sie einem Ehemann, ihrem Lebensgefährten, ihre Liebe zu jemandem gestehen, den sie kaum kannte? Autry verteidigte sie mit einer Erklärung, von der er zweifelsohne annahm, sie sei ganz nach meinem Geschmack. »Sie ist eine sehr spirituelle, gottesfürchtige Frau«, sagte er.

Mit diesen Worten nahm er eine große Bibel vom Bett. »Die hier würde ich ihr gern geben, wenn sie kommt«, sagte er.

Er hatte bereits durchblicken lassen, dass sie nach seinem Tod all seine Habseligkeiten bekommen solle, aber falls er ihr die Bibel schenken wolle, so erklärte ich ihm, wären noch einige Anträge auszufüllen; so etwas müsse der Direktor genehmigen. »Ich werde sehen, was ich tun kann«, sagte ich ihm.

*

Shirley saß allein im Besucherraum des Gefängnisses, klein und attraktiv, das Leuchten der Nachmittagssonne in ihrem schulterlangen, kastanienbraunen Haar. Noch bevor ich ein Wort sagen konnte, war sie auf den Beinen und streckte mir lächelnd eine Hand entgegen. »Sie müssen Kaplan Pickett sein«, sagte sie.

»Wie geht's J. D. denn?«

»Er erwartet Sie schon«, antwortete ich.

*

Sie redeten fast ununterbrochen und kicherten dabei zuweilen wie Schulkinder. Dann wieder flüsterten sie, beider Hände gegen den Maschendraht gedrückt, der sie trennte. Sie teilten sich die Limonade, die Autry mitgebracht hatte. Einmal zog Shirley die Schuhe aus, rutschte von ihrem Stuhl und setzte sich auf den Boden; sie zeigte nicht das geringste Unbehagen, weder über die Umgebung an sich noch darüber, dass dies ihr letzter Besuch bei dem Mann war.

Sie schien nicht weniger froh darüber, bei ihm zu sein, als Autry darüber, sie bei sich zu haben.

Ich stand am hinteren Ende des Flurs, und als ich die beiden so beobachtete, begann ich mit einem Gedanken zu spielen. J. D.'s Mutter, die Ursache seiner Aufregung einige Stunden zuvor, hieß Shirley. Die Verkäuferin des Minimarkts, die er mit einem Schuss ins Gesicht getötet hatte, weswegen er ja überhaupt erst in der Todeszelle saß, hatte Shirley geheißen. Und jetzt, wo seine letzten Stunden dahintickten, war es wieder eine Shirley, die ihm die Zeit vertreiben half.

Ich ging kurz weg, um zu sehen, ob der Direktor die Papiere unterschrieben hatte, die es mir erlaubten, ihr die Bibel zu geben. Als ich zurückkam und sie ihr aushändigte, brach sie in Tränen aus. Ich verstand sie nicht, weder sie, noch was sie zu dieser Beziehung mit Autry veranlasst hatte, mochte ihre Liebe nun eingebildet sein oder nicht.

Ich wusste nur eines mit absoluter Sicherheit – dass sie es geschafft hatte, ihn zwei kostbare Stunden lang von seinem Schicksal abzulenken.

*

Kurz nach fünf begleitete ich sie vom Todeshaus hinüber zur Lobby. Die Menge draußen wuchs nach wie vor. »Wie komme ich hier raus, ohne der Presse in die Hände zu fallen?«, fragte sie, die Bibel gegen die Brust gedrückt.

Ich rief ihr einen Wärter als Eskorte und erklärte ihr, die Medien seien angewiesen, in einem Bereich nördlich der Pforte zu bleiben. Wenn sie sich südlich hielt, könne der Aufseher sie durch die Menge zum Wagen ihres Gatten bugsieren.

Ich erklärte ihr noch kurz das Prozedere für den späteren Abend. Ich sagte ihr, wo und wann sie und die anderen Zeugen sich einzufinden hätten. Sie bedankte sich und folgte dem Wärter hinaus. Als sie auf dem Gehsteig waren, sah ich sie einige Schritte neben ihm hergehen, bevor sie sich plötzlich abwandte und eilig auf eine Gruppe wartender Journalisten zuging.

Schlagartig von Mikrophonen umringt, schilderte sie unter Tränen ihre Begegnung mit Autry. Sie hätten zusammen gelacht und geweint, miteinander in der Bibel gelesen und gebetet, erzählte sie. Bevor sie ging, sagte sie den Reportern noch, sie hätte J. D. Autry zum Abschied geküsst.

Ich konnte nur den Kopf schütteln; ich hatte die Anziehungskraft des Rampenlichts nie begreifen können. Ich konnte mir noch nicht einmal denken, warum sie den Medien im einen Augenblick aus dem Weg gehen wollte, nur um ihnen dann im nächsten geradezu nachzulaufen. Aber wenn sie nun mal das Bedürfnis verspürte, ihre Beteiligung an der Geschichte öffentlich zu machen, dann war das ihre Sache; wenn sie einen Kuss erfinden wollte, zu dem es nie gekommen war, ich hatte keine Lust, das zu korrigieren. Als ich so dastand und auf die Demonstranten hinaussah, die Schulter an Schulter standen, auf die Übertragungswagen der Fernsehsender, auf die Lichtanlagen, deren schauriges, aufdringliches Gleißen in Kürze die tröstlichen Schatten der Nacht vertreiben würde, drängte sich mir die Frage auf, warum sie wirklich nach

Huntsville gekommen war. Und auch die anderen, warum waren sie hier – die einen mit Obszönitäten auf den Lippen, die anderen mit einem Gebet? Was hofften sie damit zu erreichen? Wollten sie nur einfach wieder nach Hause gehen und sagen können, sie hätten an einem kurzen Augenblick der Geschichte teilgehabt? Ich hatte keine Ahnung. In diesem Augenblick wünschte ich mir nur, Shirley hätte sich über die Zirkusatmosphäre gestellt, die sich da entwickelt hatte, und ihr schweigend den Rücken gekehrt. Aber der hypnotische Reiz, einmal im Leben eine Rolle zu spielen, und sei sie auch noch so klein, hatte gesiegt.

Noch nie hatte ich eine solche Traurigkeit verspürt wie in den Augenblicken, in denen ich schweigend zurück zum Todeshaus ging.

*

Als der Nachmittag zum Abend wurde und dieser zur Nacht, legte sich eine Stille über das Todeshaus, in der das Radio um so lauter erklang. Die Wärter, die sich ans hintere Ende des Zellengangs zurückgezogen hatten, sprachen kein Wort. Während er langsam seinen Hamburger mit Fritten aß, sprach ich mit Autry über den Ablauf der Dinge um Mitternacht. Schließlich duschte er und wechselte vom Anstaltsoverall in Zivilkleidung; dann saß er eine Zeitlang schweigend da und schrieb einige Briefe.

Um halb elf unterbrach ein Ansager die Musik mit der Meldung, der zum Tode verurteilte Mörder J. D. Autry gehe in der Todeszelle nervös auf und ab. Autry schüttelte den Kopf. »Wie können die so was behaupten? Ich möchte nicht, dass die Leute denken, ich hätte Angst vor dem Sterben. Können wir nicht beim Sender anrufen und sie dazu kriegen, das zu korrigieren?«

Ich rief im Büro des Direktors an, der mir sagte, er würde mit dem Pressesprecher der Anstalt reden. Um elf nahm der Sender die Meldung zurück; jetzt hieß es, Autry sehe seinem Schicksal gefasst entgegen.

Es dauerte jedoch nur wenige Minuten, bis man eine neue Meldung durchgab. »J. D. Autry befindet sich jetzt in der Todeskammer, auf die Bahre geschnallt«, gab der Sprecher bekannt.

Jetzt musste Autry lachen. »Kein Mensch hat eine Ahnung, was hier wirklich passiert, was?« Er bat mich, das Radio abzustellen. »Ich wäre Ihnen dankbar, wenn Sie mir zwei Gefallen tun könnten«, sagte er. »Wenn das hier vorbei ist, könnten Sie Shirley und meiner Mutter schreiben, dass ich keine Angst gehabt habe und mein Tod schmerzlos war?«

Ich versprach es ihm. Als dann der Direktor und das medizinische Personal einzutreffen begannen, stand ich von meinem Stuhl vor seiner Zelle auf. »Es ist Zeit«, sagte ich. Es war eine Minute nach zwölf.

»Vergessen Sie das Handtuch nicht«, sagte er. »Ich schätze, ich werd' wohl ganz schön ins Schwitzen kommen.«

Als er auf den Zellengang trat, sagte er: »Wir hatten zwei gute Tage miteinander. Das mit den Missverständnissen tut mir Leid, Herr Kaplan, und ich möchte Ihnen für Ihre Freundschaft danken.« Als wir uns dann die Hand gaben, wusste ich, er würde sich nicht wehren.

Er stieg einmal mehr auf die Bahre und wurde wieder festgeschnallt; und noch einmal schob man ihm die Kanülen in die Arme. Er sagte nichts, als man ihm die Hände auf die schmalen Bretter klebte, die seitwärts von der Bahre wegstanden. »Sie vergessen mir nicht, die Briefe zu schreiben«, erinnerte er mich.

»Selbstverständlich nicht.«

»Ist meine Frisur in Ordnung?«

»Absolut.«

»Könnten Sie die Bügelfalten an meinen Hosen ausrichten, und wenn Sie mir das Hemd ein bisschen nach unten ziehen? Ich möchte gut aussehen.«

*

Seit seinem letzten Besuch in der Todeskammer hatte man sie getüncht und eine Klimaanlage installiert. J. D. bemerkte es. »Sagen Sie den Leuten danke fürs Renovieren«, sagte er.

Als der Direktor eintrat, zog ich mich ans Fußende der Bahre zurück. Dann kamen die Zeugen herein.

Wie schon beim ersten Mal hatte Autry auch diesmal keine letzten Worte. Um 0 Uhr 26 nahm Direktor Pursley die Brille ab – das vereinbarte Signal, die tödlichen Chemikalien fließen zu lassen. »Fangen wir an«, sagte er. Aus der Zeugengalerie kam Shirleys schrille Stimme: »Ich bin hier, J. D.«, schrie sie. »Ich liebe dich, Braunauge … Ich wäre gern drüben bei dir, aber sie haben mich nicht gelassen. Ich bin hier, und ich liebe dich …«

»Ich liebe dich auch«, flüsterte Autry zwischen zwei tiefen Atemzügen.

Die Stimme der jungen Frau schien noch eine Ewigkeit durch den Raum zu hallen. Ich konzentrierte mich auf Autry, sah zu, wie ihm die Lider schwer wurden, ohne sich schließen zu wollen. Ich konnte Shirleys Geschrei nicht ausblenden.

Um 0.40 erklärte man J. D. Autry, den ersten Menschen, den man zweimal auf die Bahre der Todeskammer geschnallt hatte, für tot. Unmittelbar darauf stand Shirley an der Abgrenzung zur Zeugengalerie. »Kaplan«, sagte sie, »lassen Sie mich ihn umarmen. Lassen Sie mich ihn einen Augenblick halten.« Dabei weinte sie hemmungslos.

»Das kann ich nicht«, sagte ich. »Wenn Sie ins Wartezimmer für Besucher zurückgehen würden? Ich bin gleich bei Ihnen.«

»Könnten Sie ihm die Augen schließen?«, fragte sie.

Ich versuchte es, aber sie wollten nicht geschlossen bleiben.

Als man ihr in den Hauptbau zurückhalf, wo ihr Gatte sie geduldig erwartete, fiel Shirley in Ohnmacht – die letzte Freundin eines Mannes, von dem in all den Stunden, die wir zusammen verbracht hatten, auch nicht ein einziges Wort der Reue darüber zu hören war, einer anderen Frau namens Shirley das Leben genommen zu haben.

Kapitel Sieben

Die Stunden unmittelbar nach J. D. Autrys Hinrichtung waren ein Alptraum. Auf den Straßen vor dem Gefängnis feierten Befürworter der Todesstrafe, als hätte ihre Mannschaft den Super Bowl nach Hause geholt. Dazwischen drängten sich Reporter und baten Menschen um Kommentare, deren Zorn einer lärmigen Ausgelassenheit Platz gemacht zu haben schien.

Es ging bereits auf zwei Uhr morgens zu, als ich endlich wieder ins Wartezimmer vor dem Besucherraum zurückkam, wo ich Shirley weinend auf einer der Bänke vorfand. Sie sagte mir, sie hätte gern noch Autrys Siebensachen gehabt, bevor sie wieder nach Dallas aufbrach. Und wieder drückte sie die Sorge aus, sich draußen den Medien stellen zu müssen. Obwohl ich nicht sonderlich überzeugt davon war, dass sie den Kameras und Mikrofonen tatsächlich aus dem Weg gehen wollte, schlug ich vor, einer der Aufseher könnte ihrem Mann helfen, den Wagen vor die Pforte zu fahren, während ich Autrys persönliche Sachen holen ging. »Steigen Sie ein, sobald er hält«, riet ich ihr, »und machen Sie die Fenster zu. Ich bin mit seinen Sachen draußen, so schnell ich nur kann.«

Laut Vorschrift durfte die persönliche Habe eines Gefangenen nicht ohne Bestandsaufnahme herausgegeben werden; jeder Gegenstand hatte auch tatsächlich da zu sein. In diesem Fall jedoch fehlte ein kleines Goldkettchen; ich hatte es zum letzten Mal an Autrys Hals gesehen, als er sich zum Duschen fertig machte. Fast eine halbe Stunde lang suchten wir jeden Winkel danach ab. Während ein Wärter Autrys Kartons durchging, lief ich noch mal ins Todeshaus zurück, um dort nachzusehen. Und schließlich kam ich darauf, wo es sein könnte.

Unter den Briefen, die Autry am Abend geschrieben hatte, war auch einer an Shirley gewesen; er hatte mich gebeten, ihn ihr persönlich auszuhändigen. Ich eilte hinaus, wo sie und ihr Mann bereits warteten, und klopfte ans Fenster des Wagens. Shirley, die auf dem Boden gekauert saß, die Bibel an der Brust, blickte auf, als ich ihr Zeichen gab, das Fenster zu öffnen.

»Lassen Sie mich doch mal Ihre Halskette sehen«, sagte ich.

Sie zog sich den Kragen der Bluse vom Hals und zeigte mir Autrys Geschenk; die Kette war in dem Brief gewesen. Kurz darauf war der Papierkram erledigt und der Rest seiner Sachen in ihrem Kofferraum verstaut. Shirley und ihr Gatte sausten los in Richtung Dallas.

Ich war aufrichtig erleichtert, als ich die Hecklichter ihres Wagens in Richtung Bundesstraße verschwinden sah. Shirleys Anwesenheit hatte mir doch zu schaffen gemacht, und das aus Gründen, die ich selbst heute noch gar nicht so recht zu erklären vermag. Womöglich hatte sie tatsächlich einem Sterbenden einige Stunden Trost gebracht; vielleicht waren ihre Schreie in der Todeskammer wirklich von Herzen gekommen. Dennoch mangelte es mir an der Weisheit, die nötig gewesen wäre, um zu verstehen, was eine verheiratete Frau, eine Mutter, dazu brachte, sich jemandem zugetan zu fühlen, mit dem sie doch kaum etwas gemein haben konnte. Ebenso wenig wollte mir die allem Anschein nach lammfromme Art und Weise einleuchten, mit der ihr Ehemann diese merkwürdige und starke Beziehung dulden konnte, auf die seine Frau sich da eingelassen hatte.

Ich sollte in den kommenden Jahren noch ähnliche Beziehungen zwischen Strafgefangenen und Frauen von draußen erleben. Und jedes Mal war es weit einfacher, die Gründe des einsamen, isolierten Häftlings zu verstehen, der nach Kontakt mit Frauen hungerte, und sei es auch nur in Form eines Briefes oder einer leisen Unterhaltung am Besuchstag, als die Beweggründe dieser Frauen. Ich kann nur annehmen, dass sie eine merkwürdige Faszination für eine Welt entwickelt hatten, die sie nicht aus erster Hand kannten, eine Welt voll gesellschaftlich inakzeptabler Verhaltensweisen und voller Gefahren. Irgendwie, so nehme ich an, brachte die Freundschaft mit einem Menschen im Todestrakt wohl einen gewissen romantischen Kitzel in ihr ansonsten eher graues Dasein.

Das Rätsel um die Beziehung zwischen Shirley und Autry trat jedoch in den Hintergrund, als sich im Gefolge der Hinrichtung ein ganz anderes Problem auftat.

In den Papieren, die Autry vor seiner Überführung nach Huntsville eingereicht hatte, war davon die Rede, dass seine Mutter die Leiche abholen würde; es hieß dort, es sei alles arrangiert. Trotz so mancher Anrufe und Briefe aus allen Winkeln des Landes, in denen man sich erbot, für die Beerdigung aufzukommen – ja man hätte ihrem Sohn sogar ein Grab zur Verfügung gestellt –, bestand sie auf einer Feuerbestattung.

Am Nachmittag nach der Hinrichtung rief der Direktor mich in sein Büro. »Beim Bestatter liegt noch eine Leiche von uns«, sagte er. »Sehen Sie doch mal nach, was da los ist.«

Von meinem eigenen Büro aus versuchte ich Autrys Mutter zu erreichen, erfuhr aber von einer Nachbarin, dass man sie ins Krankenhaus gebracht hatte. Schließlich erreichte ich seine Schwester. »Der Arzt hat mir gesagt, dass Mutter nicht in der Verfassung ist, irgendwelche Entscheidungen zu treffen«, erklärte sie, »ich schätze, da fällt die Verantwortung wohl an mich.«

Sie beeilte sich einzugestehen, dass sie nicht wisse, was zu tun sei. »Ich will das alles nur so schnell wie möglich hinter mir haben. Und eine Beerdigung kann ich mir nicht leisten.«

Ich konnte mir nicht denken, wie sie wohl auf den Vorschlag reagieren würde, den ich ihr zu machen hatte. »Wir können ihn auf dem Anstaltsfriedhof beerdigen«, schlug ich ihr vor. Es kam zu einer langen Pause am anderen Ende der Leitung. Als sie sich wieder meldete, hörte ich ihr an, dass sie sich erst wieder hatte fassen müssen. »Und wäre damit«, fragte sie, »alles so schnell wie möglich vorbei? Heute noch?«

»Ich brauche lediglich Ihre schriftliche Genehmigung«, antwortete ich ihr. Ich erklärte ihr den Wortlaut, der aus juristischen Gründen nötig war, und schlug ihr vor, mir ein Telegramm zu schicken.

Wieder verfiel sie einige Sekunden in Schweigen. »Okay«, sagte sie schließlich, »ich will folgendes. Erstens möchte ich es noch heute erledigt haben. Zweitens wäre ich Ihnen dankbar, wenn Sie ihm am Grab irgendeine Art Predigt lesen. Drittens soll die Beerdigung unbedingt geheim bleiben, ohne irgendwelche Presse.« Sie legte eine Pause ein, als müsste sie erst tief Luft holen, bevor sie fortfuhr. »Und zu guter Letzt«, fügte sie hinzu, »möchte ich nicht dabei sein müssen.«

Der unverhohlene Schmerz, den ich in ihrer Stimme hörte, war Beweis genug dafür, dass sie sich in eine unfaire, unerträgliche Situation geworfen sah. Es war nicht so, dass sie das alles nicht gekümmert hätte, sie wollte diesen Alptraum einfach nur so rasch und so still wie möglich hinter sich bringen.

Um halb vier noch am selben Nachmittag bekam die Anstaltsleitung ihr Telegramm. Um halb fünf rief Direktor Pursley mich an, ich sollte mich bereithalten, um fünf mit ihm auf den Friedhof zu gehen. Den erreichten wir im selben Augenblick, als der Wagen des Bestatters neben einem frisch ausgehobenen Grab zu stehen kam, das eigentlich für einen Häftling bestimmt war, der in einer der anderen Anstalten gestorben war.

So stand ich denn zusammen mit einem halben Dutzend Häftlingen, die man als Sargkommando abgestellt hatte, am Grab und las eine Bibelstelle aus dem Buch Jesaja, die Autry unterstrichen hatte; er hatte sie mir gezeigt. Während ein sanfter Wind durch die hohen Kiefern pfiff, die uns vor den Blicken der Öffentlichkeit schützten, las ich: »Ich, ich bin euer Tröster. Wer bist du denn, dass du dich vor Menschen fürchtest, die doch sterben, und vor Menschenkindern, die wie Gras vergehen...«

Er hatte mir außerdem erzählt, dass er sich während seiner Jahre im Todestrakt den 39. Psalm zur Philosophie gemacht hatte. Ich verlas alle dreizehn Verse: »Aber, Herr, lehre mich doch, dass es ein Ende mit mir haben muss und mein Leben ein Ziel hat und ich davon muss ... Nun, Herr, wes soll ich mich trösten. Ich hoffe auf dich.« Und schließlich: »Lass ab von mir, dass ich mich erquicke, ehe ich denn hinfahre und nicht mehr hier sei.«

Damit war die einzige Beerdigung, die J. D. Autry je besucht hatte, vorbei, und das ohne die Aufmerksamkeit der Öffentlichkeit oder die neugierigen Augen der Medien, ohne Freunde, ohne Angehörige, die um ihn getrauert hätten.

Immerhin trauerte seine Freundin Shirley noch Jahre danach um ihn. Jedes Jahr, wenn Autrys Geburtstag näher rückte, rief sie an, sie würde nach Huntsville kommen, um »den Tag mit J. D. zu verbringen«. Sie brachte sogar einen Geburtstagskuchen mit, wie sie mir sagte, und lud mich ein, diesen mit ihr auf dem Friedhof zu teilen.

Einige Male machte ich das auch. Nach unserem Picknick verließ sie das Grab, um einen kleinen batteriebetriebenen Fernseher aus dem Auto zu holen. Für mich war das das Zeichen zu gehen. Sie guckte ihre nachmittäglichen Seifenopern nämlich am liebsten allein.

Obwohl ich sie und ihre nachhaltige Besessenheit, was Autry anging, nie verstand, so war sie, auf eine etwas eigene Art, einer der mitfühlendsten Menschen, den ich je kennen gelernt habe.

*

Mir selbst war der Gefängnisfriedhof damals längst nicht mehr fremd. Zu meinen Verantwortlichkeiten als Kaplan von The Walls gehörte es, dort das Begräbnis für bedürftige Häftlinge zu besorgen. Es gab Zeiten, da hätte man meinen können, es falle fast täglich eine Beerdigung an. Einmal hatte ich fünf an einem einzigen Tag. Viele der Männer hatte ich zuvor im Gefängniskrankenhaus oder im Todeshaus kennen gelernt. Einige waren aber auch Fremde, Strafgefangene, die in anderen Anstalten verschieden und deren sterbliche Überreste erst für die Beerdigung nach Huntsville gekommen waren. Es waren darunter welche, die eines natürlichen Todes gestorben waren, andere waren einer Krankheit erlegen und wieder andere hatten, was leider viel zu oft vorkam, ihr Leben durch die Hand eines Mithäftlings verloren.

Hin und wieder waren bei so einer Beerdigung Angehörige zugegen, manchmal auch einige Freunde. Meist jedoch waren es trostlose Anlässe, bei denen nur die eigens abgestellten Sargträger zugegen waren. Wenn alles vorbei war, kam ein in der Anstalt gefertigtes Kreuz auf das Grab, auf dem lediglich das Todesdatum und die Häftlingsnummer des Betreffenden zu lesen waren. Die Entscheidung, auf den Grabkreuzen keine Namen zu nennen, war schon lange vor meiner Ankunft in der Anstalt gefallen. Der Grund dafür war ganz einfach der, dass die Gräber berüchtigter Verbrecher allzu oft geschändet wurden; nicht selten wurden ihre Grabmale von Menschen mit makabren Sammelleidenschaften geklaut.

Die Beerdigungen von Männern, die man hingerichtet hatte, kamen mich immer besonders hart an. Die Unterhaltungen, die wir nur wenige Stunden zuvor geführt hatten, waren mir noch frisch im Gedächtnis; ich stand noch ganz unter dem Eindruck der beunruhigenden Bilder und Laute ihres Todes. Und trauernde Angehörige am Grab zu sehen, Menschen, denen der Schock noch ins Gesicht geschrieben stand, betonte eher noch die Trostlosigkeit der Zeremonie.

Oft handelte es sich um Menschen, die ich in den letzten Tagen vor der Hinrichtung des Gatten, Bruders, Vaters oder Sohnes selbst noch kennen gelernt hatte. Manchmal hatte die Beziehung mit einem Brief oder einem Anruf begonnen, manchmal mit einem Besuch in meinem Büro. Von Mythen und ungerechtfertigten Schauermärchen über die Vorgänge in der Todeskammer erschreckt, wollten sie die Wahrheit über die Prozedur wissen, und die versuchte ich ihnen, so ehrlich wie irgend möglich, zu erklären. In einigen Fällen, denke ich, wollten sie nichts weiter, als etwas über die Person erfahren, die dem Angehörigen in seinen letzten Stunden beiseite zu stehen versuchte.

Und obwohl der Direktor solche Beziehungen auf subtile Weise zu unterbinden suchte, verspürte ich eine starke Verantwortung, sie in meine Arbeit als Seelsorger einzubeziehen. Die Familien von Kriminellen sind meiner Ansicht nach die vergessenen Opfer ihrer Verbrechen, Menschen, die sich gezwungen sehen, eine Schuld zu teilen, für die sie nicht verantwortlich sind, und die sich das Gehirn zermartern, ob sie die schrecklichen Taten ihrer Verwandten irgendwie hätten verhindern können. Und in einer Gesellschaft, die allzu schnell bei der Hand ist, wenn es darum geht, bei der Schuldfrage auf die Eltern zu weisen und deren Versäumnisse aufzuzählen, ist das oft alles andere als fair.

Ich wollte den Angehörigen über das Trauma hinweghelfen, das sie am Tag der Hinrichtung erwartete. Und ich wusste selten, was ich selbst dabei zu erwarten hatte.

Bei einer dieser Gelegenheiten lernte ich eine Familie kennen, die mir ihre Sorge über das schwache Herz des Vaters kundtat. Zwar hatte der verurteilte Sohn diesen in die Liste der Zeugen mit aufgenommen, aber man fürchtete, seine Anwesenheit bei der Hinrichtung könnte zu einem tödlichen Herzanfall führen. Auch der Hausarzt hatte davon abgeraten. Nachdem ich den gebrechlichen Mann kennen gelernt und gesehen hatte, wie nervös er war, konnte ich nur beipflichten.

Nachdem wir uns einige Zeit unterhalten hatten, räumte er schließlich ein, dass die Qual, seinen Sohn sterben zu sehen, vielleicht doch ein Gesundheitsrisiko darstellen könnte. Trotzdem verspürte er ein starkes Bedürfnis zu wissen, was da vonstatten gehen würde und wo. Sorgfältig beschrieb ich ihm die Prozedur, von den Vorbereitungen bis hin zur Exekution selbst.

»Besteht vielleicht die Möglichkeit, mir anzusehen, wo es passiert?«, fragte er.

Ich erklärte ihm, dass laut Vorschrift ausschließlich Gefängnisangestellte Zutritt zum Todeshaus hatten, aber er gab sich damit nicht zufrieden. Schließlich bot ich ihm an, ihm von außen zu zeigen, wo sein Sohn seine letzten Stunden verbringen würde. Das schien ihm akzeptabel, und so ließ ich seinen zweiten Sohn kommen und bat ihn, uns vom Hospitality House, einem Hotel für Verwandte von Strafgefangenen, am Gefängnis vorbeizufahren, damit ich seinem Vater zeigen konnte, wo die Hinrichtung stattfinden würde.

Die Paranoia, die mit dem Vollzug der Todesstrafe einhergeht, sitzt derart tief, dass der Chef des Sicherheitsdienstes, der uns – ich mit dem Sohn vorne, der Vater im Fond – auf das Gefängnis zufahren sah, auf der Stelle den Direktor benachrichtigte: Es sehe ganz so aus, als hätte die Familie des Verurteilten mich entführt.

Und dieses krankhafte Misstrauen war durchaus gerechtfertigt.

Nicht selten verbirgt sich die Trauer von Angehörigen, die einen Gefangenen zum letzten Mal besuchen, hinter einer Kruste tiefen Zorns. Man hat ein überwältigendes Bedürfnis, auf jemanden einzuschlagen, und mehr als einmal war ich das Ziel. Da man in mir weniger den Kaplan als einen weiteren Angehörigen des Gefängnispersonals sah, war ich der Feind, und es war schwierig, eine Familie, die vor Kummer außer sich war, vom Gegenteil zu überzeugen. Die Schwester eines Gefangenen etwa, die sicher war, dass wir dabei waren, einen Unschuldigen hinzurichten, drohte mir gar mit Mord. Ein andermal ließ mich die Frau eines zum Tode Verurteilten wissen, dass es ihrem Sohn, der in einer anderen Anstalt einsaß, furchtbar zu schaffen mache, seinem Vater, der bald nicht mehr leben würde, keinen letzten Besuch abstatten zu dürfen. Ob ich mit ihm sprechen könne? Ich fuhr also am Tag vor der Hinrichtung in die Vollzugsanstalt der kleinen Stadt Tennessee Colony und versuchte ihm die uralte Regelung zu erklären, die anderen Strafgefangenen den Besuch eines zum Tode Verurteilten verbot. Der junge Mann, ein Teenager noch, heulte, flehte, erbot sich, die Reise in Fesseln anzutreten, solange man sie ihm nur erlaubte. Anstaltsvorschriften, so versuchte ich ihm klarzumachen, ließen sich nun einmal nicht beugen. Ob ich seinem Vater eine Nachricht überbringen könne? Der frustrierte Junge reagierte damit, dass er sich auf mich stürzte.

Ich war erleichtert, dass ein Aufseher bereitstand, um dem Gefangenen in den Weg zu springen. Aber ich war auch sehr traurig über die enttäuschende Nachricht, die ich da hatte überbringen müssen.

Glücklicherweise waren solche Vorfälle die Ausnahme. Im Allgemeinen gelang es einer Mutter, einer Ehefrau oder einer älteren Schwester, die zornigeren Familienmitglieder zu beschwichtigen.

Einmal besuchte ich die zahlreiche Familie eines Gefangenen, dessen Hinrichtung für denselben Abend angesetzt war, und die Mutter hatte mich Cousinen, Schwestern und einigen Brüdern vorgestellt, die eigens von einer kleinen Stadt in Südtexas heraufgekommen waren. »Mein Jüngster«, sagte sie, »ist furchtbar aufgebracht, und wir möchten ihn lieber nicht ins Gefängnis mitnehmen. Ich fürchte, dass er mir Dummheiten machen könnte.« Mit diesen Worten wies sie auf einen gut aussehenden jungen Mann mit pechschwarzem Haar und stechenden schwarzen Augen, der etwas abseits von den anderen stand. Die Hände in die Taschen seiner Jeans gebohrt, funkelte er mich an. Ich war ganz offensichtlich der Feind.

Ich sah ihn erst wieder am nächsten Morgen am Grab seines Bruders, wo ich die letzten Vorbereitungen für die Beerdigung traf. Seine Mutter wandte sich an mich: »Mein Sohn ist immer noch wütend.« In der schwachen, müden Stimme klang eine Warnung mit an.

Als die Familie sich um das Grab versammelte, ging er im Hintergrund auf und ab; ich hörte ihn dabei Selbstgespräche führen. Als ich mit der Beerdigung begann, bekam ich mit, dass er sich langsam auf die kleine Gruppe zubewegte. Dann, gerade als ich zur Segnung ansetzte, lief er plötzlich auf den Erdhaufen neben dem Grab zu. Kurz bevor er hinter einigen seiner Verwandten verschwand, griff er sich noch eine Schaufel. Ich war sicher, dass er mich angreifen wollte.

Weinend, die Schaufel in der Hand, bahnte er sich einen Weg durch die Leute, nur einige Schritte vor mir blieb er stehen. Trotzig gab er bekannt, dass er – und nur er – Erde in das Grab seines Bruders schaufeln würde. Die Kalfakter, die das normalerweise zu übernehmen hatten, traten zurück. Die nächste halbe Stunde stand die Familie schweigend dabei, während der schweißgebadete Junge das Grab zuschaufelte. Als die Arbeit erledigt war, wartete er, während seine Mutter zum Wagen zurückging, um ein kleines Blumenarrangement zu holen. Schließlich legte sie ihrem schluchzenden Sohn den Arm um die Schulter und führte ihre Familie zum Parkplatz.

Für einige war eine Beerdigung ein Rätsel und entsprechend beunruhigend. Eine Familie aus Dallas brachte einmal ein professionelles Klageweib mit. Die Frau, die ihnen gegen Entgelt mit Rat und Tat zur Seite stand und durch die Erfahrung half, kam in leuchtenden Farben und breitkrempigem Hut, und als das Häftlingskommando den Sarg abstellte, stimmte sie einen klagenden Singsang an, den sie immer wieder mit lautem Geheul unterbrach. Wie eine Zigeunerin umtanzte sie die Angehörigen, wobei sie abwechselnd psalmodierte und schrie. Ich hatte von solchen Frauen gehört – schon die Bibel spricht von bestellten Klageweibern –, aber es war meine erste persönliche Erfahrung mit einer. Es dauerte nicht lange, und die ganze Familie fiel in das Geheul und den Singsang mit ein.

Während ich diese unkonventionelle Prozedur verfolgte, kam

ich mir vor, wie sich ein Entertainer vorkommen mag, der in den Kulissen darauf wartet, dass sein Anheizer zum Ende kommt. Erst als die Frau das Gefühl hatte, die Familie in einen Zustand versetzt zu haben, wie er sich ihrer Ansicht nach für eine Beerdigung ziemte, nickte sie mir zu. Es war mein Stichwort, mit der Zeremonie beginnen zu können.

Hinterher unterhielt ich mich vor ihrer Abreise noch mit Familienangehörigen, wobei ich erwähnte, dass ich noch drei weitere Beerdigungen zu besorgen hätte. Leider, so sagte ich, sei bei keiner auch nur ein einziger Angehöriger zugegen. Die Klagefrau, die unsere Unterhaltung mitbekam, blieb noch, als ihre Kundschaft gegangen war. Wortlos folgte sie mir über den Friedhof von einem Grab zum anderen.

Erst als ich fertig war, sprach sie mich an, eine Geschäftskarte in der Hand. »Für die armen Seelen, die so gar niemanden haben«, sagte sie, »brauchen Sie jemanden, der um sie trauert. Es wäre mir eine Freude, das zu übernehmen, unentgeltlich versteht sich.«

Ich habe sie nie angerufen.

Immer wieder trug man ungewöhnliche Bitten an mich heran. Einmal, wir bereiteten die Bestattung eines Häftlings an seinem 42. Geburtstag vor, fragte seine Familie an, ob sie zweiundvierzig Heliumballons mitbringen dürfe. Die, so erklärten sie, wollten sie steigen lassen, einen nach dem anderen. »Das soll bedeuten, dass er auf dem Weg in den Himmel ist«, erklärte mir seine Frau. Passieren sollte das gegen Ende der Beerdigung; sie wollten bleiben, bis auch der letzte Ballon außer Sichtweite war.

Es ging auch alles glatt, bis einige der Ballons sich in den Ästen der Kiefern verfingen, die den Friedhof umstehen. Die Familie wartete eine ganze Weile, die Hände als Schirm gegen die strahlende Morgensonne über den Brauen, aber die gefangenen Ballons machten sich nicht auf ihren symbolischen Weg in den Himmel. Ich hatte keine Ahnung, was ich ihnen sagen sollte.

Schließlich gelang es einer aus der Familie, die Stimmung aufzuhellen. »Jeder Ballon steht für ein Jahr seines Lebens«, bemerkte die Frau drollig. »Er hatte ja wohl offensichtlich neben den guten Jahren auch ein paar schlechte.«

Nicht nur er.

*

Ich wage noch nicht einmal eine Schätzung, was die Zahl der Beerdigungen angeht, die ich während meiner Jahre als Gefängniskaplan zu zelebrieren hatte. Abgesehen von den Beerdigungen mittelloser Häftlinge auf der anstaltseigenen Version eines Armenfriedhofs bat man mich immer wieder, den Leichnam eines Häftlings an seinen Heimatort zu überführen und dort die Beerdigungsfeier zu zelebrieren. Dazu kamen noch die zahlreichen Gelegenheiten, bei denen mich Angehörige ehemaliger Häftlinge anriefen, die ich während ihrer Haftzeit kennen gelernt hatte; man bat mich, die Beerdigung zu übernehmen, obwohl die Betreffenden in Freiheit gestorben waren.

Bis auf den heutigen Tag jedoch ist mir eine Beerdigung auf dem Gefängnisfriedhof in besonderer Erinnerung geblieben.

*

Doc Broeckel widersprach in jeder Hinsicht dem Profil des Strafgefangenen. Jahrelang war er als Arzt im Missionarsdienst tätig gewesen, hatte in ganz Südamerika Kliniken gegründet, hatte arme und ungebildete Menschen ärztlich betreut. Als über Fünfzigjähriger kam er wieder zurück nach Texas und gründete eine Free Clinic für eine vorwiegend hispanoamerikanische Bevölkerung an der Südgrenze unseres Staats. Er erzählte mir einmal, an einem einzigen Tag fünfundzwanzig Babys zur Welt gebracht zu haben.

Er hatte nach einer Scheidung wieder geheiratet und ging zufrieden seiner Berufung nach, als seine geschiedene Frau mit der Behauptung zur Polizei ging, er habe ihm anvertraute Kinder sexuell missbraucht. Er wurde verurteilt und verbüßte seine Strafe in The Walls.

Nie habe ich einen netteren Menschen kennen gelernt. Er war ein treuer Besucher meiner Gottesdienste in der Kapelle und bereicherte mit seinem herrlichen Bass unseren Chor. Obwohl er lieber in der Gefängnisdruckerei arbeitete, stand er jedem Mitgefangenen mit einem ärztlichen Rat zur Seite; man brauchte nur zu fragen. Und er kam regelmäßig bei mir im Büro vorbei, um theologische Fragen zu diskutieren.

Und all die Jahre, die ich ihn kannte, bestritt er vehement, die Straftaten begangen zu haben, für die er eingesperrt war. Seine zweite Frau, die bei der Heilsarmee arbeitete, besuchte ihn regelmäßig. Seine beiden Söhne – beide selbst erfolgreiche Ärzte – standen zu ihm und auch ein Bruder, der als Geistlicher in Kalifornien tätig war. Ich für mein Teil war davon überzeugt, dass Doc Broeckel nicht im Gefängnis hätte sein sollen.

Wie auch immer, er hatte eine langjährige Haftstrafe abzusitzen, und diese forderte, trotz seiner gutmütigen und optimistischen Art, einen hohen Tribut. Ich konnte zusehen, wie sich Altersfalten in seine Wangen zu graben begannen, wie seine Schläfen ergrauten und das Funkeln aus seinen Augen verschwand. Mit der Zeit bekam er es am Herzen, was seine Aktivitäten drastisch einschränkte. Schließlich zwang ihn seine chronische Atemnot, seinen Platz im Chor aufzugeben.

Doc war dem Tode nah.

Eines Nachmittags, bei einem Besuch bei mir in der Kapelle, fragte er, ob wir uns unterhalten könnten. »Ich wäre gern auf dem Gefängnisfriedhof beerdigt«, sagte er. Er war sich durchaus darüber im Klaren, dass die Grabstellen dort für bedürftige Häftlinge reserviert waren, deren Familien sich eine Bestattung nicht leisten konnten, und hatte sich gefragt, ob man sich nicht irgendwie finanziell arrangieren könne, um eine Ausnahme vom Reglement zu ermöglichen. Er wusste, dass der Staat mit einem örtlichen Bestatter arbeitete, der die Vorbereitungen inklusive Sarg für achthundert Dollar besorgte. »Ich kann dafür sorgen, dass man den Bestatter direkt bezahlt oder das Gefängnis«, sagte er.

Zweifelsohne spürte er meine Überraschung über sein Ansinnen. »Ich weiß, das ist womöglich nicht leicht zu verstehen«, fuhr er fort, »aber bevor ich hierher kam, ging ich ganz in meiner Arbeit auf, und so habe ich entsprechend wenige enge Freunde draußen. Meine einzigen wirklichen Freunde sind die Menschen, die ich kennen gelernt habe, seit ich im Gefängnis bin. Und ich wäre nach Möglichkeit gern neben ihnen begraben.«

Ich sagte es ihm zwar nicht, wusste aber bereits, ich würde alles in meiner Macht Stehende tun, um ihm seinen Wunsch zu erfüllen.

»Möchten Sie, dass Ihr Bruder die Beerdigungszeremonie übernimmt?«, fragte ich.

»Nein«, sagte er. »Ich möchte, dass er kommt, er und der Rest der Familie, falls sie kommen wollen, aber ich wäre Ihnen dankbar, wenn Sie meine Beerdigung übernehmen. Sie sind mein Seelsorger.«

Es war kaum ein Monat vergangen, da kam eines Tages, kurz nach Mittag, einer der Aufseher in mein Büro gelaufen; der Mann war blass und völlig außer Atem. »Doc braucht Sie«, sagte er.

Ich folgte ihm auf den Hof, wo ich einen der Pfleger aus dem Krankenhaus neben Doc knien sah. Die Basketballspiele hatten aufgehört, niemand trainierte mehr mit den Gewichten; die Häftlinge standen schweigend da, während der Pfleger vergeblich Wiederbelebungsversuche unternahm. Doc hatte einen Herzanfall gehabt, und als ich ihn erreichte, war er bereits tot. Er war 63 Jahre alt geworden.

*

Docs ganze Familie kam zur Beerdigung nach Huntsville. Sein Bruder, der Geistliche, kam einen Tag früher und schaute bei mir vorbei. »Es gibt da einiges, was ich mir beim besten Willen nicht erklären kann«, sagte er, »aber nachdem er ins Gefängnis kam, schien er glücklicher als je zuvor in seinem Leben. Er schrieb regelmäßig, und seine Briefe waren immer munter und voller Humor. Er schrieb von den Freundschaften, die er geschlossen hatte. Die Vorstellung, schrieb er, dass jeder im Gefängnis ein schlechter Mensch ist, sei völlig falsch. Und immer wieder schrieb er von Ihnen und Ihrer Kapelle. Sie haben großen Eindruck auf ihn gemacht.«

»Ihr Bruder«, antwortete ich ihm, »hat während seiner Zeit hier so manches Leben bereichert.«

Als sich herumgesprochen hatte, dass Doc gestorben war, meldete sich praktisch jeder Kalfakter in The Walls freiwillig als Sargträger. Die Auserwählten, die an einem warmen Morgen, unter strahlend blauem Himmel, der kurzen Zeremonie auf dem Gefängnisfriedhof beiwohnen durften, versuchten noch nicht einmal, ihre Tränen zu verbergen.

Docs Söhne, die im Anzug gekommen waren, drückten jedem der Männer in den weißen Anstaltsoveralls, die ihr Vater als seine Freunde bezeichnet hatte, die Hand. Sein Bruder sprach ein Gebet. Und seine Frau umarmte mich und drückte mir einen Kuss auf die Wange.

»Genau so hat er es sich gewünscht«, flüsterte sie. »Sie haben es möglich gemacht. Gott segne Sie dafür.«

Kapitel Acht

Mit der Zeit sprach sich die Effizienz, mit der die texanische Gefängnisverwaltung Hinrichtungen durchführte, bei den Verantwortlichen anderer Bundesstaaten herum. Bei aller öffentlichen Kritik an der Häufigkeit, mit der man in Texas hinrichtete, bei aller Entrüstung seitens Menschenrechtsgruppen und anderer organisierter Gegner der Todesstrafe, war man sich allenthalben einig, dass wir eine unangenehme Aufgabe so gut in den Griff bekommen hatten wie nur irgend möglich. So problematisch es sein mag, das, was wir da machten, mit irgendeiner anderen Arbeit vergleichen zu wollen, die mir im Augenblick einfallen würde, Tatsache war, dass es eine korrekte und professionelle Methode für die Prozedur gab. An einer objektiven, allgemein akzeptierten Beurteilungsgrundlage für Arbeitsleistung gemessen – ein Konzept, zu dem ich persönlich mich freilich nie habe durchringen können – erledigten wir das, was wir zu tun hatten, recht gut. Wir wurden denn auch das Modell für andere Gefängnisse, die sich nach uns in den gerichtlich verordneten Todesmarsch gezwungen sahen.

Es spielte sich ein, dass andere Bundesstaaten Delegationen nach Huntsville schickten, wann immer das jeweilige Parlament die Rückkehr zur Todesstrafe beschloss. Ich habe dabei nicht einen kennen gelernt, der an der Aufgabe Gefallen gefunden hätte. Ich habe nicht einen getroffen, der auch nur den geringsten Eifer bezüglich seiner Aufgabe hätte erkennen lassen. Vielmehr sah ich Männer mit verbissenen Mienen, denen an nichts weiter gelegen war, als die Vollstreckung der Todesstrafe so human wie irgend möglich zu gestalten.

Unter ihnen befand sich auch Daniel Vasquez, der Direktor von San Quentin, dem legendären Gefängnis in Kalifornien.

Seit der Wiedereinführung der Todesstrafe dort hatte er die Aufsicht über eine Hinrichtung geführt und fand die Art der Durchführung zutiefst besorgniserregend. Nach einer Pause von dreiundzwanzig Jahren war man in dem 150 Jahre alten Gefängnis wieder zur Hinrichtung in der Gaskammer zurückgekehrt. Mit dem Aufkommen der Todesspritze war man dazu übergegangen, dem Verurteilten die Wahl zwischen den beiden Arten der Hinrichtung selbst zu überlassen. Vasquez war überzeugt, dass die Giftinjektion eher den von den Gerichten umrissenen humanitären Richtlinien entsprach, und wollte soviel über die texanische Prozedur in Erfahrung bringen wie nur möglich. Er setzte sich mit Jack Pursley, der ein langjähriger Freund von ihm war, in Verbindung und fragte ihn, ob er und einige seiner Leute einer Hinrichtung in Huntsville beiwohnen könnten.

Es war leicht zu sehen, weshalb seine Kollegen in ganz Amerika Vasquez erst kurz zuvor zum Anstaltsleiter des Jahres gewählt hatten. Ein schon physisch beeindruckender Mann, der sich wie ein Topmanager kleidete, achtete er noch auf das kleinste Detail der Hinrichtungsprozedur. Er sprach mit jedem, von den Vollzugsbeamten, die den Gefangenen in The Walls ablieferten, bis hin zu den Leuten aus dem Fixierteam. Er erkundigte sich nach dem Mischungsverhältnis der tödlichen Chemikalien, wollte wissen, welche Ausbildung die Leute hatten, die dem Verurteilten die Kanülen setzen, und nahm unser *Death House* in Augenschein. In einem fort machte er sich dabei Notizen.

Am Tag der Hinrichtung von Justin Lee May, einem Mann, der bei einem Raubüberfall auf einen Western Auto Store in Freeport, Texas, dessen Inhaber – ein Ehepaar – erschossen hatte, verbrachte Vasquez einige Zeit bei uns im Todeshaus, wo er schweigend mit den Aufsehern am Ende des Zellengangs stand, um den Ablauf dieses letzten Tages im Leben eines Verurteilten zu beobachten. Später dann mischte er sich ebenso unauffällig unter die Zeugen, um auch den letzten Teil der Prozedur verfolgen zu können. Während der ersten Stunden nach der Hinrichtung sah er dem Pressesprecher der Anstalt beim Umgang mit den Medien zu. Nichts, nicht die kleinste Einzelheit, schien ihm zu unbedeutend für eine Notiz.

Am Tag danach kam er vor seiner Rückreise nach Kalifornien noch zu einem letzten Besuch in mein Büro. Was er da bei uns gesehen und in Kürze in seinem eigenen Gefängnis durchzuführen hätte, machte ihm zu schaffen, das konnte ich sehen. »Ich weiß immer noch nicht, wie Sie es erreicht haben«, sagte er, als er mir gegenüber Platz nahm, »aber was ich hier gesehen habe – eine bemerkenswerte Gemeinschaftsleistung, nahtlos koordiniert, und das unter denkbar schwierigen Umständen. So was gibt es bei uns in San Quentin nicht, und ehrlich gesagt, ich weiß auch nicht, wie wir es schaffen sollen. Ich weiß nur, dass wir es schaffen müssen.«

Das war denn auch der Grund, aus dem er Pursley gebeten hatte, uns nach Kalifornien reisen zu lassen, um bei der Ausbildung seiner Leute behilflich zu sein. »Es wäre mir lieb, wenn Sie mit meinen Kaplänen reden könnten«, sagte er mir. »Damit sie die Bedeutung ihrer Rolle verstehen. Erklären Sie ihnen Ihr Verhältnis zu Ihrem Direktor.«

Meiner Ansicht nach war allein schon der Einsatz mehrerer Kapläne Teil des Problems. Im Gegensatz zu ihm regierte Pursley nach der Philosophie »ein Hintern, ein Tritt«, und die hatte man mir vom ersten Tag meines Dienstes in der Anstalt sehr deutlich erklärt. Unter Pursleys Leitung hatte ein Mann eine bestimmte Aufgabe zu erfüllen und dafür war er auch ganz alleine verantwortlich. Je weniger Leute Pursleys Ansicht nach an einer einzigen Aufgabe arbeiteten, desto besser klappte das ganze System, und entsprechend groß war das Selbstvertrauen aller Beteiligten. Indem er nicht einen Mann mehr als absolut nötig für etwas abstellte, reduzierte er drastisch die Wahrscheinlichkeit von Missverständnissen,

Interessenkonflikten, Diskussionen um Verfahrensfragen, ganz zu schweigen von etwaigen Zweifeln am Sinn des Ganzen.

Außerdem garantierte ihm diese strenge Auswahl etwas ganz Entscheidendes, nämlich Loyalität.

*

In den Wochen vor der Hinrichtung von Robert Alton Harris im April 1992 in San Quentin schwappte die von den Medien entfachte Kontroverse um die Todesstrafe über die Gefängnismauern hinweg in die Anstalt selbst. Obwohl laut einer jüngst veröffentlichten Umfrage 82 Prozent der Kalifornier die Rückkehr zur Todesstrafe begrüßt hatten, gab es nach wie vor Widerstand im System selbst. Jeder der sieben Kapläne, die der Vollzugsanstalt zugeteilt waren, bestand darauf, den zum Tode Verurteilten zu betreuen. Dabei hatte einer von ihnen an einem Protestmarsch gegen die Todesstrafe teilgenommen; ein anderer hatte eine Anzeige in eine San Franciscoer Zeitung gesetzt, die den Stopp der Hinrichtung forderte. Einige aus dem Anstaltspersonal hatten klargestellt, dass sie mit der Hinrichtung in keiner Weise zu tun haben wollten, auch nicht auf direkten Befehl.

Ich könnte nicht sagen, wie oft ich mich selbst gern geäußert hätte; wie oft war ich nahe daran, mich zu weigern, auch nur noch einen einzigen Verurteilten zu betreuen. Aber was hätte es gebracht? Solange der Gesetzgeber nichts änderte, würden die Hinrichtungen weitergehen. Ich hatte nicht die geringste Macht, daran etwas zu ändern. Und solange man damit weitermachte, wollte ich dem Verurteilten meinen Trost anbieten, so gut es eben ging; das war alles, was für mich zählte. Indem ich meine Meinung zum Thema sagte, würde ich nur meine eigenen Anstrengungen sabotieren, zu denen ich mich verpflichtet fühlte. Meine persönlichen Gefühle blieben am besten geheim.

Wie sollte ich etwas bewirken, wenn die Person, die mir im Todeshaus gegenübersaß, den Eindruck hatte, ich hielte ihren

Tod für gerechtfertigt? Oder dass das, was da passieren sollte, eine Ungerechtigkeit war? Ich hatte mich bereits wiederholt zu einem völlig unbegründeten Gerücht äußern müssen, das ein Verurteilter in die Welt gesetzt hatte, dem in letzter Minute ein Aufschub gewährt worden war – ich hätte diesen Aufschub in letzter Minute zornig verflucht. Kaum war er wieder im Todestrakt, da erzählte er seinen Mitgefangenen, ihm sei vom ersten Augenblick an klar gewesen, dass ich ein vehementer Verfechter der Todesstrafe sei. Womit ich sagen will, dass ich auch so schon genügend Schwierigkeiten hatte, ohne dass ich meine Gefühle an die große Glocke hängte. Aber vor allem, wie sollte ich meine Anwesenheit im Todestrakt erklären, wenn der Verurteilte wusste, dass ich moralisch und spirituell gegen seine vom Staat angeordnete Hinrichtung war?

Neutralität, davon war ich fest überzeugt, war meine einzige Chance, das Vertrauen des Verurteilten zu gewinnen. Meine Pflicht in jenen letzten schrecklichen Stunden bestand nicht darin, über unsere Justiz, unser Strafrecht zu urteilen, ebenso wenig wie mir ein Urteil über den Gefangenen zustand, den ich da betreute. Ich war lediglich als Sprachrohr Gottes dabei, als Freund, falls der Verurteilte es wünschte, oder als Vertrauter, falls ihm danach war.

Ich war dabei, um sicherzustellen, dass dieser Mensch nicht allein in den Tod ging. All das hatte ich – unter anderem – den Beamten aus Vollzugsanstalten in Colorado, New Mexico, Alabama, Kansas, Missouri und Indiana erklärt, die bei uns in Huntsville gewesen waren. Und ich hatte vor, es auch den Kaplänen von San Quentin zu erklären.

»Ihr Direktor und ich haben darüber gesprochen, dass es kein Handbuch für das Verfahren gibt«, hatte Vasquez mir gesagt, »und genau so eines bräuchten wir meiner Ansicht nach.« Pursley, so sagte er, hätte durchblicken lassen, ich könnte ja eines vorbereiten, bevor wir nach Kalifornien gingen.

Bis zu diesem Augenblick war mir noch nicht einmal der Gedanke gekommen, dass es nichts Schriftliches über die Verantwortlichkeiten und die Abfolge der einzelnen Abschnitte einer Hinrichtung gab. Unser Verfahren hatte sich einfach aus der Praxis entwickelt, und bei unseren Meetings diskutierte Verbesserungen hatten ihr den letzten Schliff gegeben. Im Lauf der Zeit hatten alle Beteiligten – Gefängnisleitung, Wärter, Ärzte, Fixierteam und Pressesprecher – wie eine wohl koordinierte Einheit zu funktionieren gelernt; jeder war sich seiner Verantwortung bewusst; jeder war fest entschlossen, seinen Teil zu einer würdigen und professionellen Verrichtung beizutragen. Je länger ich darüber nachdachte, desto bemerkenswerter kam es mir vor. Und ich war stolz darauf, obwohl ich wusste, dass nur sehr wenige je würden verstehen können, wie man das, was wir in den vergangenen zehn Jahren achtundvierzigmal durchzuexerzieren gehabt hatten, in einem positiven Licht sehen kann.

So begann ich in den Wochen vor unserer Reise nach Kalifornien mit den Vorbereitungen zu »Das Teamkonzept der Exekution«. Als ich in meinem Büro daran arbeitete, bis spät in die Nacht, hatte ich keine Ahnung, dass der Abriss, über dem ich da saß, irgendwann in ganz Amerika als Richtlinie für das Prozedere bei Hinrichtungen dienen würde.

Aber mir kam der Gedanke, dass mein Essay womöglich die wichtigste Predigt war, die ich je vorbereitet hatte.

Obwohl ich detailliert auf die Gesetze und das gesellschaftliche Klima einging, das zur Wiedereinführung der Todesstrafe geführt hatte, sowie auf das Verfahren der Hinrichtung an sich und das benötigte Personal, so ging es mir doch in erster Linie um den psychologischen Aspekt, da dieser mir am wichtigsten schien. In meinen Jahren als Gefängniskaplan hatte man mich oft gefragt, ganz unverblümt, wie ich mich als Christ und ordinierter Geistlicher guten Gewissens an so etwas beteiligen könne. Ich wusste, dass man diese Frage auch anderen Kaplänen immer wieder stellte. Es gab keine einfache Antwort darauf, mit der jeder zufrieden gewesen wäre.

Mit diesem Gedanken im Hinterkopf beschäftigte ich mich ausführlich mit meiner eigenen Rolle: Ich versetzte mich zurück an den Tag, an dem Texas das Moratorium für Hinrichtungen aufgehoben hatte. Als ich die Bürde abwog, die ich mir damit auf die Schultern gelegt sah, war ich – unter großen Schwierigkeiten – zu einer spirituellen Entscheidung gekommen, die es mir überhaupt erst erlaubte, mich an der staatlich sanktionierten Tötung eines Menschen zu beteiligen. Ich habe wohlgemerkt keine Gesetze erlassen, die den Weg dahin geebnet haben; die Entscheidung über Leben und Tod lag außerhalb meiner Macht. Auch wenn ich offiziell zum Gefängnispersonal gehörte, es gehörte nicht zu meinen Aufgaben, einem Häftling eine Kanüle in den Arm zu schieben, nicht ich gab den Befehl, den Hahn mit den Chemikalien aufzudrehen. Das gehörte zu den Verantwortlichkeiten von Männern, die mit einer Kraft und einem Sinn für Pflichterfüllung gesegnet waren, die mein Verständnis weit überstiegen.

Meine Rolle bei diesem Prozess bestand weder darin, für die Durchführung von Gesetzen zu sorgen, noch im Namen der Gesellschaft Vergeltung zu üben. Ich hoffte, andere könnten von meiner Reise auf dieser Straße ohne Karte profitieren. Ja, selbstverständlich war es wichtig, engagiert an unseren Philosophien von Leben und Tod festzuhalten ebenso wie an unserem Glauben an und unserem Vertrauen auf die Heilige Schrift. Wollten wir aber einen zum Tode Verurteilten seelsorgerisch wirklich effektiv betreuen, war es nicht weniger entscheidend, für diese wenigen Stunden mit einem Todgeweihten unsere eigenen Bedenken, unseren Kummer hintanzustellen. Um die Kraft dazu müssten wir zu einer höheren Macht beten; wir müssten unsere eigenen Gefühle ignorieren und uns ganz auf die Bedürfnisse anderer konzentrieren.

Um das zu schaffen, so hoffte ich zu erklären, hatte ich mich damit abzufinden gehabt, Teil einer Kettenreaktion zu sein, die damit anfing, dass jemand ein Verbrechen beging, auf das die Todesstrafe stand. Und es war mir nicht leicht gefallen. Polizei, Gerichte, Anwälte, Gefängnisleitung, sie alle folgten nur dem unnachgiebigen Diktat menschlicher Rechtsprechung. Viele haben die Todesstrafe in gerechtem Eifer als den einzigen Sicherungsmechanismus bezeichnet, den wir als Gesellschaft hätten, die einzige Garantie für den Fortbestand unserer bürgerlichen Gesellschaft; andere nannten sie leidenschaftlich die einzige Straße zur Gerechtigkeit; andere haben behauptet, sie sei als dramatische Warnung die beste Methode, den gesetzestreuen Bürgern ihre Sicherheit zu garantieren.

Nachdem alles vorbei war – die Verhaftung, die juristischen Grabenkämpfe, das Urteil, das Geschrei nach Rache und die Mahnungen, dass jedes Leben, so verdorben es auch immer sein mag, zu kostbar sei, um es auszulöschen –, nachdem all das vorbei war, kam irgendwann einmal ein Tag, an dem man einen verängstigten Menschen in Handschellen und Fußfesseln in den versteckten Winkel des Gefängnisses mit dem Todeshaus führte, wo er die Worte hörte: »Ich bin Kaplan Pickett.« Von diesem Augenblick an bestand meine Rolle in erster Linie darin, ihm durch die finsteren Stunden zu helfen, die vor ihm lagen.

Das, so musste ich ihnen verständlich machen, war die isolierte Welt, in der unsere Verantwortung lag.

*

Das an der Nordküste der Bucht von San Francisco gelegene Gefängnis, das noch aus der Zeit vor dem Bürgerkrieg stammt, nimmt sich aus wie die vergessene Kulisse aus einem James-Cagney-Film und gleicht mehr einer Festung als einem Gefängnis. Die Zeit war an San Quentin vorbeigegangen – es war überfüllt, es fehlte an einer ganzen Reihe von Annehmlichkeiten modernen

Lebens, an die ich mich in The Walls gewöhnt hatte. Es war finster und kalt, und die Nähe zum Pazifik machte einen Generaleinschluss nötig, jedes Mal, wenn der undurchdringliche Nebel vom Meer heraufzog. Die Todeskammer lag im selben Zellenblock wie der Todestrakt. Dort hatte, vor fast einem Vierteljahrhundert, die – wie damals viele Kalifornier hofften – letzte Hinrichtung des Staates stattgefunden. Während der Mörder Aaron Mitchell langsam an den Blausäuredämpfen aus dem gusseisernen Eimer zu seinen Füßen erstickte, schrie er, er sei Jesus Christus.

Ich persönlich empfand die Hinrichtungsstätte als deprimierenden Schandfleck, als Rückgriff auf das mittelalterliche Verlies.

Wir machten einen Rundgang durch die Anstalt, sprachen mit dem Personal, nahmen eine Reihe von Sorgen und Klagen zur Kenntnis. Es lag ein beunruhigendes Maß an Spannung in der Atmosphäre. Jack Pursley zeigte enorme Haltung; ein Bild der Selbstsicherheit, nahm er bei seiner Kritik kein Blatt vor den Mund und bot zuversichtlich durchdachten Rat. »Wir haben unser Quäntchen Fehler gemacht«, versicherte er seinem Publikum, »aber wir haben aus ihnen gelernt und haben sie korrigiert. Was wir da machen, braucht uns nicht unbedingt zu passen, aber wir haben gelernt, wie man es ordentlich macht.« Er machte klar, dass wir nur durch eine ehrliche Beurteilung des in San Quentin praktizierten Verfahrens behilflich sein könnten. Während eines Meetings, bei dem auch die Kapläne zugegen waren, sorgte er mit seiner Antwort auf die Frage nach der Beziehung zwischen dem Verurteilten und seinem Kaplan während der letzten Stunden für Stille im Raum. »Das absolut Wichtigste dabei ist, dass an dem Tag nur ein einziger Kaplan das Sagen hat«, sagte er. »Falls überhaupt eine Hoffnung besteht, in diesen wenigen, zermürbenden Stunden so etwas wie eine positive, vertrauensvolle Beziehung aufzubauen, dann nur unter vier Augen.«

Ich spürte, wie die Blicke aller im Raum sich auf mich richteten. »Kaplan Pickett hier ist mein Vertreter«, erklärte Pursley, »mein

Draht zu dem Gefangenen, und zwar von dem Augenblick an, in dem er im Todeshaus eintrifft, bis zur Exekution. Er trifft die Entscheidungen, er kümmert sich um den Verurteilten. Sollte irgendein Problem auftauchen, dann hat er es zu lösen. Es ist eine enorme Verantwortung, die man unmöglich einem Ausschuss übertragen kann. Und dass Kaplan Pickett dem Verurteilten zugeteilt ist, hat einen ganz einfachen Grund: Er bringt die besten Qualifikationen für den meiner Ansicht nach wichtigsten Job im ganzen Hinrichtungsverfahren mit.«

Wir waren fast eine ganze Woche in San Quentin. Ich unterhielt mich einige Tage lang mit den Kaplänen, in Gruppen und unter vier Augen. Ich ließ mir die Kapelle zeigen, ich besuchte den Gottesdienst, ich hörte mir den Chor an. Ich begleitete sie auf ihren Runden im Gefängniskrankenhaus. Und ich antwortete nach bestem Wissen und Gewissen auf ihre Bedenken bezüglich ihrer Teilnahme an der bevorstehenden Exekution.

Eines Nachmittags, auf dem Weg von der Pforte zum Besucherparkplatz, blieb Earl Smith, der Chef der Kapläne von San Quentin, stehen und sog mit einem tiefen Zug die salzhaltige kühle Luft ein, die von der Bucht hereinkam. Man hätte meinen können, er atmete zum ersten Mal in seinem Leben die Luft der Freiheit. Einige Augenblicke lang starrte er schweigend hinab auf die Spitze der Halbinsel, dann wandte er sich mir zu.

»Ich habe noch eine letzte Frage«, sagte er. »Sie haben das nun schon so oft durchgemacht und so viele in ihren Tod begleitet. Ich kann mir das einfach nicht vorstellen. Wie haben Sie es nur geschafft, sich dagegen zu immunisieren, dass Sie den Schmerz, das Leid, das damit verbunden ist, nicht mehr spüren?«

Ich war überrascht, dass jemand auf den Gedanken kommen konnte, ich hätte eine Art Zauberformel für den Selbstschutz gefunden; dass ich durch schiere Wiederholung einen Schild gegen die problematischen Gefühle entwickelt hätte, die mit der Betreuung eines zum Tode Verurteilten einhergehen.

»Als ich mich bereit erklärte, als Kaplan ins Todeshaus zu gehen«, sagte ich schließlich, »habe ich Gott, dem Direktor der Gefängnisverwaltung, dem Anstaltsleiter und mir selbst ein Versprechen gegeben: Falls je der Tag kommen sollte, an dem ich nichts mehr empfinde, dann höre ich auf.«

*

Genau das machte Direktor Vasquez nach der zweiten Exekution in San Quentin, er hörte auf und mit ihm einige seiner Kapläne und sogar Leute vom Sicherheitsdienst. Da es ihnen nicht möglich war, das Gesetz, dem sie Geltung zu verschaffen hatten, mit ihrem persönlichen Gefühl zu vereinbaren, dass die Todesstrafe moralisch nicht zu vertreten sei, suchten sie sich anderweitig Arbeit. Vasquez arbeitete weiter im Strafvollzug, indem er den Posten des Direktors in einer privat betriebenen kalifornischen Haftanstalt übernahm. Er hatte San Quentin kaum verlassen, als er zu einem offenen Gegner der Todesstrafe wurde und sich für deren Abschaffung einzusetzen begann.

Er stand mit seiner Entscheidung nicht allein. Als die Zahl der Hinrichtungen in ganz Amerika nach und nach wieder anstieg, kündigten einige der Vollzugsbeamten, die ich während ihres Besuchs in Huntsville kennen gelernt hatte, nachdem sie selbst eine Hinrichtung miterlebt hatten. In Florida und Alabama reichten Anstaltsleiter und Kapläne ihre Kündigung ein und gingen.

Ob solcher Entscheidungen taten sich mir neue Fragen auf. Was, so überlegte ich, stand hinter der Bereitschaft des einen Anstaltsleiters weiterzumachen, während ein anderer sich für den Rücktritt entschied? Und wie war das mit meinen Kollegen, die mit dem Konzept der staatlich verordneten Tötung einfach nicht mehr zurechtkamen? Fühlten sie sich ihrem Gelübde in höherem Maße verpflichtet als ich? Hatten sie ein Zeichen Gottes empfangen, und hatte ich selbst ein solches übersehen?

Ich gelangte zu der Überzeugung, dass die Antworten darauf sich auf dem Grunde eines Herzens verbergen und noch komplexer sind als selbst der ewige Konflikt zwischen Kraft und Schwäche, Richtig und Falsch. Ich wusste nur eines: Ich glaubte an meine Rolle und ihren Sinn. Und darin fand ich meinen Trost.

Solange man mich brauchte, solange würde ich meine Arbeit tun.

Kapitel Neun

Anfang der 80er-Jahre war das texanische Rio-Grande-Tal eine Brutstätte für die spezifische Art von Gewalt und Korruption, die mit dem Drogenhandel Hand in Hand geht. Die vorwiegend hispanische Bevölkerung war – und ist es heute noch – bettelarm und verzweifelt. Nicht selten mussten die ohnehin beschränkten Bildungsmöglichkeiten hinter den grundlegenden Bedürfnissen zahlreicher, ums Überleben ringender Familien zurückstehen. Das Pro-Kopf-Einkommen lag um oder knapp unter der Armutsgrenze, und die Kriminalität wurde Teil des problematischen Erbes, das in dieser Region vom Vater auf den Sohn überging, vom Bruder auf den Bruder. All das trug dazu bei, dass ein ungewöhnlich großer Teil der Insassen texanischer Haftanstalten eine der darbenden Grenzgemeinden als Heimat angab.

Zu diesen gehörte Leonel Torres Herrera, ein Dachdecker ohne High-School-Abschluss aus Edinburg, der sich nebenbei als Drogenschmuggler betätigt hatte. Verurteilt hatte man ihn wegen Mordes. Die Anklage warf ihm vor, an einem Septemberabend des Jahres 1981 gleich zwei Polizisten erschossen zu haben.

Laut Gerichtsunterlagen hatte ein Beamter der texanischen Highway-Polizei namens David Rucker Herrera seines Tempos wegen angehalten. Als er Herrera um seinen Führerschein bat, erschoss der ihn und floh. Wenige Minuten später sah er sich abermals gestoppt, diesmal von einem jungen Polizisten der Polizei von Los Fresnos. Enrique Carrisalez, ein Neuling im Polizeidienst, bekam eine Kugel in die Brust. Er lebte gerade noch lange genug, um Kollegen zu sagen, wer auf ihn geschossen hatte: Herrera.

Die Beweislast schien erdrückend. Neben der Aussage des Augenzeugen, immerhin ein sterbender Polizist, hatte man neben Carrisalez' Leiche Herreras Sozialversicherungskarte gefunden, die er, so die Staatsanwaltschaft, vorgezeigt hatte, als er sich ausweisen sollte. Bei der Verhaftung bei ihm zu Hause fand man eine blutige Hose in der Waschmaschine und Blut auf seiner Geldbörse. Die Untersuchung ergab, dass das Blut dem des ermordeten Polizisten entsprach. In seinem Wagen fand man eine abgesägte Flinte, die bei den Morden zum Einsatz gekommen war, dazu Munition und Spuren von Marihuana. Im Fall Carrisalez war Herrera im Handumdrehen vor Gericht gestellt und wegen Mordes mit erschwerenden Umständen zum Tode verurteilt. Später bekannte er sich dann des Mordes an Rucker schuldig, für den er lebenslänglich bekam.

Damals waren die Morde an den beiden Polizisten und Herreras Verurteilung für viele kaum mehr als eine weitere tragische Episode des in Texas tobenden Drogenkriegs. Es gab nichts in Herreras Vergangenheit, was ihm Sympathien hätte einbringen können. Immerhin waren Ermittlungsbehörden schon seit langem hinter ihm her; praktisch jeder, der ihn kannte, wusste, dass er zu mieten war, wenn Drogen über die Grenze zu Dealern in Houston oder Dallas zu bringen waren. 1980 hatte er vor Gericht gestanden, weil er angeblich auf einen Deputy Sheriff des Cameron County geschossen hatte, der auf einen Anruf hin in eine Bar gekommen war, um nach dem Rechten zu sehen. Darüber hinaus galt er noch als Hauptverdächtiger in dem ungeklärten Mord an einem Deputy Constable im Hidalgo County.

Schon während seiner kurzen Dienstzeit bei der Marine war Herrera in den Ruf eines Mannes gekommen, der sein Temperament nicht im Griff hat. Man hatte ihn unehrenhaft entlassen, nachdem er einem Offizier mehrere Zähne ausgeschlagen hatte. Der Kommandant seiner Einheit nannte ihn einen der gewalttätigsten Männer, die ihm je untergekommen waren. Nach seiner

Verhaftung unter Mordvorwurf hatte Herrera gedroht, die Polizisten umzubringen, die ihn bewachten, und war auf einen Kameramann vom Fernsehen losgegangen, der eine Anhörung im Vorfeld der Verhandlung zu filmen hatte.

Überhaupt schien die Gewalt bei den Herreras in der Familie zu liegen. Leonel saß bereits zwei Jahre im Todestrakt, als sein Bruder Raul erschossen wurde. Der war mit seinem 12-jährigen Sohn im Haus eines gewissen José Lopez, eines Mannes aus dem Drogenmilieu, gewesen, und als sie gegangen waren, hatte Lopez Herrera mit einem Schuss in den Rücken getötet. Trotz der Kaltblütigkeit des Verbrechens war Lopez mit einer zehnjährigen Haftstrafe wegen Körperverletzung mit Todesfolge davongekommen, die obendrein zur Bewährung ausgesetzt war, nachdem seine Anwälte vorbrachten, dass Herrera ihn aufgesucht habe, um ihm und seiner Familie den Tod anzudrohen.

So überrascht es denn auch nicht weiter, dass schließlich auch Raul Junior, ganz im Einklang mit der Familientradition, seinen Weg in die Prozesslisten fand.

Schon als Kind hatte er zugesehen, als sein Vater seine Mutter mit Fäusten traktierte und mit der Waffe bedrohte. Als Teenager hatte er dann bei einem Streit um eine unbezahlte Drogenschuld einen Mann mit einem Baseballschläger halb tot geschlagen und dafür wegen schwerer Körperverletzung zwanzig Jahre Gefängnis bekommen

Aber trotz all der Scherben, für die die Verbrechen der Herreras im Leben anderer gesorgt hatten, die Öffentlichkeit hätte sie unter anderen Umständen bald wieder vergessen; nur ihre Angehörigen und die Opfer ihrer mutmaßlichen Verbrechen hätten sie im Gedächtnis behalten. Es kamen andere Verbrechen und andere Verbrecher, um die Titelseiten zu füllen. Obwohl Herrera immer wieder seine Unschuld betonte, was das Verbrechen anging, für das er sterben sollte, war er bald nichts weiter als eines der vielen traurigen und zornigen Gesichter im Todestrakt.

Raul Herrera Junior sollte das jedoch ändern, als er ein Jahrzehnt nach dem Urteil gegen Leonel Herrera eine eidesstattliche Versicherung unterschrieb, in der er schwor, dass sein Onkel die beiden Polizisten nicht erschossen habe.

Es sei sein eigener Vater gewesen, der diese Morde begangen habe. Er behauptete sogar, an jenem Abend mit im Auto gewesen und Zeuge der Morde geworden zu sein. (Er war damals neun Jahre alt gewesen.) Kurz darauf kam es zu einer Lawine neuer Informationen, die tatsächlich Zweifel an Leonel Herreras Schuld aufkommen ließ.

Seine Schwester, Norma Rodriguez, die lange Angst um ihr Leben gehabt hatte, falls sie den Mund aufmachte, meldete sich und sagte aus, Raul habe an dem betreffenden Tag Leonel schon am frühen Abend nach Hause gebracht, und er sei so »zugekokst« gewesen, dass sie ihn auf der Stelle ins Bett gesteckt habe. Stunden später sei Raul dann nach Hause gekommen und habe ihr von den Morden auf dem Highway erzählt. Falls jemand fragte, so sagte er seiner Schwester, solle Leonel sagen, er habe die Verbrechen begangen.

Ein von Raul Seniors Anwalt beauftragter Privatdetektiv sagte, ihm hätten mehrere Leute gesagt, sein Mandant habe die Morde wenigstens drei Freunden gestanden, bevor er gestorben war, und dass er sogar daran gedacht habe, sich zu stellen. Sogar sein Verteidiger meldete sich und sagte, sein Mandant habe ihm von den Morden an den Polizisten erzählt.

José Lopez, so behaupteten Angehörige, hätte Raul in dem verzweifelten Versuch erschossen, die Behörden daran zu hindern, die Wahrheit zu erfahren – dass nämlich Lopez mit Raul und dessen Sohn am Abend der Morde im Wagen gewesen war.

Lügendetektortests bei Raul Herrera Junior, Norma Rodriguez und Ruben Rodriguez, Rauls Seniors ehemaligem Anwalt, ergaben, dass sie in ihren Aussagen die Wahrheit gesagt zu haben schienen.

Auf der Stelle begann ein Anwaltsteam vom Texas Resource Center, einer mit Bundesmitteln finanzierten Organisation, die verurteilten Strafgefangenen Rechtshilfe leistet, auf einen Stopp der Hinrichtung hinzuarbeiten. Man plädierte für Herreras Unschuld bei Ann Richards, der damaligen Gouverneurin von Texas, und beim Supreme Court. Mit einem Mal rückte der Fall, der seinerzeit gerade mal kurz die Lokalnachrichten beschäftigt hatte, ins Interesse der ganzen Nation. Reporter von *Newsweek* und der *New York Times* trafen ein, um der Frage nachzugehen, ob man da nicht womöglich einen Unschuldigen hinrichtete. Bald kamen engagierte Gegner der Todesstrafe wie der Schauspieler Danny Glover und Angehörige von Amnesty International nach Texas, um auf Protestveranstaltungen zu sprechen.

Sie wiesen darauf hin, dass der Staat dabei sei, einen unschuldigen Menschen hinzurichten.

Nach all dem Aufruhr, nachdem alle Eingaben gemacht waren und die Gerichte entschieden hatten, setzte man den Termin von Herreras Hinrichtung fest.

*

In den Hinrichtungsbefehlen des Staates Texas befindet sich ein Satz, laut dem das Urteil am festgesetzten Tag noch »vor Sonnenaufgang« zu vollstrecken sei. Warum, hat mir nie jemand erklärt. Es war eben so.

Und eine Zeitlang sah es ganz so aus, als wäre es allein diese Klausel, die Herrera wenigstens vorübergehend retten würde. Dann jedoch kamen die Gerichte der Sonne um neununddreißig Minuten zuvor. Herrera, der am frühen Morgen des Vortags im Todeshaus eingetroffen war, bekam seinen Aufschub um 6 Uhr 20 am nächsten Tag. Ich war also fast vierundzwanzig Stunden mit ihm zusammen gewesen, als man ihn aus seiner Zelle holte, um ihn nach Ellis zurückzufahren.

Es war eine der anstrengendsten Erfahrungen meines Lebens,

und sie laugte mich völlig aus. Einen beträchtlichen Teil der Nacht hatten wir damit verbracht, uns die Berichte von Anwälten anzuhören, die im Todeshaus ein und aus eilten; immer wieder hörten wir, man habe ein Gesuch abgelehnt und es sehe ganz so aus, als fände die Hinrichtung wie geplant statt. Kurz darauf kam wieder jemand, um uns wissen zu lassen, wir hätten wieder Grund, auf einen Aufschub zu hoffen. Und mir drängte sich während all des Wirbels der Gedanke auf: Wenn das nicht die schlimmste Art von ungewöhnlicher und grausamer Bestrafung ist, dann was? Lange nach Mitternacht saß Herrera in seiner Zelle und musste sich im einen Augenblick anhören, er solle sich auf den Tod gefasst machen, im anderen, sein Leben bleibe verschont.

Ich machte in jener Nacht diese emotionale Berg- und Talfahrt mit; ich schwitzte derart, dass man mir in meiner Reinigung später sagte, die Flecken in dem Anzug, den ich während dieser Nervenprobe getragen hatte, seien nicht mehr herauszubekommen, er sei ruiniert.

Es war einer der seltenen Fälle, in denen der Verurteilte mehr Ruhe zeigte, als ich selbst aufzubringen vermochte. Während eine endlose Reihe von Anwälten ins Todeshaus kam, um ihn über den Stand seiner Gesuche zu unterrichten, telefonierte er zwischendurch leise mit Mutter und Schwester. Er habe, so sagte er den beiden, darum gebeten, dass man seinen Körper kremiere. Sie bekämen die Asche zugeschickt. Und er versicherte ihnen, was sie bereits zu wissen glaubten, nämlich dass er das Verbrechen, wegen dem er sterben musste, nicht begangen habe.

Und auch wenn er bei unseren Gesprächen nicht darauf herumritt, dasselbe sagte er mir. »Gott«, so sagte er, »hat mir meine Sünden vergeben. Ich habe in meinem Leben viel falsch gemacht, aber das, wegen dem ich hier bin, das war ich nicht.«

Kurz nach zehn Uhr abends gab mir der Direktor Bescheid, es werde Zeit, den Gefangenen auf seinen Weg in die Todeskammer vorzubereiten. Wie ich das schon so oft gemacht hatte, schilderte ich dem Verurteilten die Prozedur. Während ich sprach, starrte Herrera den Korridor hinab auf die gewaltige Stahltür, hinter der sich die Bahre verbarg.

Kurz darauf jedoch erhielt ich die Nachricht, man habe die Hinrichtung verschoben. Obwohl sowohl das Appellationsgericht des Fünften Bezirks als auch das Oberste Bundesgericht das Gesuch um einen Aufschub abgelehnt hatten, setzen Herreras Anwälte ihren zermürbenden Kampf um das Leben ihres Mandanten fort.

Kurz nach zwei Uhr morgens traf die Anwältin Phyllis Crocker ein, um Herrera zu sagen, dass es gar nicht gut aussah und er sich auf das Schlimmste gefasst machen solle. Herrera nickte nur. »Wenn man unschuldig ist«, entgegnete er, »sollte man den Tod nicht fürchten.«

Wir begannen über seine letzten Worte zu sprechen. Die Verurteilten vor ihm hatten sich von ihren Angehörigen verabschieden wollen, sich für den Kummer entschuldigen, für den ihre Verbrechen gesorgt hatten, oder sie wollten endlich gestehen, vielleicht auch ein letztes Mal ihre Unschuld beteuern. Letzteres erwartete ich von Herrera.

»Straight Sierra. Let's make contact«, sagte er. »Das ist alles, was ich sagen will.«

Ich bat ihn, das zu wiederholen, und fragte dann, was das zu bedeuten habe. »Das brauchen Sie nicht zu wissen«, antwortete er.

Zwei Minuten nach sechs Uhr morgens sagte ich ihm dann, wir hätten noch zwei Minuten, dann sei es Zeit. »Ich bin soweit«, sagte er. »Und ich möchte Ihnen dafür danken, dass Sie die ganze Nacht bei mir waren. Ich weiß, was Sie durchgemacht haben. Ich möchte mich lieber hier von Ihnen verabschieden, nicht da drin.« Wieder wandte er den Blick in Richtung des Korridors und der Tür, durch die wir bald gehen würden. »Ich werde Ihnen das nie vergessen.«

Ich suchte nach Angst oder Zorn in seinen Augen, fand aber nichts als Resignation.

Und dann, um 6 Uhr 20, erfuhren wir, dass Sam Clinton, ein Richter vom obersten texanischen Appellationsgericht in Strafsachen, einen Aufschub gewährt hatte. Damit war die lange Nacht schlagartig vorbei. Man traf Vorbereitungen, Herrera zurück in die Anstalt in Ellis zu transportieren.

Die Sonne hatte eben über die Gefängnismauern zu spitzen begonnen, als ich zurück in mein Büro ging, hundemüde und voller Sorgen.

So fehlgeleitet sein Leben auch gewesen war, so viele Straftaten er auch begangen haben mochte, ich hatte ernsthafte Zweifel daran, dass Leonel Herrera tatsächlich des Mordes schuldig war, wegen dem er in der Todeszelle saß. Und dennoch wäre er um ein Haar gestorben.

Was mir noch mehr zu schaffen machte, war das Wissen, dass ich ihn wahrscheinlich eines Tages wiedersehen würde.

Ich konnte damals noch nicht ahnen, welchen Einfluss er auf mein Leben in den Monaten vor seinem nächsten Hinrichtungstermin haben sollte.

*

Ich war in der Kapelle und bereitete eine Chorprobe vor, die für den späten Vormittag angesetzt war, als man mir ausrichtete, dass der Direktor mich sprechen wolle. »Dringend«, sagte der Wärter, der die Nachricht überbrachte.

Ein weit gereister Brief aus dem texanischen Justizministerium war eingetroffen, nach dessen Lektüre ich sprachlos war.

Samuel Hawkins, ein anderer Insasse des Todestrakts drüben in Ellis, hatte einer Frau in Frankreich geschrieben, einer gewissen Dominique Malon, und mein Verhalten in der Nacht kritisiert, die Leonel Herrera im Todeshaus zugebracht hatte. Der Brief beschrieb mich als gefühllos und behauptete, ich sei wütend darüber gewesen, dass man die Hinrichtung nicht vollzogen hatte. Auszugweise hieß es darin:

> Er [Herrera] hat gesagt, Kaplan Pickett hätte ihm gesagt, warum machen wir nicht einfach weiter und bringen es hinter uns? Er glaubt nicht, dass Pickett wirklich ein Pfarrer ist und ich auch nicht. Der Mann ist ein ganz trauriger Terrorist, der die Leute ganz bewusst terrorisiert. Dieser Wahnsinnige hat eine Position. Er hat Spaß daran, Leute zu quälen. Herrera und ich haben uns drei Stunden lang unterhalten. Er ist sehr stolz, aber ich sehe seine Anspannung, Angst, Nervosität, seine Qualen…

Außerdem ging aus dem Brief klar hervor, dass Herrera mich bei seinem nächsten Aufenthalt im Todeshaus nicht dabei haben wollte. Malon und einige Anwälte vom Texas Resource Center hatten dasselbe Gesuch eingereicht. Ich wusste nicht, was ich davon halten sollte. Ich wusste, dass man im Lauf der Jahre einige bösartige Gerüchte unter den Insassen des Todestrakts verbreitet hatte über das, was während der Hinrichtungsprozedur so geschah – phantastische Geschichten: Männer, die bei lebendigem Leib begraben wurden, Leichen, die man achtlos in den Fluss hinter dem Gefängnis geworfen, nachdem man sie getötet hatte –, aber ich hatte immer gedacht, das hätte sich längst erledigt. Ich war mir immer in hohem Maße bewusst, dass der Gefangene beim Aufschub einer Hinrichtung wieder nach Ellis zurückkommen und dort bis in die letzte Einzelheit erzählen würde, was in The Walls passiert war. Entsprechend hatte ich jede nur menschenmögliche Anstrengung unternommen, um sicher sein zu können, dass man nur Positives zu erzählen hatte. Und jetzt das.

Mir setzten diese Anwürfe aufs Heftigste zu, und ich bat Gott um Rat. Warum, so fragte ich mich immer wieder, sollte Herrera mich derart verleumden? Hatte er überhaupt? Oder hatte Samuel Hawkins in seinem Brief an Dominique Malon gelogen?

Ich hatte Dominique Malon während einer ihrer Reisen in die Vereinigten Staaten kennen gelernt und war beeindruckt gewesen von ihren aufrichtigen Bedenken gegenüber der Todesstrafe. Wie viele andere Europäer auch hatte sie einen Dokumentarfilm über den zum Tode verurteilten Charles William Bass gesehen, der 1986 hingerichtet worden war. Man hatte Bass für schuldig befunden, im Gefolge eines bewaffneten Raubüberfalls auf einen Nachtclub in Houston einen Marshall – Charles Henry Baker – erschossen zu haben. Und obgleich er vor seiner Hinrichtung selbst gesagt hatte, er verdiene für sein Verbrechen den Tod, wurde die Geschichte seines Lebens den Aktivisten gegen die Todesstrafe zu einer Art Gründungsmythos, vor allem im Ausland. Man bildete eine Charlie Bass Society gegen den, wie man es ausdrückte, barbarischen Brauch der Todesstrafe in den Vereinigten Staaten.

Nicht dass ich ihre Leidenschaft kritisieren wollte, keineswegs, aber während ich unter den Vorwürfen litt, die zu Malons Brief geführt hatten, drängte sich mir die Frage auf, warum das Wort eines Menschen wie Hawkins, der doch immerhin der Vergewaltigung und des Mordes an einer Schwangeren wegen im Gefängnis war, mehr Gewicht haben sollte als das eines Gefängniskaplans, eines Geistlichen. Getroffen wie ich war, stellte ich eine Zeitlang mein Ego über die Sachfrage. Schließlich aber schien es nur eines zu geben, beiseite zu treten und Herrera am Tag seiner Hinrichtung von einem Seelsorger seiner Wahl betreuen zu lassen.

Direktor Pursley konnte sich für die Entscheidung erst gar nicht erwärmen. »Sie sind Kaplan im Todeshaus«, sagte er. »Sie sind mein Vertreter, und ich habe volles Vertrauen in Ihre Fähigkeiten, dem Mann durch diese schweren Stunden zu helfen. Daran ändern auch die Lügen eines Gefangenen nichts, der da irgendwo sein eigenes Süppchen kocht. Was mich anbelangt, so hat das nicht Herrera zu entscheiden.«

So dankbar ich ihm für sein Vertrauen war, ich sagte ihm, es sei sehr wohl Herreras Entscheidung. Auf der Zeugenliste, die Herrera zusammengestellt hatte, stand Father Bob Zawacki, der Kaplan aus Ellis. Wenn Herrera lieber ihn dabei hatte als mich, so meine Überzeugung, dann sollte man ihm diesen Wunsch auch erfüllen.

Widerstrebend bot mir Pursley einen Kompromiss an. »Ich möchte Sie an der Zellentür stehen sehen, wenn Herrera kommt«, sagte er. »Zeigen Sie ihm den Brief und fragen Sie ihn, ob er das tatsächlich gesagt hat. Wenn er sagt, dass er Sie nicht dabei haben will, dann richten wir uns danach.«

Es war nur eines der Probleme, die mir Gedanken machten, während Herreras neuer Termin heranrückte.

Ich bin zwar kein studierter Jurist, konnte mich aber nur über die merkwürdige Logik wundern, die hinter dem ganzen Verfahren stand. In Texas verlangt das Gesetz, dass neues Beweismaterial in einem Fall, der bereits rechtskräftig verhandelt ist, binnen dreißig Tagen nach Verkündung des Strafmaßes vorzulegen ist, anderenfalls wird es nicht mehr berücksichtigt. Wer damit zu spät kommt, der hat Pech gehabt.

Was mir jedoch wirklich zu denken gab, war ein Spruch des Obersten Bundesgerichtshofs zu diesem Thema.

Nachdem alle Seiten gehört worden waren, gab der Vorsitzende des Obersten Bundesgerichtshofs Chief Justice William Rehnquist – laienhaft ausgedrückt – folgende Entscheidung bekannt: Ist es in einem Fall zu einem rechtlich einwandfreien, fairen Verfahren gekommen, in dem alle Rechtsmittel, alle Möglichkeiten der Berufung ausgeschöpft wurden, dann ist dieses Urteil unantastbar.

Noch einfacher gesagt, Leonel Herrera, mochte er nun schuldig sein oder nicht, hatte hingerichtet zu werden.

*

Noch bevor Herrera im Todeshaus eintraf, hatte ich Father Zawacki in mein Büro bestellt für den Fall, dass der Verurteilte nach ihm verlangte. Auch wenn keiner von uns seinen Gefühlen Luft machte, nervös waren wir beide. Was mich anbelangte, so sollte ich in Kürze einem Verurteilten gegenüberstehen, der mich angeblich für alles andere als einen Vertreter Gottes hielt; für den Priester bestand die Möglichkeit, zum ersten Mal in seinem Leben einem zum Tode Verurteilten über seine letzten Stunden helfen zu müssen.

»Ich bete für Sie«, sagte mein katholischer Kollege, als ich mich zum Gehen schickte.

»Beten Sie für uns alle«, sagte ich ihm.

Als man Herrera auf dieselbe Zelle zuführte, in der er bereits ein Jahr zuvor gewesen war, hatte ich noch nicht einmal Gelegenheit, Sam Hawkins' Brief aus der Tasche meines Jacketts zu ziehen; Herrera kam mir zuvor: »Tut mir leid, dass ich das über Sie gesagt habe«, sagte er. »Es war nicht richtig, aber ich musste es einfach sagen. Sie wissen nicht, wie das ist da drüben. Man muss einfach ständig den harten Mann markieren und über das System schimpfen. Das gehört einfach dazu. Trotzdem, tut mir Leid.«

»Leonel, mein Problem ist nur, ob Sie mich hier haben wollen oder nicht. Die Entscheidung liegt bei Ihnen: Father Zawacki wäre in ein paar Minuten hier.«

Herrera schüttelte den Kopf. »Nein«, sagte er. »Bleiben Sie. Father Zawacki ist ein guter Mensch, und ich habe ihn auf meine Zeugenliste gesetzt. Aber hier will ich ihn nicht haben. Sie sind schon einmal geblieben; es wäre mir recht, wenn Sie auch diesmal bleiben.«

Damit war das Problem, das mich wochenlang geplagt hatte, im Handumdrehen gelöst. Und wir haben es während der letzten Stunden auch nicht mehr angesprochen. Stattdessen erzählte

Herrera stolz, im Gefängnis den Ersatz für den High-School-Abschluss nachgeholt zu haben. Dann sprach er von Angehörigen, die über die Jahre zu ihm gestanden hatten, und äußerte sich besorgt darüber, dass eine unverhältnismäßig große Zahl der Männer im Todestrakt aus ethnischen Minderheiten stammte und obendrein arm und ohne Schulbildung war. Seiner Ansicht nach hatte bei ihnen schon die Herkunft ihr Leben bestimmt. Ich hörte mir seine Philosophie an, zu der er während der letzten elf Jahre gekommen war. Dass er sich mit Drogen eingelassen habe, so bekannte er freimütig, sei sein Verhängnis gewesen. Sie, so fürchtete er, würden noch die ganze Nation ruinieren, wenn man nicht drastische Maßnahmen ergriff. »Was alles zusammenhält, das ist die Familie«, sagte er. »Daran glaube ich von ganzem Herzen. Und die sehe ich kaputtgehen. Ich sehe, was im Fernsehen läuft, was Kinder heutzutage zu sehen kriegen, Hass und Gewalt und Drogen, das ist alles, worum es geht. Mit der Musik ist es genauso. Die kriegen doch nichts zu sehen und zu hören, wo von der Bedeutung der Familie die Rede wäre.«

Zwischen Telefonaten mit Mutter und Schwester und den Neuigkeiten, die seine Anwälte vorbeibrachten, erzählte er mir von seinem Leben im Gefängnis. »Ich möchte nicht noch mal zurück in den Todestrakt«, sagte er. »Nicht einen einzigen Tag möchte ich noch in der Dreckszelle verbringen. Die Leute verstehen nicht, dass lebenslang eingesperrt sein schlimmer ist als der Tod. Lieber sterbe ich heute Nacht.«

Nach all den Jahren, die ich die Gefängniskultur hatte studieren können – die geisttötende Monotonie, die Hoffnungslosigkeit, die Gefahren auf Schritt und Tritt –, tat ich mich noch immer schwer, eine Verzweiflung zu verstehen, die so finster und verheerend war, dass sie einen den Tod dem Weiterleben vorziehen ließ. Dennoch waren Herreras Worte für mich nicht neu. Ich hatte sie schon so oft gehört, und immer aus eben jener Zelle, in der er jetzt saß.

Wie auch immer, sein Anwaltsteam schlug sich wacker bis tief in die Nacht; noch weit nach Ablauf der Frist um Mitternacht drängte man die Gerichte, den Fall noch einmal zu überdenken. So wurde es denn 4 Uhr 30, bevor ich Herrera schließlich in die Todeskammer begleitete.

Ich sah zu, wie er auf die Bahre kletterte und man die Gurte festzog. Ich sah zu, wie man ihm eine Kanüle in den linken Arm schob. Als man am rechten Arm keine geeignete Vene fand, schob man ihm die zweite Kanüle in den Handrücken. Erst als das Fixierteam und das medizinische Personal draußen waren, sah er mich wieder an. Und jetzt sah ich auch die Angst in seinen Augen, die er so lange versteckt hatte. »Tut mir wirklich Leid, was ich über Sie gesagt habe«, sagte er. »Mein Urteil über Sie war total falsch. Danke, dass Sie bei mir sind.«

Ich legte ihm eine Hand auf das Fußgelenk und nickte ihm zu. »Ich laufe Ihnen nicht weg«, sagte ich.

Bald darauf führte man leise die Zeugen in die andere Hälfte des Raums. Ich hörte ihn seine letzten Worte sagen: »Ich bin unschuldig, unschuldig, unschuldig«, sagte er ohne Zorn. »Damit wir uns recht verstehen. Ich schulde der Gesellschaft nichts. Setzt euch weiter für die Menschenrechte ein, helft denen, die unschuldig sind ... Ich bin unschuldig, und was da heute Nacht passiert, ist ein großes Unrecht. Gott segne euch alle ...«

Dann sah er den Direktor an. »Ich bin bereit«, sagte er.

Zehn Minuten später – dieselbe Zeitspanne, die zwischen den beiden schrecklichen Morden vergangen war, derer man ihn bezichtigte – war Leonel Torres Herrera, 45, tot.

War er unschuldig? War es da tatsächlich zu einem großen Unrecht gekommen, wie er gesagt hatte? Ich könnte es unmöglich mit letzter Gewissheit sagen. War er zur Zeit seines Todes derselbe zornige, ungebildete Mann, als der er ins Gefängnis gekommen war? Ich habe keinen Grund, das zu glauben. Die schlichte Tatsache, dass mir solche Fragen bis auf den heutigen Tag durch den Kopf gehen, ist für mich Grund genug, ernsthaft über sie nachzudenken – und das Unwiderrufliche, zu dem es in jenen frühen Morgenstunden vor zehn Jahren doch noch kam, zu bedauern.

Es gibt Tage, an denen mich – für gewöhnlich in den frühen Morgenstunden meiner eigenen schlaflosen Nächte – die Stimmen der Leonel Herreras heimsuchen, die mir begegnet sind, und ihre Unschuld beteuern. Und ich bin dazu verurteilt, damit zu leben.

*

Im Februar 1995 schließlich wurde Samuel Hawkins hingerichtet, ein Mann, der während seiner sechzehn Jahre im Todestrakt das System auf Schritt und Tritt bekriegt hatte. Ihn hatte man wegen der Vergewaltigung und dem Mord an einer 19-jährigen Schwangeren zum Tode verurteilt, und die Medien hatten ihm das Etikett »The Traveling Rapist« aufgeklebt. Über zwanzigmal hatte er auf sie eingestochen (und sie so fast geköpft). Außerdem hatte man ihn für schuldig befunden, ein 12-jähriges Mädchen vergewaltigt und getötet zu haben. Die Polizei war davon überzeugt, dass er insgesamt für 40 Vergewaltigungen in vier Bundesstaaten verantwortlich war.

Er hatte länger als irgendeiner vor ihm im Todestrakt gesessen und hatte sich ein Spiel daraus gemacht, mit schöner Regelmäßigkeit den Anwalt zu wechseln, was sicher zu den drei Hinrichtungsaufschüben beigetragen hatte, die er im Lauf der Jahre bekam. Wir kannten uns nach all den Jahren recht gut.

Bei seinem ersten Besuch im Todeshaus hatte er sich reuelos und großspurig gegeben. Er hatte sich nicht nur mit den abscheulichen Verbrechen gebrüstet, wegen der man ihn verurteilt hatte, sondern mir auch noch genüsslich vierzehn weitere Vergewaltigungen geschildert, die er begangen hatte. Sein Vater, so erklärte er mir, hätte ihm eingebläut, man zahle den Weißen ihre Schlechtigkeit am besten dadurch heim, dass man ihre Frauen vergewaltigt. Noch am Abend seiner Verhaftung, so erzählte er mir, sei er auf der Suche nach einem weiteren Opfer gewesen. Dabei habe es überhaupt keine Rolle gespielt, wer sie war, sagte er, Hauptsache, sie war weiß.

Es war schwer, für Samuel Hawkins Sympathie aufzubringen. Und nicht nur wegen der Arroganz, die er an den Tag legte oder der Lügen, die er über mich verbreitet hatte, ja noch nicht einmal wegen seiner Weigerung, die Möglichkeit von Seelenheil und Vergebung auch nur zu diskutieren. Nein, er war ein Mann, der einfach immer auf der Suche nach Opfern war.

Er hatte eine Phase gehabt, in der er sich aus der Lokalzeitung die Adressen von Kirchen in der Gegend zusammengesucht hatte, denen er dann wehleidige Briefe mit der Bitte um Spenden geschrieben hatte – um seine Berufung zu finanzieren. Selbst ich hatte einen solchen Brief bekommen; er konnte ja nicht wissen, dass ich damals bereits Pastor der presbyterianischen Kirche von Shiro war. In meiner Antwort forderte ich ihn auf, diese Betrügereien zu unterlassen. Hawkins fand es ungemein komisch, dass ich ihn bei seinen Machenschaften ertappt hatte.

Bei seinem letzten Besuch im Todeshaus sprach er dann nicht mehr von seinen Verbrechen, seinen Lügen, dem Rassenhass, der ihm von Kindesbeinen an eingebläut worden war. Von dem Augenblick an, in dem man ihn hereinbrachte und er mich beim Namen nannte, spürte ich, er hatte sich in sein Schicksal gefügt. Diesmal, das wusste er, war ihm kaum noch einmal ein Aufschub gegönnt.

Und es gab auch keinen. Am 21. Februar, kurz nach Mitternacht, schnallte man Samuel Hawkins auf die Bahre. Durch die Gläser der Hornbrille, auf der er bestanden hatte, blickte er zu Direktor Pursley auf und dankte ihm dafür, dass er noch einmal mit Familie und Freunden hatte sprechen dürfen. Dann wandte er sich an mich. »Ich kann Sie gut leiden, Kaplan«, sagte er. »Sie sind in Ordnung.«

Letzte Worte für die versammelten Zeugen in der anderen Hälfte des Raums hatte er nicht. Um 0.21 erklärte man ihn für tot.

Die Erinnerung an die Hinrichtung von Samuel Hawkins sollte mich nicht mehr loslassen. Aber aus einem ganz anderen Grund. So sehr ich auch versucht hatte, die Vergangenheit zu vergessen und ihm soviel Trost zu spenden, wie mir nur möglich war, die Wahrheit war, dass ich mit ihm weit weniger Erbarmen hatte, als ich hätte haben sollen. Er war, nach welchen Maßstäben auch immer, ein schlechter Mensch gewesen, der in seinem Leben keine Schlechtigkeit ausgelassen hatte. Der Schmerz, den er so vielen Menschen zugefügt hatte, spottete jeder Beschreibung und würde nie mehr vergehen.

Dominique Malon war eigens aus Frankreich angereist, um Hawkins an seinem letzten Tag zu besuchen. »Er ist kein Ungeheuer«, hatte sie Reportern kurz vor seiner Hinrichtung noch gesagt. »Er ist ein Mensch.«

Ich hatte nur das Ungeheuer sehen können. Und das beunruhigte mich ganz ungemein.

Kapitel Zehn

David Ruiz war erst 29 Jahre alt, ein kleiner Mann mit saurem Gesicht, der sein Leben lang geraubt und gestohlen hatte, wenn er nicht gerade im Gefängnis saß, als er über Nacht zur überlebensgroßen Legende wurde. Noch bevor er in der siebten Klasse für immer von der Schule abging, war er bereits viermal in der Besserungsanstalt gewesen, und als Erwachsener hatte er mehr Zeit hinter Gittern zugebracht als auf der Straße. 1960 hatte man ihn zum ersten Mal verurteilt, wegen bewaffneten Raubüberfalls, nach acht Jahren aber zur Bewährung entlassen. Er war kaum ein Jahr in Freiheit gewesen, als er wieder ins Gefängnis musste, diesmal wegen Raubs und Körperverletzung. Außerdem suchte man ihn in Zusammenhang mit einem Mord in Ohio, wo er die sieben kurzen Monate zwischen den beiden Haftstrafen verbracht hatte. Während seiner Haftzeit musste er fünfzehnmal in Isolationshaft, meist weil man bei ihm selbst gefertigte Waffen gefunden hatte. Eigenen Angaben zufolge hatte er »drei oder vier« Mitgefangene mit der einen oder anderen Stichwaffe schwer verletzt. Einmal hatte er sich in Absonderung sogar die Pulsadern geöffnet, was freilich kaum mehr war als Effekthascherei, um aus der Absonderung heraus in die weit komfortablere Umgebung der Krankenstation zu kommen.

Wohl kaum der Lebenslauf eines Helden. Genau das wurde er jedoch in den Augen vieler – der kleine David, der sich gegen Goliath erhob. Mit einem Dokument, das er mit einem Kugelschreiber auf Luftpostpapier verfasste – im Gefängnis geht die Legende, ein erster Entwurf sei auf Toilettenpapier entstanden –, begann er eine rechtliche Kampagne, die in die Geschichte der

Gefängnisreformen einging. Der Prozess – *Ruiz vs. Estelle* –, den er 1972 anstrengte, zog sich bis in die späten 80er Jahre hinein, kostete den texanischen Steuerzahler schließlich mehrere Milliarden Dollar und führte zu umfassenden Veränderungen innerhalb des Systems. Es gibt freilich auch solche – mich mit eingeschlossen –, die der Überzeugung sind, dass David Ruiz einen Niedergang des Gefängniswesens eingeleitet hat, der bis heute nachwirkt. Sein Verbrechen gegen das System, so wird man vielerorts hören, sei weit schlimmer als irgendeine der Straftaten, wegen der er je vor Gericht gestanden hat.

Begonnen hatte alles mit seiner Kritik an der Behandlung, die ihm in der Isolationshaft zuteil geworden war. Die Absonderung an sich, die reduzierte Verpflegung, die winzige Zelle, so schrieb er in seiner Klage, liefen auf eine unmenschliche Behandlung hinaus, die gegen die Bürgerrechte verstoße und damit verfassungswidrig sei.

Damit war die juristische Lawine losgetreten. Und schon kurz darauf gewann sie an Tempo und Wucht. Ruiz' Klage landete auf dem Tisch von William Wayne Justice, Bundesrichter am Eastern District Court of Texas. Der Richter, eine ebenso schillernde wie kontroverse Persönlichkeit, nahm Ruiz' Klage ernst und fasste sie mit denen von sieben anderen Klage führenden Häftlingen zusammen, die sein Gericht aufgefordert hatten, vermeintliche Mängel in der texanischen Vollzugspraxis unter die Lupe zu nehmen.

Seines Engagements für die Bürgerrechte wegen vielerorts hoch gelobt, hatte Richter Justice durchaus eine beeindruckende Bilanz sozialer Verbesserungen vorzuweisen. So hatte er 1970 den Staat Texas per Klage aufgefordert, mit der Rassentrennung an öffentlichen Schulen Ernst zu machen. Einige Jahre später entschied er, dass auch Kinder von Ausländern ohne Papiere Anspruch auf kostenlose Schulbildung hätten. Selbst Anwaltssohn und enger Freund so einflussreicher politischer Stars wie Lyndon B. Johnson und Ralph Yarbrough, machte sich Justice erst gar nicht die Mühe, sich bei den texanischen Konservativen lieb Kind zu machen, die seinen Entscheidungen grundsätzlich misstrauisch begegneten. Er traf sie ohne den Rückhalt der texanischen Mehrheit, und so mancher warf ihm vor, es gehe ihm lediglich um den Beifall des liberalen Establishments drüben an der Ostküste, das es ihm angeblich angetan hatte.

Er selbst schien in den von ihm angezettelten Kontroversen nur zu gedeihen.

Wie auch immer, jetzt hielt er die Zeit für gekommen, ein Gefängniswesen zu reformieren, das lange als das sicherste, wirtschaftlichste und am besten verwaltete der Vereinigten Staaten gegolten hatte. Er bestellte das Bundesjustizministerium zum Sprecher des Staates Texas und beauftragte eine Reihe von Anwälten, die sich mit Prozessen gegen Gefängnisse einen Namen gemacht hatten, die Häftlinge in einer Sammelklage zu vertreten. Von ihnen verlangte er nicht nur, nach der Stichhaltigkeit der Behauptungen seiner Kläger zu fahnden, sondern obendrein eine umfassende Beurteilung des ganzen Systems.

Im Lauf der Zeit sollte er die zornigen Zeugenaussagen von sage und schreibe 349 Häftlingen hören.

Und noch vor Beginn des langwierigen Verfahrens hatte er damit begonnen, mit richterlichen Anordnungen eine systematische Entmachtung derer in die Wege zu leiten, die in texanischen Gefängnissen für die Ordnung zuständig waren.

In seiner 248-seitigen Urteilsbegründung schließlich monierte Richter Justice alles – von der Überbelegung über die Qualität von Verpflegung und Arbeitsbedingungen bis hin zur Unbequemlichkeit von Gefängnissen überhaupt. Dem Laien schien vieles davon einfach lächerlich. Als Richter Justice zu dem Schluss kam, dass in älteren Anstalten wie The Walls oder Darrington der Aufenthaltsraum, in den die Gefangenen zum Fernsehen kamen, nicht genügend Quadratmeter pro Gefangener hatte, sah er, da eine Vergrößerung nicht möglich war, die einzige Lösung darin, einen kleinen Fernseher – nebst Kopfhörern für jeden Gefangenen – in jede der Zellen zu stellen. Diese scheinbar so einfache Forderung führte zu einem regelrechten Dominoeffekt von Kosten und zusätzlichem Personal. Abgesehen von den Kosten für Tausende von Fernsehgeräten, brauchte es ein Heer von Fachleuten, die sie instand hielten, damit keiner der Gefangenen seine Lieblingsserie oder eine Gameshow versäumte.

Häftlinge in Absonderung bekamen nicht länger Sandwiches in braunen Papiertüten, sondern dieselbe Verpflegung wie ihre Mitgefangenen im Speisesaal. Die Wärter, die sie ihnen brachten, hatten ein Thermometer dabeizuhaben, um die Temperatur zu messen, bevor sie sie ihnen servierten. Wenn die Mahlzeit nicht die erforderliche Temperatur hatte, dann ging sie zum Aufwärmen in die Küche zurück.

Vor dem Eingreifen des Richters bestand unser medizinisches Personal aus Insassen – Ärzten und Pflegern, die zum Teil langjährige Erfahrung mitbrachten. Abgesehen von den seltenen Gelegenheiten, in denen ein Spezialist von außen vonnöten war, hatten sich Insassen um Insassen gekümmert, und ich habe so manchen ein Leben retten und einen Mithäftling zusammenflicken sehen; Krankheiten wurden ordentlich diagnostiziert und geheilt. Vor allem aber trauten Patienten und Betreuer einander über den Weg. Ich hätte nicht den geringsten Vorbehalt dagegen gehabt, diesen Gefängnisärzten meine Familie anzuvertrauen. Sogar Leute, die nie ihren Doktor gemacht hatten, erreichten einen Grad an Können, um den sie Krankenhäuser und Kliniken im ganzen Land beneidet hätten. Ich erinnere mich da an einen Insassen, der – ohne draußen eine große Ausbildung genossen zu haben – so gut wurde, dass wir vor seiner Entlassung zur Bewährung Verbindung zu einem Arzt in Kalifornien aufnahmen, der eine Sprechstundenhilfe suchte, um ihm den Mann zu empfehlen. Nachdem man sich mit seinem Bewährungshelfer geeinigt hatte, bestand er in Kalifornien problemlos die erforderliche Prüfung und kam als Arzthelfer unter.

Nach den neuen Richtlinien hatte der Steuerzahler die Gehälter von zugelassenen Ärzten und staatlich geprüften Pflegern zu zahlen. In allzu vielen Fällen bekamen wir dann Leute, die kaum einen Hehl aus ihrer Abneigung gegen ihren Job machten, von ihrer Verachtung gegenüber ihren Patienten ganz zu schweigen. Das Vertrauen, das sich zwischen dem Personal der Krankenstationen und den Insassen gebildet hatte, verschwand praktisch über Nacht.

Auf die Beschwerde eines an Asthma erkrankten Häftlings, er dürfe keinen Inhalator in der Zelle haben, folgte im Handumdrehen ein richterlicher Erlass, die einschlägige Regelung zu ändern, und das trotz aller Einwände seitens der Gefängnisverwaltung, die Vorschrift hätte durchaus einen logischen Grund. Seine Entscheidung blieb sogar bestehen, nachdem in einer der Zellenblocks eine Bombe explodierte, die aus einem der kleinen Plastikinhalatoren gefertigt war.

Nachdem einige Gefangene sich beschwert hatten, ihre Overalls wären nicht mehr so weiß wie früher, ordnete man an, mehr Waschmittel in die Maschinen zu geben.

Programme, die seit Jahren funktioniert hatten, wurden gestoppt.

So hatte man todkranken Patienten unter besonderen Umständen eine »Begnadigung aus medizinischen Gründen« gewährt, solange man davon ausgehen konnte, dass sie nach ihrer Entlassung kein Risiko darstellten. Wenn einwandfrei feststand, dass ein Häftling nur noch kurze Zeit zu leben und in der freien Welt draußen einen Platz hatte, dazu einen Arzt und ein Krankenhaus, die bereit waren, sich um ihn zu kümmern, dann konnte man besagte »Begnadigung aus medizinischen Gründen« gewähren.

Ich erinnerte mich in diesem Zusammenhang an Charles Duckworth, einen Häftling, der kurz vor dem Krebstod stand. Nachdem man ihn begnadigt hatte und seine Familie aus Dallas gekommen war, um ihn abzuholen, schoben wir ihn in einem Rollstuhl vors Tor. Schwach, aber lächelnd, schaffte er es auf den Rücksitz des Wagens und winkte uns bei der Abfahrt glücklich zu. Achtundzwanzig Meilen den Highway hinauf starb er. Aber er starb als freier Mensch.

Bill Shipman, der Patient, der mit der Leselampe über seinem Mitgefangenen gestanden hatte, damit sein Freund nicht im Dunkeln zu sterben brauchte, war auch einer von denen, die man aus gesundheitlichen Gründen entließ. Er ging zurück in eine Kleinstadt in West Texas, besuchte seine Familie und stieg dann in einem Motel ab, wo man ihn tags darauf tot fand. Ich kann bestenfalls ahnen, wie kostbar diese letzten Stunden in Freiheit für den Mann waren – die Luft seiner Heimat zu atmen, das Lächeln seiner Angehörigen zu sehen, sie zum ersten Mal nach so vielen Jahren wieder zu berühren. Und, vielleicht das Wichtigste, als freier Mann zu sterben. Eine Episode, die für mich immer ein Paradebeispiel für Menschlichkeit und Bürgerrechte gewesen war.

Die Möglichkeit einer solchen Begnadigung ging durch das Urteil im Fall Ruiz verloren. Nicht ein Aspekt des Gefängnislebens, der unberührt blieb.

Die einzige Möglichkeit, das Problem der Überbelegung zu lösen, bestand darin, dass man einfach eine Zeitlang Neuzugänge verweigerte, während man den Bau neuer Anstalten in die Wege leitete. Der Haken an dieser Lösung wurde bald sichtbar, als man die staatliche Gefängnisverwaltung dazu verurteilte, Millionen an die schlagartig überfüllten Bezirksgefängnisse zu zahlen, wo man die verurteilten Schwerverbrecher unterbrachte, anstatt sie in eine staatliche Vollzugsanstalt zu überführen. Eine andere Methode, durch die man die Zahl der Häftlinge zu regulieren versuchte, bestand darin, so viele zur Bewährung zu entlassen wie nie zuvor. Man erzählte sich damals den Witz, ein Neuzugang käme durch die Pforte herein, dann erfolge die Aufnahme, an deren Ende er seine Entlassungspapiere bekam, dann schob man ihn durch den Hintereingang wieder hinaus.

Als die Verfügung durchkam, dass Gefangene keinen Zugang zu vertraulichen Angaben über Mitgefangene haben sollten, fiel der Posten der Schreibkraft weg. Blue McComb, mein bewährter Helfer, der mir ein Freund geworden war, beschrieb die Reformen in seiner Enttäuschung und seinem Zorn in einer Sprache, die ich Ihnen lieber erspare.

Außerdem teilte man mir offiziell mit, dass meine Kapelle gleich gegen mehrere der nagelneuen Vorschriften verstieß. Wenn ich im Geschäft bleiben wollte, so wäre eine zweite Tür – ein »Notausgang«, wie man es nannte – einzubauen. Und dann durften nicht mehr als 288 Häftlinge auf einmal in meine Gottesdienste. Mehr, so ließ man mich wissen, stellten ein Gesundheitsrisiko dar. Eines Tages erschien ein Bundesmarshal in meinem Büro und überreichte mir ein Papier, in dem es hieß, ich hätte gegen die Vorschrift eines Bundesgerichts verstoßen – in meiner Kapelle sei keine Wandhalterung für einen Feuerwehrschlauch installiert. Von einem Schlauch selbst stand in der Anordnung übrigens nichts; wir hatten nur eine Rolle für einen solchen zu installieren.

Die absurdeste Anordnung freilich musste wohl die bezüglich der Temperaturen im Sommer sein. Da die Kapelle keine Klimaanlage hatte, erging das Edikt, dass ab einer bestimmten Temperatur und über einer bestimmten Luftfeuchtigkeit kein Gottesdienst mehr stattfinden durfte. Also musste ich mir ein Thermometer und ein Barometer kaufen.

Die ganze Zeit über, die ich in The Walls Predigten hielt, hatte sich nicht einer über die Hitze beschwert. Die meisten aus meiner Gemeinde arbeiteten den ganzen Tag über draußen auf den Feldern oder in den Anstaltswerkstätten, die auch nicht klimatisiert waren, und trotzdem hatten sie eifrig den Gottesdienst besucht. Was immerhin freiwillig war, wie ich den Richter und seine politischen Freunde zu gern erinnert hätte. Aber ich hielt den Mund, schielte auf mein Thermometer, und hin und wieder musste eben während der langen texanischen Sommer die eine oder andere Predigt oder Chorprobe ausfallen.

Sogar Häftlinge, die sich diebisch darüber freuten, dass das System was auf die Finger bekam, merkten bald, dass für jeden Vorteil, den die neuen Bestimmungen ihnen brachten, gleich mehrere andere wegfielen.

Die durchgreifendste Veränderung, die auf Richter Justice zurückging, hatte damit zu tun, wie man in Haftanstalten seit Jahrzehnten für Disziplin gesorgt hatte. Traditionellerweise hatte man Häftlinge, die Führungsqualitäten gezeigt hatten und das Vertrauen der Verwaltung genossen, zu Hilfsaufsehern gemacht. Sie waren so etwas wie die »Stubenältesten« in ihrem jeweiligen Bau. Wenn es Probleme gab, so lösten sie sie. Und ja, sie gingen dabei nicht immer mit Samthandschuhen vor, aber sie sorgten dafür, dass die Gefangenen unter ihrer Obhut in einer Art Demokratie lebten, falls so etwas im Gefängnis überhaupt möglich war.

Dafür genoss der Hilfsaufseher gewisse Privilegien. Seine Zellentür war nie abgeschlossen. Er konnte sich Tag und Nacht frei bewegen. Mit Hilfe einer kleinen Gruppe von Mitgefangenen, denen er vertraute, hatte er unausgesprochen grünes Licht, ein Problem so anzugehen, wie er es in der Situation für angemessen hielt.

Gelegentlich sah ich mich ins Gefängniskrankenhaus gerufen, nachdem man dort einen übel zugerichteten Häftling aus einer anderen Anstalt eingeliefert hatte. Sein Kiefer mochte gebrochen sein, ihm mochten einige Zähne fehlen, er hatte vielleicht ein paar gebrochene Rippen – und es war ein Hilfswärter gewesen, der die Maßnahme im Rahmen einer drastischen Disziplinierung für nötig gehalten hatte. Fast ohne Ausnahme erfuhr ich in solchen Fällen, der verletzte Häftling habe einen jüngeren Gefangenen vergewaltigt oder einen Zellengenossen zu töten versucht; andere hätten einen Aufseher mit Urin oder Kot beworfen oder Mitgefangene bestohlen.

Während der ersten Zeit, das muss ich zugeben, machte es mir durchaus Sorgen, dass solche Praktiken keinerlei Reaktion seitens der Aufseher oder Sicherheitsleute zeigten; ja, dass noch nicht einmal der Direktor darauf reagierte. Man schloss die Augen; man wandte sich ab. Man sah darin, so erfuhr ich, nichts weiter als die Art und Weise, auf die man in einer regellosen Gesellschaft von Männern für Ordnung sorgte, die nichts anerkannten als Justiz auf primitivstem Niveau. Und so brutal es dabei zuweilen zugehen mochte, es funktionierte.

Es war eine wirksame Methode, die texanischen Gefängnisse so gewaltfrei zu halten wie nur irgend möglich. Es gab in Texas weniger Morde unter den Häftlingen als in den Gefängnissen irgendeines anderen Staates in unserem Land. Es gab keine Gefängnisrevolten. Da die Anwesenheit Pflicht war, hatte man die Klassenzimmer voller Häftlinge ohne High-School-Abschluss, die auf ihr General Equivalency Diploma hinarbeiteten; andere erlernten einen Beruf oder besuchten Kurse auf College-Niveau. Ruhe und Ordnung, so hieß es bei den alten Hasen, seien das Resultat der Angst, für die jene sorgten, die die Korridore des Zellenblocks patrouillierten. Die Hilfsaufseher, die sich auf der Straße und mit Gewalt auskannten, hatten alles im Griff. Aber im Gefolge von *Ruiz vs. Estelle* änderte sich das drastisch.

Richter Justice erklärte das System der Hilfsaufseher für verfassungswidrig und forderte ein sofortiges Ende dieser Praxis. Er verlangte, 500 zusätzliche Aufseher einzustellen; die sollten sich um alles kümmern, was sich an Problemen so ergab.

Wenn man nur die Zeitungsberichte über die lange Latte von Mängeln im Gefängnissystem las, die im Fall Ruiz zur Sprache kamen, oder nur die endlose Reihe von Zeugenaussagen hörte, dann konnte man den Eindruck gewinnen, diese Hilfsaufseher seien eine Bande unverbesserlicher Totschläger gewesen, die bestrafen konnten, wie immer es ihnen richtig schien. Bis auf den heutigen Tag finde ich es beunruhigend, dass nie jemand das Gute herausgestellt hat, das diese Männer geleistet haben. Die Wahrheit war nämlich, dass diese Hilfskräfte neben ihrem Status auch ihre Privilegien verloren hätten, wäre die Anstaltsleitung zu dem Schluss gekommen, sie hätten die ihnen anvertraute Autorität auf unfaire Weise missbraucht.

Die meisten Hilfsaufseher, die ich persönlich kennen gelernt habe, kamen regelmäßig zum Gottesdienst und zeigten ein aufrichtiges Interesse am Wohlergehen derer, die ihnen anvertraut waren. Sie waren in ihrem speziellen sozialen Umfeld die Führer, die man eher respektierte, als dass man sie gefürchtet hätte. Ihr erstes Anliegen, so hatte ich immer den Eindruck, war es, dafür zu sorgen, dass die problematischeren Gefangenen den anderen nichts taten.

Regelmäßig suchten sie bei mir um Rat bei der Lösung eines Problems, das sie in ihrem Block auf sich zukommen sahen. Sie erzählten mir von einem Gefangenen, der gerade angefangen hatte, die jüngeren Häftlinge »anzumachen«. »Der ist drauf aus, sich einen von denen zur Mieze zu machen«, bekam ich dann zu hören. »Vielleicht bringen Sie den dazu, dass er spurt. Wenn nicht, dann sorgen wir dafür.«

Wenn ein Insasse furchtbar depressiv wurde und man fürchtete, er könne an Selbstmord denken, erfuhr ich das schnell. Bei meinen Besuchen im Hof kam dann einer der Hilfsaufseher zu mir und sagte etwa: »Ich habe da in meinem Bau einen Jungen, Zelle 26, der hat die ganze letzte Nacht geheult.« Was für mich das Stichwort war, dem Gefangenen einen Besuch abzustatten. Für solche Geschichten gab es eine ganze Reihe von Auslösern: Da hatte einer einen Abschiedsbrief von der Freundin erhalten oder die Scheidungspapiere von seiner Frau, es gab einen Todesfall in der Familie, oder es war einfach die nackte Angst, die sich mit der Erkenntnis einstellte, dass er Jahre, womöglich den Rest seines

Lebens, in einer Zelle verbringen würde. Vor allem aber kam ein Hilfsaufseher zu mir, wenn er selbst keine Erklärung für den plötzlichen Kummer oder die Ängste eines Gefangenen sah.

Viele Selbstmorde, davon bin ich überzeugt, wurden durch aufmerksame und fürsorgliche Hilfsaufseher verhindert.

Ich will damit sagen, dass für mich ihr Input von unschätzbarem Wert war; als Gefängniskaplan profitierte ich von ihnen. Ich war angewiesen auf ihr Wissen, ihre Menschenkenntnis.

Einmal hatte ich erfahren, dass der Sohn eines Gefangenen an einem Herzanfall gestorben war, und mir oblag es, dies dem Betroffenen mitzuteilen. Es war ein Hilfswärter, der mich darauf hinwies, dass auch der Vater ernsthafte Herzprobleme hatte, und er schlug vor, einen der Pfleger aus dem Gefängniskrankenhaus dabeizuhaben, wenn ich ihm vom Tod seines Sohns berichtete. Und tatsächlich erlitt der Mann an jenem Nachmittag in meinem Büro einen Herzanfall, während ich mit ihm sprach. Nur die Anwesenheit eines Pflegers mit einer Tragbahre draußen auf dem Flur rettete ihm das Leben.

Eines Morgens kam ein Hilfsaufseher in mein Büro, um seiner Sorge um einen Häftling Ausdruck zu geben, der von einem Todesfall in der Familie erfahren hatte. Der junge Mann war neu im Gefängnis und hysterisch, seit er den Brief bekommen hatte; er heulte, fluchte und drohte damit, seinem Leben ein Ende zu machen. Ich rief auf der Stelle im Krankenhaus an und bat, jemanden mit einem Beruhigungsmittel vorbeizuschicken, dann ließ ich den Gefangenen kommen. Als er hereinkam, war er immer noch so aufgebracht, dass er sich nicht genügend unter Kontrolle hatte, mir zu sagen, wer denn gestorben sei. Schließlich fragte ich ihn, ob ich jemanden anrufen solle, und er gab mir die Nummer seiner Frau, die auf einer kleinen Ranch in West Texas zu Hause war.

Erst als ich mit ihr sprach, erfuhr ich, dass das Lieblingspferd des Jungen gestorben war.

Trotzdem war ich dankbar, dass man mir Bescheid gesagt hatte. Die Leute hatten gelernt, in solchen Situationen kein Risiko einzugehen.

Es war ebenfalls ein Hilfsaufseher gewesen, der ganz zu Anfang meiner Amtszeit in The Walls mit dem Vorschlag zu mir gekommen war, doch am Sonntag den Gottesdienst ausfallen zu lassen, weil er gehört hatte, dass ein Gefangener, der regelmäßig in der ersten Reihe saß, mehreren Mitgefangenen gesagt hatte, er habe vor mich umzubringen. Der Mann war zu dem Schluss gekommen, ich sei die Ursache all der Probleme, die er hatte, seit er in der Anstalt war.

Als auch noch die Anstaltsleitung von der Warnung des Hilfsaufsehers erfuhr, schlug man mir vor, ich sollte den Gottesdienst entweder absagen oder ihn unter den wachen Augen einer kleinen Armee von Wärtern lesen, die die Wand entlang postiert wären. Ich entschied mich weder für das eine noch das andere. Aber an jenem Sonntag saßen mehr Hilfsaufseher in der Kapelle denn je. Der Gottesdienst verlief ohne Zwischenfälle.

Mit dem Verschwinden der Hilfsaufseher ging ein ganz entscheidender Draht zu den Insassen verloren. Und mein Amt litt meiner Ansicht nach darunter sehr.

*

Nachdem sie weg waren, stieg der Aggressionspegel in den Gefängnissen in ganz neue Höhen. Es verschwand so viel Besteck aus den Speisesälen, das zu Waffen umgearbeitet wurde, dass nichts anderes blieb, als ein Vermögen für Einwegbesteck aus Plastik auszugeben. Die Klosettschüsseln in den Zellen, die bis dahin aus Keramik gewesen waren, wurden so regelmäßig zerstört, dass man eine halbe Million Dollar darauf verwandte, sie durch solche aus rostfreiem Stahl zu ersetzen. Am Eingang zu jedem Zellenblock wurden Metalldetektoren installiert, um die Waffen aufzuspüren, die ein Großteil der Insassen plötzlich trug.

Allein 1984 und 1985 kam es zu 52 Morden unter der Gefängnisbevölkerung, eine schlicht erschreckende Zahl; dazu kamen noch siebenhundert Vorfälle, die mit Stichwunden ausgingen. Die Zahl der Vergewaltigungen schnellte nach oben. Die Zahl der Selbstmorde stieg. Zellendurchsuchungen erbrachten Hunderte von Waffen. Es bildeten sich Gefängnisgangs, man erklärte den Krieg – Weiße gegen Schwarze, Schwarze gegen Latinos.

Zu den Opfern dieser »Reform« gehörte der 28-jährige Charles Marx, der zum ersten Mal straffällig geworden war. Am ersten Tag der fünf Jahre, die er abzusitzen hatte, forderten ihn im Aufenthaltsraum vier Mitglieder einer Gang auf, sich zu entscheiden: Entweder er bezahlte »Schutzgeld« an sie, oder er wurde ihr Sexsklave. Als Marx ihnen sagte, er wolle nur ohne Ärger seine Zeit absitzen und dann wieder nach Hause gehen, schlugen die vier ihn zusammen und traten ihn mit ihren Stahlkappenschuhen. Er war bereits ohnmächtig, als ein Aufseher dazwischengehen konnte. Genau einen Monat später starb er an den Kopfverletzungen, die er bei dem Vorfall davongetragen hatte.

Ein guter Hilfsaufseher hätte den Angriff verhindern können.

Die Gefangenen, die seinen Tod herbeigeführt hatten, kamen auf die Arreststation, wo man ihnen täglich ihre wohltemperierten Mahlzeiten servierte.

Bei wieder einer anderen Gelegenheit rief man mich in den Ostbau; dort war ein Häftling aus dem zweiten Stock zu Tode gestürzt. Er war auf dem Betonboden zwischen zwei Tischen aufgeschlagen, wo Männer beim Dominospiel saßen. Kein Mensch hatte ihn angeblich fallen sehen. Ja, es war noch nicht einmal einer der Spieler aufgestanden, um zu sehen, ob er noch lebte. Die Gefangenen des Baus meinten schließlich achselzuckend, dass für seinen Tod womöglich das berüchtigte »Gespenst« verantwortlich sei, das in dem Zellenblock sein Unwesen trieb. Aber auch wenn man es nie beweisen wird, er wurde gestoßen – etwas, was zu Zeiten der Hilfsaufseher nie und nimmer passiert wäre.

Auf Arbeitsverweigerung oder Fernbleiben vom Unterricht reagierte die Gefängnisverwaltung nur mit einem frustrierten Achselzucken, wohl wissend, wie ungebärdig Häftlinge waren, die ihre überschüssigen Energien und Frustrationen nicht abarbeiteten.

Die Mehrheit der Gefangenen, die ich kennen gelernt habe, sah in der Arbeit eine Erlösung, eine Möglichkeit, Tag für Tag der stumpfsinnigen Langeweile ihrer Zelle zu entfliehen. Für jene, die sich den Status des Kalfakters erarbeitet hatten, bestand sogar die Chance, sich für einige Stunden außerhalb der Mauern zu bewegen. Jahrelang hatte man Arbeitskommandos unter Aufsicht in die Parks der Stadt geschickt, wo sie das Gras mähten, die Bäume beschnitten und was sonst an Wartungsarbeiten anfallen mochte. Unter der neuen Regelung gingen diese Pflichten zurück an die Stadtverwaltung, während die Häftlinge sich in ihren Zellen *Zeit der Sehnsucht* ansahen.

Über Jahre hinweg hatten die Anforderungen von Arbeit und Weiterbildung den Gefangenen als Ansporn gedient. Wer sauber blieb und hart arbeitete, der konnte auf einen besseren Job hoffen, vielleicht sogar auf einen Posten als Kalfakter mit Freigängerprivilegien. Wer die geforderten schulischen Leistungen erbrachte, dem winkte nicht nur die Möglichkeit, Zeit gutgeschrieben zu bekommen, die dann von der Gesamtstrafe abgezogen wurde, es legte womöglich sogar jemand ein gutes Wort beim Bewährungsausschuss für den Betreffenden ein. Viele dieser Vergünstigungen fielen weg, und das im Namen der Bürgerrechte.

Mit der Zeit konnte man den Eindruck bekommen, die Insassen hätten mehr Rechte als die, die auf sie aufzupassen hatten. Und es gab auch natürlich sofort welche, die das weidlich ausnutzten.

*

In einem verfehlten Versuch, die Lebensbedingungen im Gefängnis zu verbessern, sorgten die Gerichte für ein Chaos, für das es keine Lösung mehr gab. Ich sah die Frustration der Gefängnisleiter wachsen, ich sah die Angst der Aufseher um ihre eigene Unversehrtheit derart zunehmen, dass ihnen jeden Tag vor dem Dienstantritt graute. Entmutigt, jeder Handhabe beraubt und von der Angst übermannt, hörten viele ganz einfach auf.

Frustriert waren jedoch nicht nur die, die mit der Aufrechterhaltung der Ordnung beauftragt waren. Auch ein Großteil der Insassen hatte nur Verachtung für diese Reform. So begann sich im texanischen Gefängniswesen eine Verzweiflung breit zu machen, die jeder Beschreibung spottete.

Was ich während des ganzen Verfahrens besonders irritierend fand, war der Umstand, dass diejenigen, die dabei die Entscheidungen trafen, über keinerlei Wissen aus erster Hand verfügten, was die konkreten Probleme bei der Verwaltung einer Justizvollzugsanstalt anbelangt. Ihre guten Absichten in allen Ehren, aber weder Politiker noch Gesetzgeber haben auch nur die geringste Ahnung von der ganz besonderen sozialen Struktur, die hinter Gittern und Mauern besteht. Meines Wissens hat Richter Justice in all den Jahren, in denen er diesem Rechtsstreit vorsaß, nicht ein einziges Mal den Fuß in eines der Gefängnisse gesetzt, die er so entschlossen kritisierte.

Hätte er das getan, er hätte gesehen, dass das Leben im Gefängnis kaum Ähnlichkeiten mit dem Leben außerhalb der Mauern aufweist. Gewisse Bürgerrechte hat man nun einmal – schon aus barer Notwendigkeit – verwirkt, ergeht erst einmal ein Schuldspruch wegen Körperverletzung, Vergewaltigung oder Mord. Zugegeben, Gewalt begegnet uns auch auf den Straßen unseres Landes, aber sie verblasst im Vergleich zu dem Maß an Gewalt in einem Zellenblock voller zorniger Menschen ohne Hoffnung, die bereits bewiesen haben, dass sie eine Gefahr für ihre Umwelt darstellen. Dass etwas mehr Ellbogenfreiheit zu innerer Motivation oder einer neuen Lebenseinstellung führen könnte, ist in den meisten Fällen reines Wunschdenken, weiter nichts. Meine ganze

Dienstzeit in The Walls hindurch habe ich verzweifelt das Gute in diesen Menschen zu sehen versucht. Tatsache ist, dass ich täglich mit Gefangenen zu tun hatte, die jederzeit den ganzen Arm nahmen, bot man ihnen den kleinen Finger, und ständig auf neue Möglichkeiten sannen, ihre Verachtung für das Vollzugswesen und diejenigen zu zeigen, die es verwalteten. Soviel zu den Tatsachen des Gefängnislebens.

Ich kam mehr und mehr zu der Überzeugung, dass in einer Einrichtung, die auf Bestrafung abzielt, jeder nachhaltige Versuch der Demokratisierung von vornherein zum Scheitern verurteilt sein muss. Selbstverständlich bin ich im Gefängnis auch guten Menschen begegnet, Gefangenen, die ihre kriminelle Vergangenheit aufrichtig bereuten und entschlossen waren, ihre Zeit abzusitzen und danach ein neues Leben zu beginnen. Aber auch sie hatten sich ausnahmslos in die strikten Regeln und Vorschriften gefügt, die nicht nur ihr Verhalten bestimmten, sondern auch dabei halfen, ihre Unversehrtheit zu garantieren.

Dennoch droschen die von Politikern und Richtern zur Beurteilung des texanischen Gefängniswesens bestellten Fachleute praktisch auf alles ein, was dieses einst zum Modell gemacht hatte. Die Forderung, dass Strafgefangene zu arbeiten und die Schulbank zu drücken hätten, so meinte einer, sei »das beste Beispiel für Sklaverei, das uns in diesem Land geblieben« sei. Der Respekt, den Gefangene dem Personal entgegenbrachten, so ein anderer, sei nichts weiter als ein Nebenprodukt »der totalen Einschüchterung durch ein autokratisches Reglement«.

Diese so genannten Fachleute, so überlegte ich verdutzt, erwarteten doch nicht etwa Vollkommenheit in einer so unvollkommenen Welt wie einem Gefängnis? Sie konnten doch nicht im Ernst erwarten, dass hier ohne Bestrafung und Belohnung so etwas wie Disziplin aufrechtzuerhalten sei. Wie sollte aus der Unordnung, für die sie da sorgten, Ordnung entstehen?

Ich stelle mir diese Fragen noch heute, schließlich bleiben viele der Probleme, für die Gewohnheitsverbrecher und schlecht beratene Bundesrichter gesorgt haben, bis heute bestehen.

*

Ich bekam schließlich Gelegenheit, Ruiz persönlich kennen zu lernen. Er hatte in der Anstalt, in der er untergebracht war, einmal mehr das Leben einiger Mithäftlinge bedroht, worauf man ihn zu uns verlegt hatte, wo er in Isolationshaft saß. Eines Morgens, ich war bei meiner Runde im Krankenhaus, sagte man mir, er wolle mich sehen. Mein erster Gedanke, als ich das hörte, war nicht sehr christlich, das gebe ich zu. In dem Erdrutsch an neuen Bestimmungen gab es auch eine, die besagte, dass der Kaplan auf Bitten aus der geschlossenen Arreststation sofort zu reagieren hatte.

Ruiz, so nahm ich mal an, stellte mich auf die Probe.

Normalerweise nahm ich bei meinen Besuchen von Gefangenen auf Absonderung immer einige Briefmarken und Umschläge mit. Zu Ruiz ging ich ohne.

Er erwartete mich an der Tür seiner Zelle im zweiten Stock von Bau IV. »Wissen Sie, wer ich bin?«, fragte er mich auf der Stelle. Und obwohl ich nickte, ließ er mich wissen, dass er für all die jüngsten Veränderungen im Gefängniswesen verantwortlich sei. Eine halbe Stunde lang prahlte er abwechselnd mit seinen Leistungen und der Publicity, für die er gesorgt hatte, und kritisierte die Behandlung, die ihm seit seiner Ankunft in The Walls zuteil geworden sei. Ob ich von dem Prozess gehört hätte, den eben ein anderer Gefangener auf Isolationshaft angestrengt habe? Er habe den Anstaltsleiter verklagt, weil seine Rühreier nicht nach seinem Geschmack zubereitet waren. Als Ruiz lachte, fragte ich mich, was ich hier machte.

»Wissen Sie«, sagte er schließlich, »dass Sie laut Gesetz dem Direktor nichts von dem sagen dürfen, worüber wir hier reden?«

»David«, sagte ich schließlich, »ich glaube nicht, dass irgend etwas von dem, was Sie bisher gesagt haben, den Direktor auch nur im Entferntesten interessieren dürfte.« Sein Lächeln verschwand.

Einige Wochen später erhielt ich die Nachricht, er habe um die Erlaubnis gebeten, nach draußen zu telefonieren. Normalerweise hätte man ihm das verwehrt, da er dafür noch nicht lange genug in The Walls war, aber ich sagte dem Sicherheitsdienst Bescheid, man solle ihn in mein Büro bringen. Als der Aufseher, der ihn gebracht hatte, fragte, ob er bei uns bleiben solle, versicherte ich ihm, das sei nicht nötig. Als er hinausging und die Tür hinter sich schloss, nickte Ruiz grinsend. »Gut«, sagte er. »Ich habe nämlich ein Recht darauf, beim Telefonieren allein zu sein.«

»Nein«, entgegnete ich, »die Bestimmungen besagen, dass ich Ihren Anruf anzumelden habe, der maximal fünf Minuten dauern darf, und dass ich bei dem Telefonat zugegen zu sein habe. Außerdem ist das Gespräch auf Englisch zu führen.«

Für einen, der so erpicht auf Bestimmungen war, nahm Ruiz es bei sich selbst offensichtlich nicht so genau. Nachdem ich die Nummer gewählt hatte, die er mir gab, erreichte ich den Angehörigen, mit dem er sprechen wollte; ich reichte ihm den Hörer und hörte zu, als er augenblicklich Spanisch zu sprechen begann.

Im Lauf der Jahre hatte ich mir angewöhnt, dem Sprechenden mit den Fingern anzuzeigen, wie viele Minuten er noch hatte. Dann, wenn die fünf Minuten vorbei waren, hielt ich ihm eine Karteikarte hin, auf die ich geschrieben hatte: »Die Zeit ist um.« Um nicht zu hart zu sein, gab ich dem Gefangenen dann noch 30 Sekunden oder eine Minute, damit er das Gespräch nicht allzu abrupt zu beenden brauchte. Ruiz sprach mindestens fünf Minuten über die Zeit hinaus. Noch eine Probe.

Ich hatte unter dem Tisch einen – selten benutzten – Knopf für einen Notruf, auf den der Aufseher vor der Tür hereinkommen würde, falls es ein Problem gab. Man hatte ihn vor Jahren installiert, nach einem Vorfall, den ich aus Mangel an Scharfblick nicht vorausgesehen hatte.

Ich hatte an jenem Tag einen jungen Gefangenen in mein Büro kommen lassen, um ihm den Tod eines Angehörigen mitzuteilen. Ich möchte noch nicht einmal wissen, wie oft ich diese Nachricht habe überbringen müssen, aber im Allgemeinen war die Reaktion vorherzusehen. Erst kam der Schock, dann die Tränen und schließlich ein ruhiges Gespräch über den Lieben, den der Betreffende verloren hatte. Bei dieser Gelegenheit jedoch hatte der Gefangene mit einem plötzlichen Wutausbruch reagiert. Er sprang auf, begann Gegenstände vom Schreibtisch zu wischen, warf Bücherregale um, stieß schließlich einige Mal mit dem Kopf gegen die Wand. Dann schlug er sich wiederholt mit der metallenen Namensleiste, die auf meinem Schreibtisch gelegen hatte. Mein Büro war ein blutiges Schlachtfeld, bevor endlich Aufseher hereinkamen und ihn niederrangen.

Damals war man zu der Ansicht gekommen, ein Alarmknopf wäre eine Art Sicherung für solche Ausnahmefälle. Wie auch immer, einige Augenblicke bevor Ruiz das Gespräch von selbst beendete, spielte ich mit dem Gedanken, den Knopf zu drücken.

Als er mir den Hörer reichte, lächelte er wieder, als erwarte er eine Reaktion. Ich sagte nichts.

»Kann ich noch etwas bleiben?«, fragte er.

»David«, sagte ich, »es wartet eine Reihe von Leuten darauf zu telefonieren. Im Augenblick ist es wirklich ungünstig.« Er zuckte nur die Achseln. Die Probe war vorbei.

*

Heute, fast drei Jahrzehnte nachdem er den längsten Zivilprozess in der Geschichte der Vereinigten Staaten losgetreten hatte, sitzt David Ruiz, mittlerweile 59 Jahre alt, wieder ein. Anfang der 80er-Jahre begnadigt, erfreute er sich gerade mal etwas über ein Jahr der freien Welt, bevor er wegen eines weiteren Raubüberfalls verurteilt wurde und – als Gewohnheitsverbrecher eingestuft – lebenslänglich bekam.

Er lebt nun in einem Gefängnissystem, in dem es mittlerweile siebenmal so viele Anstalten gibt wie zu der Zeit, als er den Reformprozess in Gang gebracht hatte. Das Verhältnis von Gefangenen zu Aufsehern ist heute sechs zu eins. Es gibt heute mehr Gefängnisaufseher, als es zu der Zeit, als die Klage eingereicht wurde, Häftlinge gab. Und bei 146.000 Strafgefangenen bleibt die Überbelegung trotzdem ein ernstes Problem. Entmutigte Kriminologen, die die heutige Population der Haftanstalten mit der von vor drei Jahrzehnten vergleichen, kommen zu dem Schluss, dass die heutigen Strafgefangenen jünger, zorniger und weitaus gewalttätiger sind als alle ihre Vorgänger.

Und so drängt sich die Frage auf: Was hat man letztendlich erreicht?

*

Jüngst tat das Appellationsgericht des Fünften Bundesbezirks in einer dramatischen Kehrtwende einen Schritt hin zu einer Aufhebung der von Richter Justice erlassenen Entscheidung, das texanische Gefängniswesen unter Aufsicht des Bundes zu stellen. Zur Überraschung vieler fand der Richter, mittlerweile über 80 Jahre alt, es sei zu »enormen Verbesserungen« gekommen, und nahm die Oberaufsicht des Bezirks East Texas durch das Bundesgericht weitgehend zurück. Aus seiner Begründung freilich geht klar hervor, dass ihm der Schritt nicht leicht gefallen ist. Einige Aspekte des Systems, betonte er nachdrücklich, bedürften nach wie vor der Aufsicht durch den Bund. So komme es, wie er schrieb, nach wie vor zu Verfassungsverletzungen, was die Isolationshaft, den Schutz von Gefangenen vor Körperverletzung und Missbrauch sowie den Einsatz von übermäßiger Gewalt durch das Aufsichtspersonal angehe. Er kritisierte die Praxis, geisteskranke Gefangene über längere Zeit in Isolationshaft zu geben, und schrieb, Gefangene sähen sich nach wie vor dem physischen und sexuellen Missbrauch von Mitgefangenen ausgesetzt. Und er kritisierte die Androhung von Gewalt durch die Aufseher als Disziplinarmittel.

In anderen Bereichen gab er Texas die Kontrolle, wenn auch widerwillig, zurück. »Obwohl das Gericht«, so schrieb er, »nach wie vor zutiefst beunruhigt ist über das gegenwärtig unzureichende Maß an medizinischer Versorgung, eine dem System immanente bewusste Gleichgültigkeit gegenüber gesundheitlichen Bedürfnissen ist nicht festzustellen.«

Noch nach drei Jahrzehnten verlangt er Vollkommenheit in der unvollkommensten aller Welten.

Kapitel Elf

Eine der Forderungen, die Richter Justice im Namen der Sicherheit unserer Gefangenen stellte, war eine Feuerleiter an der vorderen Fassade des fünfgeschossigen Anstaltskrankenhauses. Die Wendeltreppe wurde gebaut und nie benutzt. Das änderte sich an einem Morgen Mitte der 80er-Jahre.

Der liebste Tag im Gefängnis war mir der Sonntag, und das aus einer ganzen Reihe von Gründen. Ich stand früh auf und besuchte einige der älteren Insassen, die als Hausarbeiter im Speisesaal tätig waren. Dann kamen Chorprobe und Vormittagsgottesdienst. Nach dem Mittagessen spazierte ich über den Hof oder durch den Besucherraum, wo ich mich mit Gefangenen und deren Angehörigen unterhielt. Am Sonntag schien innerhalb dieser Mauern einfach eine entspanntere Atmosphäre zu herrschen. Der unablässige Strom frisch gewaschener Gesichter aus der freien Welt, die Verschnaufpause vom strengen Arbeitsreglement und die Harmonien aus der Kapelle, die die Anstalt durchzogen, das alles rückte das Gefängnis so nahe ans Leben der normalen Bürgerwelt draußen wie nur irgend möglich.

Die Stimmung schien sich zu heben und eine geradezu greifbare Wärme breitete sich innerhalb der Mauern aus.

An jenem speziellen Sonntagvormittag, der mir deutlicher im Gedächtnis geblieben ist als irgendein anderer, hatte ich mein Büro verlassen, um zum Speisesaal hinüberzugehen, als ein Gefangener, der gleich neben dem Sportplatz mit Fegen beschäftigt war, den Besen ruhen ließ und mir zuwinkte. »Bis dann in der Kirche«, rief mir der weit über Siebzigjährige zu.

Er gehörte zu meinen Getreuen, ein stiller Mann, den seine

Alkoholsucht ins Gefängnis gebracht hatte. Trunkenheit am Steuer hatte zu einem tragischen Unfall geführt. Als ich ihn kennen lernte, saß er, nachdem er gegen die Bewährungsauflagen verstoßen hatte, bereits zum zweiten Mal. Jetzt hoffte er, dass der Bewährungsausschuss ihn für geläutert halten und ihm noch einmal eine Chance geben würde. Erst am Mittwoch zuvor war er zum Schluss des Abendgottesdienstes aufgestanden und hatte um ein Gebet für seine Sache gebeten.

An jenem Sonntag winkte ich ihm auf dem Weg zum Frühstück zu, ganz im Vertrauen darauf, ihn nicht mehr allzu lange bei uns zu sehen. Ich hatte so ein Gefühl, was seine Gebete anbelangte. Er war ein Mustergefangener und hatte im Kampf gegen die Sucht, die ihm das Leben zur Hölle gemacht hatte, gewissenhaft die Meetings der Anonymen Alkoholiker besucht.

Und im nächsten Augenblick war er tot.

Ich hatte eben die Treppe hinauf zum Speisesaal erreicht, da hörte ich eine Aufseherin schreien. Sie lief auf die Ecke des Krankenhausbaus zu, wo der Mann lag, der mir gerade noch gesagt hatte, wir würden uns gleich in der Kirche sehen.

Er war die Feuerleiter hinaufgeklettert und von ganz oben gesprungen. Schon vor dem Aufprall war er mit dem Kopf auf dem Backsteinmäuerchen um das Blumenbeet aufgeschlagen; er war auf der Stelle tot. Die Aufseherin erreichte ihn noch vor mir und kniete nieder; Tränen liefen ihr über die Wangen, als sie ihn in den Arm nahm.

»Als ich ihn gesehen habe, war er schon fast oben«, sagte sie. »Er hat einfach einen Schritt über die Kante getan.« Das Blut aus seinem offenen Schädel lief ihr auf die Uniform, aber sie ließ ihn nicht los, bis die Ärzte aus dem Krankenhaus gekommen waren. »Er war mir immer der Liebste«, weinte sie mit gepresster Stimme. Ihr Kummer war echt.

Schließlich zog man sie mit sanfter Gewalt von ihm weg und breitete eine Decke über die Leiche. Bald waren ein Friedensrichter und der amtliche Leichenbeschauer zur Stelle, und nachdem man den Toten untersucht und die Aussage der Aufseherin gehört hatte, entschied man auf Freitod.

Das Versprechen des herrlichen Sonntagmorgens hatte sich in Luft aufgelöst. Die Aufseher befahlen den Gefangenen, den Hof zu räumen und in ihre Zellen zurückzukehren; man gab Generaleinschluss für den Rest des Tages bekannt. Ich sagte Chorprobe und Vormittagsgottesdienst ab und konzentrierte mich auf die harte Pflicht, seine Angehörigen zu informieren.

*

An meinem Schreibtisch dann starrte ich die Akte an, in der ich die Nummer seiner Frau zu finden hoffte. Obwohl ich solche Anrufe öfter gemacht hatte, als mir lieb war, war es eine Aufgabe, bei der sich mein Magen immer wieder zusammenkrampfte.

Auch diesmal verkrampfte sich alles in mir, als ich eine Nummer in Kalifornien wählte. Noch schlimmer wurde es, als mir eine herzliche Stimme voller Schwung und Energie ans Ohr drang. Ich hatte schon ganz zu Anfang meiner Laufbahn als Seelsorger gelernt, bei schlechten Nachrichten nicht lange herumzureden. So groß der Wunsch auch sein mag, den Schock zu mildern, es geht einfach nicht.

»Ma'am«, sagte ich, »ich bin Kaplan Carroll Pickett. Ich rufe aus dem Gefängnis in Huntsville an.«

Sie war noch nicht einmal sonderlich überrascht. »Ach ja, ich weiß, wer Sie sind«, sagte sie. »Mein Mann hat Sie in seinen Briefen erwähnt.« Ich konnte mich des Gefühls nicht erwehren, dass sie meinen Anruf irgendwie erwartet hatte.

Ich sagte ihr, was passiert war.

»Er kann unmöglich tot sein«, sagte sie schließlich, ihre Stimme ganz brüchig von dem schweren Schlag. »Ich habe gerade meinen Koffer gepackt. Ich wollte morgen nach Texas fahren, um ihn abzuholen. Ich dachte, Sie rufen deswegen an.«

Ich wusste nicht so recht, wie ich das verstehen sollte.

»Na, vor zwei Wochen ist doch seine Bewährung durchgekommen«, erklärte sie. »Gestern waren die Papiere in der Post.« Sie hatte zu weinen begonnen. »Hat ihm das denn keiner gesagt? Hat er denn nicht gewusst, dass er nach Hause kann? Das ist doch nicht möglich! Ich habe allen unseren Freunden erzählt, dass er bald wieder zu Hause ist.«

Mein ganzer Körper schien taub zu werden. Vom anderen Ende der Leitung kam nur noch Schluchzen. Und schließlich, kaum vernehmbar, die herzzerreißende Feststellung: »Das ist doch nicht fair.«

Und das war es auch nicht. Man hatte die Papiere, die sie bekommen hatte, noch am selben Mittwochabend weggeschickt, an dem er meine Gemeinde in der Kapelle darum gebeten hatte, dafür zu beten, dass er seine Bewährung bekam. Wie hatte eine so wichtige, eine buchstäblich lebenswichtige Nachricht, wie man rückblickend sagen muss, nur untergehen können? Ein Fehler der Bürokratie? Wie leicht hätte sich in diesem Fall eine Verzweiflung, die zum Selbstmord geführt hatte, in Optimismus und Hoffnung verwandeln lassen, hätte den Mann die Nachricht rechtzeitig erreicht!

Kein Zorn ist frustrierender als der, für den das genau definierte Ziel fehlt. Ich war mir völlig sicher, dass man dem Mann die Entscheidung über seine Bewährung nicht in böswilliger Absicht vorenthalten hatte. Es gab niemanden, den man für diesen unnötigen Tod hätte verantwortlich machen können. Es war »das System« – der ständig wachsende Papierkrieg, die unzähligen Vorschriften, die niemand mehr alle kennen konnte, die oft unlogische Hackordnung der Verantwortlichkeiten und banale Forderungen wie die, dass Rühreier nach dem Geschmack des Einzelnen zuzubereiten waren; das System hatte versagt.

Ich legte auf und starrte dann aus dem Fenster. Es dauerte einige Minuten, bis ich die Kraft zum Aufstehen hatte. Als ich wieder in die Vormittagssonne hinaustrat, um zum Krankenhaus hinüberzugehen, spürte ich ihre Wärme noch nicht einmal. Zwei Aufseher standen neben der zugedeckten Leiche und warteten auf den Krankenwagen, der sie abtransportieren sollte.

Ich kniete neben dem toten Gefangenen und sprach ein kurzes Gebet. Ohne mich an jemand Speziellen zu wenden, gab ich die Erkenntnis einer Frau wieder, die sich bis vor einigen Minuten auf die Rückkehr ihres Mannes gefreut hatte. »Das ist einfach nicht fair«, sagte ich.

Die Aufseher, die mich gehört hatten, nickten beifällig.

*

Ein gut Teil unserer Gesellschaft scheint sich nicht von dem alten Aberglauben »einmal Knastbruder, immer Knastbruder« trennen zu wollen. Und auch wenn ich der Erste wäre, der der Meinung beipflichten würde, dass die überwiegende Mehrheit mit gutem Grund hinter Gittern sitzt und dass viele nie wieder auf freien Fuß gesetzt werden sollten, so traf ich auch auf Männer, deren Strafe in keinem Verhältnis zu ihrer Tat stand. Dann gab es welche, die meiner Ansicht noch nicht einmal ins Gefängnis gehört hätten, und andere, die zwar schuldig waren, ihre Tat aber aufrichtig bereuten und sich zu verantwortungsbewussten Menschen entwickelt hatten, die eine zweite Chance verdienten.

Man hat mich oft gefragt, welcher Prozentsatz von denen, die ich im Todeshaus besucht hatte, ihr Verbrechen aufrichtig bereute. Nun, auch wenn ich meine Einschätzung nicht wissenschaftlich untermauern kann, ich würde sagen, etwa 60 Prozent der Hingerichteten zeigten aufrichtige Reue für ihre Tat. Immer wieder traf ich dort Menschen, die in ihren letzten Stunden nichts mehr zu tun hatten mit der Person, die irgendwann einmal gedankenlos, auf einen Impuls hin, einen Mord begangen hatte. In The Walls selbst, also unter den Insassen, deren Strafe nicht mit der Hinrichtung endete, war der Prozentsatz der Reuigen und Rehabilitierten beträchtlich höher.

Auf jede finstere Seele, die mir begegnete, kam jemand, der die Trümmer seines kaputten Lebens zusammenklaubte und ein neues begann. Solche Beispiele für ein Funktionieren des Rehabilitationsgedankens in der Strafjustiz gab es durchaus.

Als Blue, der mir jahrelang als Schreibkraft zur Seite gestanden hatte, sich nach 20 Jahren Gefängnis seinem ersten Bewährungstermin näherte, vertraute er mir seine Zukunftspläne an. Er, der während seiner Haft einen so gewaltigen Appetit auf Bildung an den Tag gelegt hatte, wollte seine Bestrebungen mit einem Magistertitel krönen. In dem Bemühen, ihm für die Bildung zu danken, die er mir hatte angedeihen lassen (immerhin habe ich während unserer gemeinsamen Jahre von ihm weit mehr gelernt als er von mir), begann ich mich nach den Möglichkeiten eines Stipendiums für ehemalige Sträflinge umzuhören. Es überraschte mich nicht weiter, dass es so etwas nicht gab. Immerhin erfuhr ich schließlich von einer Studienbeihilfe von 12000 Dollar jährlich, die die University of Texas in Austin an Menschen mit einer »sozialen Behinderung« vergab. Ohne so recht zu wissen, wie man die Grenzen dieser eher obskuren Beihilfe definierte, schlug ich ihm vor, sich doch zu bewerben. Und er bekam sie.

Draußen in der freien Welt blühte er auf. Er machte seinen Magister und fand eine gute Stellung in der Elektronikbranche. Er heiratete. Wenn ich nach Austin kam, besuchte ich ihn gelegentlich, plauderte mit ihm über die alten Zeiten und hörte mir die Fortschritte in seinem neuen Leben an.

Im Lauf der Jahre schließlich haben wir uns – zwei Menschen im Stress ihrer Verantwortlichkeiten – aus den Augen verloren. Obwohl ich oft an Blue denken musste, so hörte ich doch immer seltener von ihm. Selbst an den besten Freundschaften nagt leider der Zahn der Zeit. Eines Tages im Frühjahr 1992 dann öffnete ich einen Brief, der den Poststempel eines kleinen Fischerdorfs in Montana trug.

Blue war dort auf Urlaub – dem ersten seines Lebens – beim Trekking in den Cabinet Mountains. Er schrieb:

> Was ich hier mache? Ich bin auf Schwarzbärenjagd. Aber das Riesenvieh, dem ich seit einigen Tagen auf der Spur bin, führt mich nur immer höher in die Berge – jeder Tag bringt mich näher an Ihren Gott, als ich ihm je gewesen bin. Worauf Sie vor nun so vielen Jahren, wie ich mich erinnere, mit einer Engelsgeduld hingearbeitet haben.
>
> Haben Sie versagt? Nein, auf gar keinen Fall, weil ich bei der Arbeit für Sie und mit Ihnen so einige dringend benötigte Lektionen fürs Leben gelernt habe, Lektionen, die mir noch heute dabei helfen, in der Gesellschaft zu funktionieren. Ihr Beispiel und Ihre Geduld haben mich gelehrt, Enttäuschungen und Fehlschläge zu akzeptieren und zu überwinden, und das nicht nur bei mir, sondern auch bei anderen. Sie haben es wahrscheinlich noch nicht einmal gemerkt, aber Sie haben mir beigebracht, wie man Erfolg hat. Und dafür werde ich Ihnen für immer dankbar sein.

Ich las seine wohlgesetzten Worte mehrere Male, bevor ich den Brief faltete und in den Umschlag zurückgab. Und es ging mir so gut wie schon seit langem nicht mehr.

*

Al, ein anderer meiner Assistenten, war ein ziemlich erfolgreicher Geschäftsmann gewesen, der in Dallas eine Leasingfirma für Löschzüge, Ambulanzen und Bestattungsfahrzeuge betrieben hatte, bevor er wegen des Mordes an seiner Frau ins Gefängnis gekommen war. Er hatte sie der Untreue verdächtigt und eines Tages zur Rede gestellt. Von Panik ergriffen war sie aus dem Haus gelaufen. Sie klopfte eben bei einem Nachbarn, als Al sie einholte und erschoss.

Als man ihm die Stelle bei mir übertrug, machte er keinen Hehl daraus, dass ihm das gar nicht schmeckte. Als ich ihm erklärte, dass ihm keine andere Wahl bliebe, zuckte er nur mit den Achseln. »Da haben wir uns wohl gegenseitig am Hals?«

»So könnte man sagen.«

Wie schon Blue vor ihm stellte er klar, dass er nicht zum Gottesdienst in der Kapelle kommen würde. Nur hatte er dafür einen anderen Grund. »Ich fühle mich da nur noch schuldiger für das, was ich getan habe«, erklärte er.

Mit der Zeit vertraute man ihm derart, dass er einen der Gefängnis-Lkw's fahren durfte. Er fuhr zwischen verschiedenen Anstalten hin und her und verbrachte so viel Zeit völlig unbeaufsichtigt. Und mit Hilfe eines Bruders, der ihn in jeder Hinsicht unterstützte, schaffte er es sogar, sein Geschäft zu behalten. Schließlich fand er auch den Weg in die Kapelle.

Als dann die Zeit für eine Entlassung zur Bewährung näher rückte, erklärte er, sich als Grundstücksmakler betätigen zu wollen; er hätte sich in seiner Freizeit damit befasst. Ob ich, so fragte er, bereit wäre, ihm eine Empfehlung für die Zulassungsbehörde zu schreiben?

Ich hatte nicht die geringsten Bedenken und kam seinem Wunsch, ohne zu zögern, nach.

Heute ist er wieder erfolgreich tätig, diesmal als Makler für Geschäftsimmobilien. Ich höre regelmäßig von ihm. Sein Bruder betreibt die Leasingfirma. Jahrelang war es für mich durchaus normal, bei einem Blick aus meinem Fenster gelegentlich eine Ambulanz oder einen Leichenwagen auf meiner Auffahrt zu sehen. Wenn er in der Nähe zu tun hatte, schaute sein Bruder nämlich bei mir vorbei, um mir zu versichern, dass es meinem ehemaligen Assistenten bestens gehe; er gab dann immer damit an, was sein Bruder seit seiner Entlassung alles erreicht hatte. Was immer davon im Einzelnen tatsächlich zutreffen mag, es ist immer schön, ihn zu sehen.

*

Als ich mich seinerzeit bereit erklärt hatte, im Gefängnis zu arbeiten, hatte man mich wiederholt davor gewarnt, mit Gefangenen zu vertraulich zu werden. Man würde mein Vertrauen nur ausnutzen, bekam ich zu hören. Freundschaften seien völlig unmöglich. Ich fragte mich damals, wie in aller Welt ein Geistlicher sich an solche Regeln halten sollte. Da ich mich für einen leidlich guten Menschenkenner hielt, entschloss ich mich, die Warnungen in den Wind zu schlagen.

Für so manchen Häftling, so lernte ich bald, war ein Freund das Kostbarste überhaupt.

Als Joseph Robicheaux, ein Schweißer mit dem zum Schneiden dicken Akzent eines Cajun, zum ersten Mal in mein Büro kam, war er der einsamste Mensch, der mir je untergekommen war. Da ich die Akte eines Häftlings aus Prinzip nicht las, wusste ich nicht, weshalb Robicheaux in The Walls war. Er sprach auch nie darüber. Er hatte draußen keine Familie, im Gefängnis kapselte er sich ab. Eines Tages kam er in mein Büro und sagte, er wüsste nichts über das Christentum. »Kann ich's mal versuchen?«, fragte er. Er war auf der Suche, ein Mensch, der verzweifelt jemanden brauchte, der ihm half.

Nur wenige Tage nach seinem Besuch erhielt ich einen Brief von der Oberschwester eines Krankenhauses im nahe gelegenen Livingstone. Wie schon so viele vor ihr fragte sie an, ob ich einen Gefangenen empfehlen könne, dem mit einem gelegentlichen Brief oder einer Karte geholfen wäre. In meiner Antwort nannte ich Joseph Robicheaux.

Sie begannen zu korrespondieren und schließlich kam sie an Sonntagen nach Huntsville, um ihn zu besuchen. Als er dann zur Bewährung entlassen wurde, wartete sie auf ihn, als er den ersten Schritt in die freie Welt draußen tat. Es dauerte nicht lange, und ich erhielt eine Einladung zur Hochzeit.

Sie sind seit 15 Jahren verheiratet. Erst jüngst habe ich einen Anruf von ihnen bekommen; es geht ihnen gut.

Im Lauf der Jahre haben mich viele entlassene Sträflinge gebeten, ihre Trauung zu übernehmen. Leider kamen dazu auch viel zu viele Beerdigungen. Aber selbst sie geben einem ein Gefühl der Wärme, das nur schwer zu erklären ist. Ich kann nur so viel sagen, dass es bei allem Schmerz auch etwas zutiefst Erfüllendes hat, wenn einen ein Freund mit seiner Beerdigung betraut.

Bobby Bell war ein Häftling, der vor langer Zeit einmal gedroht hatte, mich am Heiligen Abend zu töten – nur weil ich gedroht hatte, ihn seiner ständigen Albereien wegen von der Chorprobe auszuschließen; noch Jahre danach entschuldigte er sich dafür. Nach dreiundzwanzig Jahren im Gefängnis entließ man ihn schließlich zur Bewährung; er immatrikulierte sich an der Texas Tech University in Lubbock und machte dort einen Abschluss. Wie leider so viele andere Strafgefangene auch nahm er eine Hepatitis mit hinaus in die freie Welt. Als die Krankheit fortschritt, zog er zu seinem Bruder nach Lewisville. In den letzten Monaten seines Lebens rief er mich regelmäßig an, und jedes Mal hörte er sich etwas schwächer an. Irgendwann wurde selbst das Telefonieren zu anstrengend für ihn. Bei unserem letzten Gespräch brachte er nur noch ein Flüstern zustande. »Herr Kaplan«, sagte er, »könnten Sie mir einen Gefallen tun?«

»Was immer Sie brauchen.«

»Ich hätte gern, dass Sie meine Beerdigung übernehmen«, sagte er.

*

Mein Lebtag werde ich wohl nie auch nur erahnen, was Roy Villanueva durch den Kopf gegangen sein mag, als er vor nun schon einer Ewigkeit in Houston einem verdeckten Ermittler der Polizei 300 Dollar für den Mord an seiner Frau in die Hand drückte. Ich weiß nicht, welche Dämonen einen Menschen mit einem Magistertitel, einem guten Job und einer liebenden Familie reiten mögen, der ein solches Verbrechen plant. Alles, was ich weiß, ist, dass es ihn zehn Jahre seines Lebens gekostet hat. Ehrlich gesagt, ich wurde aus der ganzen Geschichte nie so recht schlau. Roys Gattin, die sich nach wie vor bester Gesundheit erfreute, kam regelmäßig nach Huntsville zu Besuch.

Wie auch immer, der Mann, den ich auf der Treppe vor der Gefängniskapelle kennen lernte, passte so gar nicht ins Profil des Sträflings. In dem Jahrzehnt, in dem ich ihn so gut wie täglich sah, war er immer freundlich zu mir, immer darauf bedacht, seinen Mitgefangenen zu helfen; gottesfürchtig, wie er war, hatte er sich damit abgefunden, gegenüber der Gesellschaft eine Schuld zu begleichen zu haben. Musikalisch begabt wie er war, leitete er jahrelang meinen hispanischen Chor.

Seine Mutter, die ihn fast jeden Sonntag besuchte, kam aus Kenedy (wo ich als Pastor angefangen hatte) und richtete ihren Aufenthalt so ein, dass sie den Gottesdienst in meiner kleinen Kirche in Shiro besuchen konnte, bevor sie nachmittags zu ihrem Sohn ging.

Als ich im Gefängnis anfing, gab es eine Vorschrift, laut der das Personal sich nicht in den Bewährungsprozess einmischen durfte. Als Villanueva für eine Bewährung in Frage kam, hatte man diese Vorschrift bereits etwas gelockert. Ich sei davon überzeugt, so schrieb ich dem Bewährungsausschuss, dass jeder weitere Tag, den Roy im Gefängnis verbrachte, reine Zeitverschwendung sei, das Ganze koste den Steuerzahler nur unnötig Geld. Ich bat den Ausschuss, seine Entlassung in Betracht zu ziehen.

Wenn ich heute, wie so oft, nach Austin fahre, um meine Enkel zu besuchen, die so furchtbar schnell groß werden, plane ich einen Besuch in einer beliebten Raststätte in einer kleinen Stadt am Rande des Texas Hill Country ein. Ich besuche dort den Geschäftsführer, Roy Villanueva. Er erzählt mir von der Kirche des Orts, in der er sich engagiert; er und seine Frau singen beide im Chor.

Vor einigen Jahren hat er einen Kurs für Leute besucht, die freiwillig mit Strafgefangenen arbeiten möchten, und heute besucht er regelmäßig Häftlinge, die kurz vor ihrem Bewährungstermin stehen, draußen jedoch niemanden haben, der sich um sie kümmert. Wann immer einer von seinen Schützlingen zur Pforte hinausgeht, steht Roy draußen, um ihm die ersten Schritte in der Freiheit zu erleichtern. Er hilft dem Entlassenen, neue Sachen zu kaufen, geht mit ihm essen und spricht dabei die nächsten Schritte mit ihm durch.

Es gibt noch andere. Der Wirtschaftsprüfer etwa, der bei der Firma, bei der er arbeitete, 250.000 Dollar unterschlug, ist ein gutes Beispiel. Zu zehn Jahren verurteilt, hat er nie auch nur einen Cent des gestohlenen Geldes ausgegeben. Er gab es noch vor seiner Entlassung aus The Walls an seinen ehemaligen Arbeitgeber zurück, zusammen mit Zins und Zinseszins, die es in seinem »Versteck« verdient hatte.

Nach seiner Entlassung stellte ihn die Firma wieder ein, die er bestohlen hatte. Er arbeitet dort bis auf den heutigen Tag.

*

Als Lenny Miller wegen eines Mordes ins Gefängnis kam, war er einer von 26 Männern jüdischen Glaubens bei uns in The Walls. Die Kapelle hatte Juden nicht viel zu bieten. Mit Lennys Hilfe änderten wir das.

Als hoch angesehener Koch, der er gewesen war, bevor er ins Gefängnis kam, half er mir sogar bei der Planung des allerersten Passahfests in der Chapel of Hope. Er machte mir eine detaillierte Liste all der Dinge, die für Festmahl und Feierlichkeiten des Sederabends benötigt werden, mit dem das einwöchige Fest beginnt, das an den Auszug der Israeliten aus Ägypten erinnert.

Alle Juden in der Anstalt nahmen an der Feier teil. Es war offensichtlich, dass Lenny stolz darauf war, eine so wichtige Rolle bei der Wiederbelebung des jüdischen Gottesdienstes in The Walls gehabt zu haben. Ich gewann einen Freund fürs Leben.

Jahre später, nach seiner Entlassung, kehrte er in seine Heimatstadt zurück, wo er ein Deli aufmachte. Er rief mich oft an, um mir von seinem neuen Leben zu erzählen und sich nach Freunden zu erkundigen, die noch im Gefängnis waren.

Eines Abends, ich schickte mich eben an, nach Hause zu gehen, da klingelte das Telefon, und er war dran. »Herr Kaplan«, sagte er, »ich habe da ein Problem, über das ich mit Ihnen sprechen muss. Kann ich kommen?«

»Sind Sie in Schwierigkeiten?«

Er lachte. »Ach was, nichts dergleichen. Es ist ein *gutes* Problem.«

Tags darauf erschien er in meinem Büro, zusammen mit einer attraktiven Frau. »Ich möchte heiraten«, erklärte Lenny und stellte mich dann seiner Verlobten vor. »Sie ist keine Jüdin«, erklärte er. Und da sie nicht jüdischen Glaubens war, konnte die Hochzeit nicht in einer Synagoge oder in einem Tempel stattfinden.

»Wir würden gern von Ihnen in Ihrer Kirche getraut werden«, sagte er.

*

Je weiter meine Tage als Gefängniskaplan in die Vergangenheit rücken, desto teurer werden mir solche Erinnerungen. Ich habe im Lauf der Zeit gute und böse Menschen kennen gelernt, von denen jeder die Narbe des einen oder anderen Verbrechens mit sich herumtrug, labile und unvollkommene Menschen, einige mit bemerkenswerter innerer Kraft, andere mit Galle in der Seele. Meine bösen Geister sind die langen Tage und Nächte im Todeshaus. Was mir Kraft gibt, das sind die Menschen, die über ihre Fehler triumphiert, die ihr Leben wieder aufgebaut haben, Menschen, die die helfende Hand eines Fremden nahmen und die zu ihren Lieben, zu Familie und Freunden zurückgekehrt sind.

Kapitel Zwölf

Selbst das Gefängnis hat seine Helden, Männer, die den Respekt, den man ihnen entgegenbringt, nicht etwa ihren Untaten verdanken, sondern dem Leben, das sie sich innerhalb der engen Grenzen ihrer Gefangenschaft geschaffen haben. Einer dieser Männer war O'Neal Browning.

Seit Beginn der 30er-Jahre schon freuten sich nicht nur Häftlinge auf das alljährliche Texas Prison Rodeo, das an den Sonntagnachmittagen im Oktober stattfand, sondern auch Tausende von Fans, die eigens dafür nach Huntsville fuhren. Am Wettbewerb teilnehmen konnte jeder Strafgefangene mit tadelloser Führung und genug Mumm in den Knochen, sich auf einen bockenden Bronco oder einen Bullen zu setzen, der nicht die geringste Lust auf einen Ausritt verspürte. Andere Häftlinge, die sich dieses begehrte Privileg durch gute Führung verdient hatten, wurden jeden Sonntag im Bus zur Arena gefahren, wo sie die Teilnehmer von einer streng bewachten Tribüne aus anfeuern konnten.

Das Rodeo bot alle Elemente, die man auch von einer professionellen Veranstaltung dieser Art erwarten konnte, also etwa Entertainer wie den Filmstar Tom Mix in der Anfangszeit und später Legenden der Countrymusic wie Willie Nelson und Loretta Lynn. Es diente dabei jedoch nicht nur als Zeitvertreib für Häftlinge und Vollzugspersonal, sondern brachte dem Gefängnis dringend benötigte zusätzliche Mittel für Fortbildung und Freizeitgestaltung. Zur Zeit, als ich meinen Dienst im Gefängnis antrat, verdiente man mit dem Rodeo fast eine halbe Million Dollar im Jahr.

Und auch den teilnehmenden Gefangenen winkte für ihre Bemühungen ein kleines Preisgeld. Eine der populärsten Disziplinen bestand darin, einem Brahman-Stier einen Tabakbeutel mit Geld – manchmal mehreren Hundert Dollar – ans Horn zu binden, bevor man ihn in die Arena ließ. Dann begann das Gerangel um den Zuschuss zum »Hausgeld«, mit dem der Sieger im Anstaltsladen einkaufen konnte, und nur der Mutigste und Beweglichste kam an das Geld. Beim großen Finale dann sah sich der Best All-Around Cowboy von einer Jury mit einer silbernen Gürtelschnalle belohnt.

Ich konnte nur darüber staunen, wie plötzlich alle an einem Strang zogen, wenn es um diese Veranstaltung ging. Die Sträflinge der Gefängnisfarmen trieben an den nahe gelegenen Flüssen die wildesten Rinder zusammen und fuhren sie in die Pferche der Arena. Die Frauen aus der Anstalt in Goree nähten die gestreiften Häftlingskostüme, in denen die Teilnehmer antraten. Die Redaktion der monatlich erscheinenden Gefängniszeitung verdoppelte ihre Anstrengungen, schrieb Artikel und trug Fotos für das Programmheft zusammen, das für jeden Sonntag gedruckt und verkauft wurde. Die handwerklich Begabten fertigten Leder- und kunstgewerbliche Artikel, die neben den Imbiss- und Souvenirständen auf dem kleinen Jahrmarkt zum Verkauf kamen, den man entlang der gesperrten Straße vor der Anstalt aufzog. Die Atmosphäre war überwiegend unbeschwert; es war eine Zeit, in der die trostlose Routine des Tagezählens für einige wenige Augenblicke verschwand.

Meine Aufgabe bestand darin, mich am Sonntagnachmittag mit den Sanitätern um die Verletzten zu kümmern, die womöglich anfielen. Falls jemand sich eine Rippe oder sonst einen Knochen brach – es war immerhin ein Rodeo –, sprach ich mit dem Verletzten, um zu erfahren, ob nicht vielleicht ein Angehöriger auf der Tribüne saß. Falls dem so war, ließ ich die Betreffenden so rasch wie möglich wissen, wie es ihm ging. In den seltenen Fällen, in denen ein Teilnehmer ins Krankenhaus musste, hatte ich ihn zu begleiten; wenn er jemandem Bescheid geben wollte, sagte er es mir, und ich gab die Nachricht weiter.

Auf diese Weise lernte ich auch den legendären O'Neal Browning kennen.

*

Er hatte 1949 für den Mord an seinem Vater, den er mit einer Axt erschlagen hatte, lebenslänglich bekommen. Auf einer Farm aufgewachsen, hatte ihn von frühester Jugend an nur zweierlei – Amateurrodeos und Alkohol – interessiert. Mit sechzehn hatte er am Cowboyleben geschnuppert, als er beim Rodeo der jährlichen Houstoner Mastviehausstellung die Tiere fütterte. »Das Vieh kam ein paar Tage früher, damit es ausgeruht war«, erinnerte er sich. »Zwei Tage vor der Show stellte man dann Cowboys ein, die hatten die Bullen und Broncos zu reiten, so dass die schon vor der Show so richtig schlecht aufgelegt waren. Die Cowboys kriegten fünf Dollar pro Ritt, also habe ich zugeschaut, wie die auf die Tiere raufkamen, wie sie sich festgehalten haben und so, und irgendwann bin ich dann zum Vorarbeiter gegangen und habe ihm gesagt, dass ich reiten will.«

Er hatte eine Todesangst, aber fünf Dollar waren damals eine Menge Geld. Einmal, so prahlte er, habe er an einem Nachmittag zwanzig Bullen geritten.

Kurz darauf begann er sich von zu Hause fortzuschleichen, um bei den Jackpot Rodeos in der Gegend mitzumachen, bei denen der Sieger die gesammelten Startgelder bekam. Trotz eines bescheidenen Erfolgs bekam er hinterher zu Hause ordentlich was zu hören. Seine Mutter, die Angst um ihn hatte, verlangte, dass er damit aufhörte; sein Vater war der Ansicht, er täte besser daran, zu Hause auf der Farm auszuhelfen, wo man gerade mal so über die Runden kam.

Die Ängste von Brownings Mutter erfüllten sich eines Sommerabends, als ihr Sohn wieder einmal ausgebüxt war, um auf einer Nachbarranch das »Roping«, das Fangen und Fesseln von Ochsen, zu üben. »Ich hatte gerade einen gefangen«, sagte er, »aber den Daumen in der Schlinge gelassen. Das Vieh macht einen Ruck und reißt mir den Daumen ab, aber ganz glatt. Es ging so schnell, dass ich es noch nicht mal mitgekriegt habe, bis ich das Blut sah.«

Die Frau des Ranchers hatte ihn sofort ins Krankenhaus gefahren, und als Browning später nach Hause kam, war die ganze Hand dick bandagiert. Erst als er die Bandagen das erste Mal ganz abnahm, erfuhren seine Eltern, dass er einen Daumen verloren hatte.

Browning lachte, als er die Geschichte erzählte. »Und ich hab noch Glück gehabt«, sagte er immer. »Wär's mein rechter Daumen gewesen, ich hätte mich doch beim Bullenreiten nicht festhalten können.«

Als ich ihn kennen lernte, war er bereits der berühmteste Häftling, der je am Gefängnisrodeo teilgenommen hatte. Schon 1950, kaum ein Jahr nach seiner Einlieferung in Huntsville, hatte er die Silberschnalle gewonnen, die es für den Sieger gab. Während der nächsten drei Jahrzehnte gelang ihm das sage und schreibe noch weitere sechs Mal. Jedes Jahr, wenn die Ausscheidungen begannen, hingen andere Gefangene an seinen Lippen, wenn er ihnen beschrieb, wie sie sich an dem Strick um den Hals des Bullen festhalten sollten oder wie man im Sattel die Balance hielt, bevor man sich auf den rasenden Ochsen warf, um ihn niederzuringen. Man erzählte sich, wie er sich 1970 beim Bullenreiten gleich am ersten Sonntag ein Bein gebrochen und trotzdem die nächsten Wochenenden keine Veranstaltung ausgelassen hatte.

Ich hatte die Geschichte von mehreren Gefangenen gehört. Am Sonntag nach seiner Verletzung trat Browning auf Krücken an. Mitgefangene halfen ihm auf die Tiere, die er zu reiten hatte. Und auch wenn er dieses Jahr nicht All-Around Cowboy wurde, er schaffte immerhin einen respektablen sechsten Platz.

Das jedoch war keine von den zahlreichen Geschichten über O'Neal Browning, die man sich am häufigsten erzählte.

Einmal schaute er gerade seinen Mitbewerbern zu, während er auf seinen nächsten Ritt wartete, als er sah, wie ein junger Cowboy, der zum ersten Mal bei einem Rodeo antrat, von einem Bullen abgeworfen wurde. Der Bulle, nicht zufrieden, sich von seinem Reiter befreit zu haben, begann den benommenen Mitbewerber anzugreifen. Browning sprang instinktiv von dem Zaun, auf dem er saß, sprang auf den Bullen zu und schlug ihm den Hut über die Flanken, um ihn von dem gestürzten Reiter abzulenken.

Das Tier richtete seinen Zorn auf Browning und jagte ihn bis an den Arenarand, wo es ihn zwischen die Hörner nahm und gegen den Bretterzaun drückte. Es bedurfte keiner großen Überredungskünste, Browning dazu zu bekommen, die Geschichte nochmal zu erzählen. »Ich schätze«, sagte er dann und ließ einen glänzenden Goldzahn sehen, während ihm ein Funkeln in die kaffeebraunen Augen trat, »ich hab Glück gehabt, dass ich damals nicht dicker gewesen bin. Er hat mir so schon die Haut abgezogen, hier links und rechts am Brustkorb, mit den Hörnern. Wäre ich nur ein bisschen kräftiger gewesen, die hätten mich damals vom Platz getragen, mausetot.«

Als ich ihn kennen lernte, war er bereits ein liebenswürdiger, leiser Mann, aber wie so viele andere auch hatte er sich ungemein schwer getan, sich im Gefängnis einzuleben. Als junger Mann war er ein zorniger, raufklustiger Einzelgänger gewesen. Er hatte sich weder die Mühe gemacht, sich mit jemandem anzufreunden, noch ein Musterhäftling zu sein. »Ich hatte Komplexe«, gab er zu, »ich fühlte mich immer gleich angegriffen. Heute bin ich gescheiter.« Da er in der zweiten Klasse von der Schule abgegangen war, verfügte er über keinerlei Bildung. »Ich wollte bloß raus hier«, erinnerte er sich, »ich habe an nichts anderes gedacht.«

Was ihm auch einmal gelang, gerade mal ein Jahr nach seiner Einlieferung, wenn auch nur für kurze Zeit. 1951 arbeitete er in der gefängniseigenen Baumwollfabrik, aus der er und zwei Mitgefangene am helllichten Tag ausbrachen. Während ein Aufseher ans Telefon ging, waren sie wagemutig in einen Pferch gleich nebenan gelaufen und zu Pferde geflohen. Drei Tage und zwei gestohlene Autos später saßen alle drei wieder hinter Schloss und Riegel.

»Damals ist mir langsam klar geworden, dass mir nichts anderes übrig blieb, als das Beste draus zu machen«, sagte er. Er begann die Schulbank zu drücken und schaffte schließlich die für den High-School-Abschluss nötigen Voraussetzungen. Er ging zu den Anonymen Alkoholikern und fand den einen oder anderen Freund. Und natürlich verdiente er sich besagten Respekt als Rodeocowboy.

O'Neal Browning lernte, seine Zeit abzusitzen.

Elf Jahre später gewährte man ihm eine Entlassung auf Bewährung, und er nahm den Bus nach Dallas, wo man ihm einen Job besorgt hatte. Es war noch nicht einmal ein Monat vergangen, als Browning die Gefängnisverwaltung anrief, um zu sagen, dass er für den Mann, bei dem man ihn untergebracht hatte, unmöglich weiterarbeiten konnte. Er bat darum, wieder ins Gefängnis zurückkommen zu dürfen.

»Die haben mich vielleicht aufgezogen, als ich wiedergekommen bin«, erinnerte er sich. »Ein paar von den Jungs meinten, ich wäre bloß wiedergekommen, weil das Rodeo vor der Tür stand und ich das nicht versäumen wollte. Aber so war's natürlich nicht. Ich hatte mich da nur auf was eingelassen, wo nichts Gutes bei rauskommen konnte. Also habe ich mich entschlossen, wiederzukommen in der Hoffnung, später noch mal Bewährung zu kriegen und zu jemandem zu kommen, mit dem ich auskommen könnte.«

Diese Hoffnung erfüllte sich im Jahr darauf, und er verbrachte ganze zwei Jahre in Freiheit, in denen er für einen Rancher in der Nähe von Dallas einen Viehtransporter fuhr, Pferde zuritt und als Landschaftsgestalter tätig war. An den Wochenenden nahm er an

Amateurrodeos teil. Von seinen Erfolgen ermutigt, beantragte und bekam er die Mitgliedschaft in der Rodeo Cowboys Association, so dass er an professionellen Veranstaltungen teilnehmen konnte. Es dauerte nicht lange, und er hatte Erfolg bei kleineren Veranstaltungen. Die alten Gewohnheiten jedoch wurden ihm einmal mehr zum Verhängnis.

»Ich fing wieder an zu trinken, und das ziemlich schlimm«, gab er zu. »Und in der Großstadt, bei all den Bars und den hübschen Frauen, da braucht man eben eine Menge Geld, um über die Runden zu kommen. Und irgendwie schien's bei mir nie zu reichen. Da habe ich eben den Fehler gemacht, es auf die einfache Tour verdienen zu wollen.«

Nachdem man ihn verhaftet und wegen Einbruchdiebstahls und Besitz von Diebesgut vor Gericht gestellt hatte, kam O'Neal Browning wieder ins Gefängnis zurück, diesmal, um dort alt zu werden, und nur dieser eine Monat im Jahr machte ihn wieder zum Star.

*

Anfang der 80er-Jahre dann, als er seine unglaubliche Gewinnstrecke auf ein viertes Jahrzehnt auszudehnen versuchte, fand er seinen Meister in einem Bullen namens White Lightning. Trotz einiger gebrochener Rippen schaffte Browning es, wieder auf die Beine zu kommen und legte zum Gruß die Finger an den Hut, bevor er die Sanitäter in die Arena winkte; dann ging er in die Knie. Ich schloss mich den Sanitätern – auch sie Häftlinge – an, als sie zu ihm liefen, um ihn zu untersuchen.

Als er so im Sand der Arena lag, unter den Augen von 15000 schweigenden Zuschauern, war O'Neal Browning nicht mehr der geschmeidige Cowboy mit den stählernen Muskeln, der er einmal gewesen war. Graue Strähnen spitzten unter seinem Strohhut hervor. Als ich neben ihm kniete, sah ich das Netz feiner Fältchen, das sein einst jugendliches Gesicht zu überziehen begann. Ich fand, er sollte endlich ans Aufhören denken, schließlich müssen das alle Sportstars früher oder später einmal.

»Hast du Schmerzen?«, fragte einer der Sanitäter.

Browning grinste. »Nur wenn ich schnaufe oder mit den Wimpern klimper«, antwortete er. Später dann, auf dem Krankenhausbett, den Brustkorb fest bandagiert, die Lider schwer von den Schmerzmitteln, die man ihm gegeben hatte, fragte ich ihn, ob er etwas brauche. Er nickte und nannte mir eine Kreuzung unweit der Rodeoarena. »Sie werden da eine Frau finden, in einem hübschen Kleid, und ich verspreche Ihnen, die haut Sie um«, flüsterte er schläfrig. »Sie steht immer an der Ecke, wenn wir mit dem Bus zurückfahren, sie winkt und wirft mir Kusshändchen zu. Ich möchte nicht, dass sie sich Sorgen macht, wenn sie mich nicht sieht.«

»Wenn Sie da vorbeifahren könnten, ihr sagen, dass ich okay bin«, sagte er, »ich wäre Ihnen wirklich dankbar.«

Die Ecke, die er mir beschrieben hatte, war leicht zu finden. Und tatsächlich stand dort eine hübsche Frau an der Straße, allein, in einem frisch gestärkten Kleid und hochhackigen Schuhen, eine Handtasche an der Seite. Mit der anderen Hand schützte sie die Augen gegen die tiefstehende Sonne des Spätnachmittags.

Ihre Enttäuschung war deutlich zu sehen, als ich ihr erklärte, dass O'Neal Browning erst später ins Gefängnis zurückfahren würde. Als ich ihr versicherte, dass seine Verletzungen nicht ernsthaft seien, lächelte sie herzlich. »Könnten Sie ihm was ausrichten?«, fragte sie.

»Nur zu gern.«

»Sagen Sie ihm, dass ich ihn liebe und dass es mir gut geht«, sagte sie. Dann wandte sie sich ab und machte sich wieder auf den langen Heimweg.

Als ich hinter ihr her sah, drängte sich mir die Frage auf, wie viele Jahre Einsamkeit und Kummer sie wohl hinter sich hatte – was für eine bemerkenswerte Geduld, die zweifelsohne immer und immer wieder auf die Probe gestellt worden war. Aber sie hatte dort an dieser Straße gestanden und – Gott allein weiß, wie lange – auf die paar flüchtigen Sekunden gewartet, die ein alter Gefängnisbus an ihr vorbeirumpeln würde, um jemandem eine Liebe zu beweisen, wie sie nur wenige je erfahren.

Mir kam in diesem Augenblick der Gedanke, dass O'Neal Browning weit mehr hatte, wofür er dankbar sein konnte, als seine Sammlung von Rodeotrophäen.

Kapitel Dreizehn

Jeden von uns beschleicht irgendwann im Leben einmal eine beunruhigende Furcht vor der Dunkelheit. Sie sucht uns zum ersten Mal in der Kindheit heim, wenn eingebildete Geräusche unter dem Bett oder das harmlose Rascheln eines vom nächtlichen Sommerwind bewegten Vorhangs entsetzliche Visionen von lauernden Märchenmonstern heraufbeschwören. Bei manchen hält sich diese Bangigkeit bis weit ins Erwachsenenalter; die Spätnachrichten können sie ebenso auslösen wie eine unglücklich gewählte Bettlektüre. Irgendwann aber geht sie über in die Sorge um die Sicherheit anderer, die unserer Kinder etwa, die über dunkle Straßen voll achtloser Autofahrer rasen, um bis Mitternacht zu Hause zu sein, oder die eines unserer Lieben, der spät nachts noch über den schlecht beleuchteten Parkplatz vor seinem Büro muss. Mit Einbruch der Dunkelheit stellt sich bei uns das beklemmende Gefühl der Schutzlosigkeit ein. Und auch wenn wir es selten ansprechen, was immer wir nicht kontrollieren zu können meinen, das Unbekannte, das sich in finsteren Winkeln versteckt, macht uns Angst. Ein Leben lang hat man uns beigebracht, dass im Dunkeln das Böse lauert. Unsere schlimmsten Feinde sind die, die wir nicht sehen.

Ganz besonders gilt dies für einen ganz bestimmten Feind, und das ist der Tod.

Im Todeshaus gab es ein einziges kleines Fenster. Nur wenn es offen war, kam frische Luft herein. Das Sonnenlicht, das durch dieses Fenster hereinströmte, hellte meiner Ansicht nach die Kerkeratmosphäre ein wenig auf. Hatten die Gefangenen sich erst einmal mit der Umgebung abgefunden, in der sie ihre letzten

Stunden verbringen würden, sahen sie sich unweigerlich von diesem Fenster angezogen, einer wie der andere. Ob sie nun mit Verwandten sprachen, Papiere ausfüllten oder einfach nur etwas lasen, immer wieder fiel ihr Blick auf dieses Fenster, und mit jedem dieser Blicke wurde ihre Stimmung noch düsterer als zuvor.

Irgendwann wurde mir klar, warum. Das kleine Guckloch in die Welt draußen bot keinen Trost; es war nur eine unerbittliche Erinnerung daran, dass die Zeit verrann. Mit dem Längerwerden der Schatten, mit Einbruch erst der Dämmerung, dann der Dunkelheit spürte ich eine wachsende Nervosität, die für mich zunächst nur damit zu erklären war, dass die Gedanken der Gefangenen sich auf das richteten, was vor ihnen lag. Und auch wenn das natürlich nicht von der Hand zu weisen war, irgendwann kam ich darauf, dass dieses Fenster, durch das sich für den Verurteilten das langsame Herannahen der letzten Nacht seines Lebens verfolgen ließ, für ein Maß an beklemmender Angst sorgte, wie es keine Uhr der Welt hätte hervorrufen können.

Es wurmte mich, dass ich so lange gebraucht hatte, um das zu verstehen. Mein Unvermögen, ein elementares Problem zu erkennen, hatte meine Aufgabe – die laut Pursley darin bestand, die Gefühle des Gefangenen in den Griff zu bekommen, ihn einzulullen, ihm zu helfen, so gut es nur ging – unterminiert. Die Lösung war denkbar einfach. Ich bat um die Erlaubnis und bekam sie auch, die Fensterscheiben schwarz übermalen zu dürfen, um den verräterischen Übergang vom Tag zur Nacht zu kaschieren.

Worauf die bange Erwartung so gut wie verschwand. Ohne die Möglichkeit, das Heraufziehen der gefürchteten Dunkelheit zu verfolgen, hatte der Verurteilte weniger Angst.

Es war nur eine unserer kleinen, aber wichtigen Veränderungen an der Prozedur.

Schon früh wurde mir klar, dass jeder, den man zur Hinrichtung nach Huntsville verbrachte, eine andere Einstellung mitbringen würde. Legte der eine eine frivole Arroganz an den Tag, war der nächste vielleicht trübsinnig und nervös. Manche saßen erst einmal brütend da. Es war wichtig, die jeweilige Verfassung so rasch wie möglich zu erkennen und sich darauf einzustellen. Dazu gehörte auch, dass die Aufseher, die man für die letzte Wache abstellte, zu den seelisch Reiferen des Personals gehörten.

Ich hatte erlebt, wie die Angst Vollzugsbeamten den kalten Schweiß auf die Stirn trieb; es war nicht zu übersehen, dass sie dieser Dienst völlig aus der Fassung brachte. Ganz nach der Methode, nachts auf dem Friedhof zu pfeifen, kaschierten sie ihr ungutes Gefühl hinter pausenlosem Gewitzel. In dem unangebrachten Versuch, die Stimmung aufzulockern, reizten sie jedoch die Verurteilten nur. Wirkten sie auf der anderen Seite selbst zu düster, färbte auch das rasch auf den Betreffenden ab. Es war von entscheidender Bedeutung, die richtige Balance zu finden, sachlich aufzutreten und nach Möglichkeit alles zu vermeiden, was den Verurteilten befremden und damit aufbringen könnte.

Am schwierigsten zu deuten waren die geistig Zurückgebliebenen unter den Gefangenen. Bei allen Versicherungen aus Austin und Washington, es würde bei uns niemand hingerichtet, der geistig nicht voll und ganz nachvollziehen könne, was ihm da passierte – all die Unzurechnungsfähigen unter denen, die ich bis zum Augenblick ihrer Hinrichtung begleitet habe, lassen mich da doch anderer Meinung sein.

Bei den meisten Verurteilten, die aus dem Todestrakt in Ellis zu uns kamen, enthielt die Tasche mit der persönlichen Habe neben Toilettenartikeln auch Fotos von Angehörigen oder einer Freundin, Briefe, juristische Dokumente, vielleicht auch ein paar Taschenbücher. Als Johnny Paul Penry 1989 das erste Mal ins Todeshaus kam, hatte er Buntstifte, ein Malbuch und einige Comics dabei, die er nicht lesen konnte; 1956 geboren, glaubte er noch an den Weihnachtsmann. Sein Intelligenzquotient von 60 lag 40 Punkte unter dem, den Pädagogen für normal erachten.

Er konnte weder lesen noch schreiben, noch konnte er alle Wochentage oder Monate aufzählen.

Sein Leben war fast so alptraumhaft gewesen wie das Verbrechen, für das er verurteilt worden war. Während des Verfahrens hatte eine Schwester von ihm ausgesagt, ihre Mutter habe Penry regelmäßig mit Gürtel und Besen geschlagen; bei zahlreichen Gelegenheiten habe sie ihn mit kochendem Wasser verbrüht und zur Strafe gezwungen, seinen Kot zu essen und seinen Urin zu trinken. Wenn er als Kind das Bett nässte, hatte sie brennende Zigaretten auf ihm ausgedrückt und damit gedroht, ihm den Penis abzuschneiden. Er lebte im Käfig seines auf den Kopf gestellten Kinderbetts und bekam oft tagelang nichts zu essen. Im Alter von zehn Jahren diagnostizierte das Institut für Erwachsenen- und Kinderpsychiatrie der University of Texas in Galveston eine Reihe von Verhaltensstörungen und erklärte ihn für geistig zurückgeblieben. Zwei Jahre später verbrachte er einige Zeit an der Staatlichen Schule für Geistig Zurückgebliebene im texanischen Mexia.

Mit 17 hatte man ihn wegen Brandstiftung verhaftet und die Einlieferung ins Rusk State Hospital, einer weiteren Anstalt für geistig Behinderte, angeordnet, wo man Psychosen diagnostizierte, die man auf ein in der Kindheit erlittenes Gehirntrauma zurückführte.

Als man ihm 1980 wegen Mordes den Prozess machte, führten seine Anwälte ins Feld, gegen ihren auf dem geistigen Niveau eines Sechsjährigen stehen gebliebenen Mandanten die Todesstrafe zu verhängen, habe mit Gerechtigkeit nichts zu tun.

Aber so erdrückend, wie die Beweislast gegen ihn war, verurteilte man ihn dennoch zum Tod. Das Verbrechen, das er begangen hatte, war ja auch abscheulich genug.

Es geschah an einem Oktobervormittag des Jahres 1979. Pamela Carpenter, eine junge Hausfrau, war eben dabei, Dekorationen für den Halloweenabend auszuschneiden, als es klopfte. Als sie die

Haustür öffnete, erzwang Johnny Penry sich Zutritt, schlug auf die Frau ein und vergewaltigte sie. Als sie sich seiner zu erwehren versuchte, stach er mit ihrer eigenen Schere auf sie ein. Er hielt sie für tot und lief aus dem Haus.

Carpenter war jedoch noch am Leben. Es gelang ihr, die Polizei zu rufen und ihren Angreifer zu identifizieren. Sie sagte außerdem, sie glaube Penry beim Kampf mit der Schere verletzt zu haben. Sie starb, noch bevor der Krankenwagen eintraf.

Die Polizei ging auf der Stelle zu dem nahe gelegenen Haus, wo Penry seit seiner Entlassung zur Bewährung (er war bereits einmal wegen Vergewaltigung im Gefängnis gewesen) wohnte. Als er auf das Klopfen der Beamten hin öffnete, hatte er noch die Blutflecken auf dem Hemd. Als man ihn danach fragte, gestand er sofort. »Ich will's nicht länger auf dem Gewissen haben«, sagte er. »Ich war's.«

Im Lauf der Jahre wurde Johnny Penrys Fall zum Zankapfel zwischen Organisationen, die sich für die Rechte von Angeklagten und geistig Behinderten einsetzen, und Befürwortern der Todesstrafe. Besonders vernehmbar war unter Letzteren ein Mann, den ich lange bewundert hatte: Mark Moseley, Platzkicker für die Washington Redskins und Pamela Carpenters Bruder. In den Jahren nach dem Mord an seiner Schwester betonte er wiederholt, es sei an der Zeit, die Angelegenheit, die seine Familie so schwer mitgenommen hatte, endlich zu einem Ende zu bringen. Penry, so erklärte er, habe nicht nur eine, sondern zwei faire Verhandlungen erhalten. Man habe seinen Fall durch sämtliche Gerichte des Landes gezogen, Strafrechtswissenschaftler wie Medien hätten ihn endlos diskutiert. Seine Verabredung mit dem Tod, so hatte Moseley jahrelang gesagt, sei überfällig.

An dem Abend jedoch, den ich mit Penry verbrachte – ich versuchte ihm vergeblich klar zu machen, was passieren würde, wären wir erst einmal in der Todeskammer –, ging der Supreme Court dazwischen und schob die Hinrichtung auf.

Ich ertappte mich einmal mehr bei der Frage, wie es sich in diesem Fall mit den schwierigen Konzepten »Gerechtigkeit« und »Fairness« verhielt. Gewiss, das Leid des Opfers und ihrer untröstlichen Familie verfolgten mich, und ja, im Lichte der Tatsache, dass er zweimal vergewaltigt und einmal getötet hatte, bestand nicht der geringste Zweifel daran, dass Penry ein Verbrecher war und eine beständige Gefahr für die Gesellschaft darstellte. Ganz eindeutig war er krank und seine Auffassung von Gut und Böse durch lebenslangen Missbrauch getrübt.

Dennoch, die Aufgabe, die mir da zufiel, war moralisch außerordentlich vielschichtig und voller Probleme, um die die Gesetzgeber sich meiner Ansicht nach nicht gekümmert hatten. Nein, ich wollte die John Paul Penrys nicht frei auf dieser Welt herumlaufen sehen, damit sie sich weiter unschuldige Opfer suchen, weitere Familien zerstören konnten. Und ja, selbstverständlich gehörte Penry bestraft. Aber den staatlich sanktionierten Mord an einem Menschen anzuordnen, der noch nicht einmal verstehen konnte, worum es dabei ging, an jemandem, dessen kindlicher Verstand nicht zu erfassen vermochte, warum er sterben sollte, das verstieß gegen alles, woran ich als Mensch und Christ glaube.

In jener Nacht vor nun schon so vielen Jahren, bevor die Entscheidung des Obersten Gerichtshofs ihn rettete, sah ich Penry nach seiner Henkersmahlzeit, während die Stunden vor seiner Hinrichtung vertickten, müßig in einem Comic-Heft blättern. Als er sich die bunten Bilder ansah, lachte er – ganz in dieser Märchenwelt verloren – hin und wieder leise in sich hinein.

Mir liefen bei diesen unschuldigen, kindlichen Lauten Schauer über den Rücken.

*

Eine beunruhigende Ähnlichkeit mit Penry hatte Carlos DeLuna.

Ihn hatte man 1983 für den Raubmord an der vierundzwanzig Jahre alten Tankwartin Wanda Jean Lopez aus Corpus Christi zum Tode verurteilt. Laut Polizeibericht hatte Lopez noch mit dem Notruf telefoniert, um eine Beschreibung des Mannes durchzugeben, der sie beraubt hatte, als DeLuna sie erstach. Das Letzte, was der Beamte am Telefon hörte, war die flehentliche Bitte der Anruferin, ihr nichts zu tun.

DeLuna flüchtete zu Fuß mit dem bisschen Geld, das in der Kasse gewesen war. Die Polizei fand ihn kurz darauf, nur wenige Straßen weiter, unter einem geparkten Lkw.

Obwohl er bereits siebenundzwanzig war, als ich ihn kennen lernte, wirkte er weit jünger. Dass er irgendwie durch die neun Jahre Volksschule gekommen war, sagt nichts Gutes über unser Schulsystem. Als wir uns unterhielten, versuchte ich mir meine eigenen Kinder, die damals Teenager waren, dabei vorzustellen, wie sie der Vorstellung ihres eigenen Todes beizukommen versuchten.

Bei seiner Ankunft im Todeshaus zeigte er genau die Charakteristika, die ich von Penry her kannte; wie oft hatte ich darum gebetet, sie nie wieder sehen zu müssen. Wie einige andere, die mir vor ihm begegnet waren, verstand er nicht so recht, warum er dort war.

Die Anzeichen waren immer dieselben. Während Gefangene von durchschnittlicher Intelligenz oder darüber konzentriert waren, wirkten die mit niedrigem IQ desorientiert, ihre Gedanken sprangen von einem Thema zum anderen. Allen volkstümlichen Meinungen zum Trotz stocherten selbst die meisten derer, die sich eine aufwendige letzte Mahlzeit bestellt hatten, nur darin herum. Die geistig Behinderten dagegen zeigten in dieser Situation ausnahmslos einen gewaltigen Appetit. Wenn es Zeit wurde, die Prozedur zu beschreiben, die sie in der Todeskammer erwartete, hatten die meisten eine endlose Reihe von Fragen. DeLuna interessierte dagegen nur eines: Würde es weh tun, wenn man ihm die Nadeln in die Arme steckte?

»Nicht schlimmer als eine Spritze beim Doktor«, versuchte ich ihm zu erklären.

»Sie versprechen, dass es nicht weh tut?«

»Ich verspreche es.«

»Halten Sie meine Hand?«

Das, so sagte ich ihm, würde nicht gehen.

»Warum nicht?«

Weil, so erklärte ich, seine Hände an der Bahre festgeklebt wären. Wie schon so oft zuvor erklärte ich, dass der Direktor die Brille abnehmen würde, als Zeichen dafür, mit den Injektionen zu beginnen. Danach, so versicherte ich ihm, würde es zwischen sieben und zwölf Sekunden dauern, bevor die Bewusstlosigkeit eintrat. Bevor wir uns auf den Weg machten, zählten wir einige Male zusammen: eins … zwei … drei …

Als wir dann jedoch in die Todeszelle kamen, trat ein Ausdruck höchster Verwirrung auf sein Gesicht; der Blick seiner stechenden braunen Augen suchte den meinen. *Was machen die denn da? Was wollen die von mir? Wann kann ich wieder nach Ellis?* Als das Fixierteam ihn auf die Bahre fesselte, versperrten sie ihm kurz die Sicht. »Wo ist denn der Kaplan hin?«, rief er mit kindlicher Stimme. Ich stellte mich sofort so, dass er mich sehen konnte. »Hier bin ich«, sagte ich ihm. »Ich lasse Sie schon nicht allein.«

Er reagierte mit einem Lächeln. »Es ist bald vorbei«, versicherte ich ihm.

»Halten Sie meine Hand?«

»Carlos, ich habe Ihnen doch gesagt, dass das nicht geht.«

»Warum nicht?« Ja, warum eigentlich nicht?

Vom Fußende der Bahre aus versicherte ich ihm erneut, in einigen Sekunden wäre alles vorbei. Er würde es schon merken, flüsterte ich, wenn die Chemikalien in seinen Körper liefen. »Atmen Sie aus«, sagte ich. Ich wiederholte damit den Rat, den mir ein Arzt für solche Fälle gegeben hatte. »Bis keine Luft mehr in der Lunge ist, dann schlafen Sie schneller ein.«

Damit legte ich ihm eine Hand auf den Knöchel.

Kurz darauf hob der Direktor die Brille, die Chemikalien

begannen zu fließen, die Sekunden tickten dahin. Sie streckten sich zur Ewigkeit. Weit über die zwölf Sekunden hinaus, die ich ihm versprochen hatte, spürte ich noch immer einen Puls unter meiner Hand. Carlos DeLunas Augen blieben geöffnet; enttäuscht und ängstlich starrte er mich an. Ich war mir sicher, seine Gedanken zu lesen: *Sie haben mich angelogen. Sie haben es mir versprochen. Warum haben Sie mich angelogen?*

Ich spürte, dass ich selbst zu zittern begann, als noch einige weitere qualvolle Sekunden vorbeikrochen, bevor er schließlich starb. Seine Augen blieben geöffnet, und als ich auf seinen leblosen Körper hinabsah, bemächtigte sich meiner das Gefühl, versagt zu haben. Er war der 33. Häftling, den man hingerichtet hatte, seit ich Gefängniskaplan geworden war, und zum ersten Mal hatte ich das Gefühl, jemanden im Stich gelassen zu haben.

Nachdem alle gegangen waren, blieb ich zurück, um auf die Leute vom Bestatter zu warten, die die Leichen abholten. Der Direktor war gegangen, die Aufseher, die Leute, die die tödlichen Chemikalien verabreicht hatten, und auch die Zeugen waren längst wieder fort. Ich war allein in einer stillen, sterilen Welt, der ich in diesem Augenblick zu gern die Leviten gelesen hätte. Dieser Mensch, hätte ich am liebsten gebrüllt, verstand doch noch nicht einmal, was wir da machten.

Stattdessen atmete ich tief durch und hielt weiter Totenwache bei ihm. Immer noch zitternd, nahm ich seine Hand.

*

In den fünfzehn Jahren, die ich als Kaplan im Todeshaus Dienst tat, bat ich nur zweimal einen Psychologen um Hilfe, beide Male im Gefolge von Carlos DeLunas Tod.

Noch einige Tage nach der Hinrichtung konnte ich nicht schlafen. Von einer schwereren Depression schier erdrückt, ging ich meinen täglichen Aufgaben nach wie ein Zombie, ohne wirklich etwas zu erledigen; darüber hinaus plagten mich Schuldgefühle, wie ich sie noch nie gekannt hatte. Ich musste einfach mit jemandem sprechen, der mit Gefängnisleben und Strafgerichtsbarkeit nichts zu tun hatte.

David Erb war Kaplan im Presbyterian Hospital in Dallas und ein Mann, vor dem ich größten Respekt hatte. Ein brillanter Bibelkenner und engagierter Diener Gottes, der um meine Funktion in The Walls wusste und sich anerboten hatte, mir mit seinem Rat beiseite zu stehen, wann immer es nötig sein sollte.

Eines Montagmorgens saß ich schon früh in seinem Büro und vertraute ihm Dinge an, über die ich noch nie mit jemandem gesprochen hatte. Ich erzählte ihm von der Hinrichtung Carlos DeLunas und den drückenden Schuldgefühlen, die ich nicht abzuschütteln vermochte. Wie in aller Welt, so fragte ich, hatten Zorn und Rachegelüste nur derart über Erbarmen und Güte obsiegen können? Zuweilen drängte sich mir die Frage auf, ob nicht vielleicht ich es war, der nicht mehr auf der Höhe war mit den Realitäten dieser Welt. War ich an einem Punkt angelangt, an dem die Sorge um Menschen, die so unvorstellbar Böses getan hatten, mich gegenüber Schmerz und Leid ihrer Opfer blind gemacht hatte?

Mein Amt als Seelsorger, so vertraute ich ihm an, fiel mir von Tag zu Tag schwerer.

Er hörte mir mehrere Stunden zu, während ich ihm die Frustrationen und Zweifel schilderte, die schlaflosen Nächte, die allgegenwärtige Hoffnungslosigkeit, die nunmehr regelmäßig in meinem Büro Einzug hielt. Hauptsächlich jedoch sprach ich über die Todesstrafe und die Rolle, die ich bei deren Vollzug übernommen hatte. Und zum ersten Mal stellte ich die Frage, wie lange ich das wohl noch machen könne.

Es war schließlich Kaplan Erb, der das Thema ansprach, um das ich herumgeschlichen war wie um den sprichwörtlichen heißen Brei. »Ich muss mich doch fragen«, sagte er, »ob den Problemen, die Sie da schildern, nicht Ihre Gefühle gegenüber einer Strafjustiz zugrunde liegen, für die das Töten eines Menschen rechtens ist. Glauben Sie denn selbst an die Todesstrafe?«, fragte er ganz offen.

In der Intimität seines Büros hatte ich plötzlich kein Problem mehr damit, auf eine Frage zu antworten, die mir schon Freunde, Mitarbeiter, Häftlinge und die Presse gestellt hatten, ohne dass ich je darauf geantwortet hatte. Zum ersten Mal konnte ich meine Überzeugung äußern, ohne mich um die Folgen meiner Äußerungen sorgen zu müssen. »Nein«, antwortete ich ihm, »ich halte sie für falsch. Und mit jeder Hinrichtung wird dieser Glaube stärker.«

Es tat gut, das einmal auszusprechen.

»Dann ringen Sie mit einem Dilemma, das man keinem Menschen aufzwingen sollte«, sagte der Kaplan. Er forderte mich auf, doch in der kommenden Woche wiederzukommen, um unsere Diskussion fortzusetzen.

In den Tagen, die auf unser Gespräch folgten, kam es zu einer intensiven Gewissensprüfung, bei der ich über die Verantwortung nachdachte, mit der man mich betraut hatte; akribisch listete ich Pro und Kontra meiner Lebensaufgabe auf. Und all den finsteren, beunruhigenden Punkten, die mir so zu schaffen machten – etwa der Hinrichtung von Menschen, die so eindeutig geisteskrank waren, der Möglichkeit, dass durch die Hand des Staates auch ein Unschuldiger gestorben sein konnte, der entsetzlichen Litanei von Kummer und Leid, die ich von Verurteilten wie von den Angehörigen der Opfer gehört hatte –, all dem stand die eine Überzeugung gegenüber, die mir immer wieder in den Sinn kam. Sie war mein Credo, die feste Basis meiner Entscheidung, Kaplan im Todeshaus zu werden: *Niemand, so problematisch seine Vergangenheit auch gewesen sein mag, so unverzeihlich seine Sünden, sollte alleine sterben müssen.*

Ein Mann, der sein Lebtag nie mehr hatte sein wollen als der fürsorgliche Landpfarrer, das wusste ich, würde diese Welt wohl kaum entscheidend verändern. Eines jedoch konnte er sehr wohl, nämlich Fürsorge und Trost dort anbieten, wo es nötig war. Das war meine Antwort.

Ich sagte das auch ganz offen bei meinem nächsten Gespräch mit Kaplan Erb. Er schien nicht weiter überrascht. »Niemand«, sagte er, »noch nicht einmal Gott selbst, würde es Ihnen verübeln, wenn Sie sich dafür entscheiden, einfach zu gehen. Aber was Sie da leisten, ist von solcher Wichtigkeit. Es freut mich, dass Sie das sehen.«

Damit kehrte ich zu meiner Berufung zurück.

Kapitel Vierzehn

Im Lauf der Jahre schien mein Verantwortungsbereich als Gefängniskaplan beständig zu wachsen, was mich tiefer in die geheimnisvolle Welt des Gefängnislebens führte, als ich das je hätte ahnen können.

Als ich eines Morgens in meinem Büro die Liste der Gefangenen durchging, die sich bei mir für den Tag angemeldet hatten, sei es für ein Gespräch mit mir oder ein Telefonat, fiel mir auf, dass Blue, mein Assistent, am Fenster stand und auf den Sporthof hinunterstarrte. Schließlich machte er den Mund auf. »Heute gibt's wieder Stoff«, meinte er in einem Ton so beiläufig, dass es einen Augenblick dauerte, bis ich verstand, was er meinte.

Ich war mir der regen Drogengeschäfte in The Walls durchaus bewusst (und, wo wir schon dabei sind, auch der in praktisch jeder anderen Anstalt des texanischen Vollzugssystems). Ich hatte gehört, dass Besucher alles Mögliche an den Aufsehern vorbeischmuggelten, von Marihuana bis hin zu Heroin, und dass Gefangene, die legal Bargeld weder besitzen durften, noch ausgeben konnten, plötzlich Hunderte von Dollar in der Tasche hatten. Ich erinnere mich da an einen jungen Gefangenen, der ein ausgezeichneter Sportler an seiner High School gewesen war, bevor er wegen Drogenhandels ins Gefängnis musste. Er kam eines Tages in die Kapelle und zog – ich weiß bis heute noch nicht warum – drei nagelneue Hunderter aus der Tasche, die er mir stolz zeigte. Er brauchte mir erst gar nicht zu sagen, wie er dazu gekommen war. Jeder wusste, dass hinter Gittern nicht weniger mit Drogen gehandelt wurde als draußen in der freien Welt.

Ich zog es vor, mich nicht weiter darum zu kümmern, noch

nicht einmal, als ganz am Anfang meiner Dienstzeit das Gerücht aufkam, einer der Gefangenen benutze eine Besenkammer in der Kapelle als Drogenversteck. Ich weiß noch, wie damals der Sicherheitsdienst mit Drogenhunden kam und die Kapelle buchstäblich auf den Kopf stellte in dem Versuch, die angeblichen Drogen aufzuspüren. Ich empfand eine gewisse Befriedigung dabei, als ich sie mit leeren Händen abziehen sah.

Jetzt aber hatte Blue mich doch neugierig gemacht. Wie konnte er nur durch einen Blick aus dem Fenster erkennen, dass der Drogenbasar geöffnet war?

»Kommen Sie her«, sagte er, »ich zeige es Ihnen.«

Er deutete auf einen Aufseher gleich neben der Ecke, wo man mit den Hanteln trainierte, und hieß mich, mir die Hosenbeine des Uniformierten genauer anzusehen. Das eine, so bemerkte ich, war teilweise in den Stiefel gestopft. »Beide Hosenbeine unten«, erklärte Blue, »bedeutet: heute keine Drogen. Ein Hosenbein im Stiefel bedeutet, er hat was zu verkaufen.«

Das gehörte zu den Dingen, die ich lieber erst gar nicht erfuhr. Von meinem ersten Tag in The Walls an hatte ich mich an der Gratwanderung versucht, mir das Vertrauen sowohl der Gefangenen wie des Gefängnispersonals verdienen zu wollen. Ich hätte nur dann eine Chance, meiner Berufung mit Erfolg nachzugehen, so jedenfalls glaubte ich, wenn ich mich als neutrale Kraft etablierte. Ich wollte weder einen Gefangenen verpfeifen noch einen Aufseher. Für die Einhaltung der Gesetze und für Disziplin zu sorgen, gehörte nicht zu meinem Aufgabenbereich. Ich war nur da, um Balsam für die Seele zu bieten. Es gab einige, denen meine Haltung nicht einleuchten wollte. Einmal war anlässlich einer Hinrichtung ein Sheriff zu mir gekommen mit der Bitte, mir ein Mikrofon anstecken zu lassen, damit man aufzeichnen könne, was immer der Verurteilte noch zu sagen hatte, bevor es in die Todeskammer ging. Der Sheriff war sich sicher, dass der Mann noch für weitere Morde verantwortlich war als den, für den er zu sterben hatte, und er reagierte ziemlich ungehalten auf meine Weigerung zu kooperieren.

»Es könnte uns bei der Lösung einiger Fälle helfen«, führte er ins Feld. »Wem sollte das schon schaden?«

»Meiner Glaubwürdigkeit«, antwortete ich. Er konnte nicht verstehen, dass ich denen, die ich da betreute, letztlich nichts von Wert zu bieten hatte außer Ehrlichkeit und Vertrauen.

So entschied ich mich denn, nach Abwägung meiner nicht eben beruhigenden Optionen, auf Blues Information hin nicht zu reagieren. Der Aufseher, so viel hatte ich gelernt, würde bald selbst ein Opfer seiner ebenso unbesonnenen wie illegalen Machenschaften werden. Probleme schienen sich im Gefängnis immer irgendwie von selbst zu lösen.

Auch in diesem Fall sollte dies nicht lange auf sich warten lassen.

Nur wenige Wochen nach dem Vorfall sagte man mir, dass mich ein eben eingelieferter Häftling zu sprechen wünsche. Der Mann, der auf Absonderung saß, sei ein ziemlich gefährlicher Dealer, der in einer anderen Anstalt auf Probleme gestoßen war.

Die Bibel in der Hand machte ich mich auf den Weg zu seiner Zelle im Isolationstrakt. Ich stellte mich vor. Arrogant und mit einem bösartigen Funkeln in den Augen stellte der junge Latino sofort klar, dass er mich lediglich als Botenjungen brauche. »Sie sollen nur dem Direktor sagen, dass ich da bin«, sagte er. Der Grund für seine Verlegung, so vertraute er mir an, sei seine wichtige Rolle bei der Bekämpfung des wachsenden Drogenproblems im Gefängniswesen. Ich sei der einzige, bei dem er sich darauf verlassen könne, dass ich seinen Geheimauftrag nicht ausplauderte.

Dann lieferte er eine Schilderung des regen Drogenhandels in der Anstalt, aus der er kam; er nannte sogar Namen von Aufsehern und Häftlingen, die darin verwickelt waren. Und so legitim und logisch mir auch erscheinen mochte, was er mir da anvertraute, ich hatte bereits vor langer Zeit gelernt, keinem Häftling zu trauen, der sich lieb Kind zu machen versuchte.

»Ich kann nicht einfach beim Direktor anklopfen und ihm sagen, dass Sie ihn sehen wollen«, sagte ich ihm.

»Sie glauben mir wohl nicht?«

»Ich habe schon abenteuerlichere Geschichten gehört.« Ich hatte nicht die Absicht, ihm meine Probleme mit den Drogen, die ins Gefängnis kamen, anzuvertrauen.

»Okay, dann werde ich's Ihnen eben beweisen«, meinte er lächelnd. »Wenn ich Ihnen zeige, wie leicht man hier Drogen reinbekommt, sagen Sie dann dem Direktor Bescheid?«

Da mir gar nicht wohl bei der Geschichte war, versprach ich ihm lieber nichts. Ich wusste jedoch, dass diese Geschichte weit über das übliche Vertrauensverhältnis zwischen Kaplan und Häftling hinausging. Und so rief ich nach der Rückkehr in mein Büro Steve Martin, den Justitiar der texanischen Gefängnisverwaltung, an und erzählte ihm von dem Gespräch. Er hielt sich zwar eher bedeckt, meinte aber mit Sicherheit sagen zu können, dass der Gefangene sich der Anstaltsleitung als Informant anbot. »Sagen Sie mir Bescheid, wenn Sie noch mal von ihm hören«, riet er mir. »Ansonsten behalten Sie die Geschichte für sich.«

Es war kaum eine Woche vergangen, ich machte gerade meine Runde im Anstaltskrankenhaus, als man mir ein weiteres Mal Bescheid gab, der Gefangene aus der Isolierhaft wolle mich sehen. Wie immer, wenn ich einen Häftling auf Absonderung besuchte, stand ich auf dem Gang vor der Zelle, die Arme auf der Querstange der Gittertür. »Kommen Sie 'n bisschen näher«, sagte der Häftling. Auf der Hut, rückte ich näher ans Gitter, worauf er mir etwas in die Tasche meines Jacketts schob. »Bringen Sie das dem Direktor«, sagte er und wandte sich ab.

Im Weggehen hörte ich ihn hinter mir lachen.

Ich ging sofort zurück in mein Büro und rief Martin an, um zu berichten, was passiert war. Sich in Gefängnisangelegenheiten neutral zu verhalten war eine Sache, plötzlich in Drogengeschichten verwickelt zu werden eine ganz andere.

»Was hat er Ihnen denn gegeben?«, fragte mich der Anwalt.

»Ich habe keine Ahnung. Ich habe es noch in der Tasche.«

Seine mit einem Mal besorgte Stimme senkte sich um mehrere Oktaven. »Treffen wir uns bei Ihnen zu Hause in der Garage«, sagte er.

Was ich ihm da aushändigte, erwies sich als ein Briefchen reinen Heroins. Zum ersten und einzigen Mal in meinem Leben schmuggelte ich Drogen – und noch nicht einmal ins Gefängnis, sondern heraus.

»Gehen Sie wieder in Ihr Büro«, sagte Martin. »Es wird Sie jemand anrufen.«

Es dauerte keine halbe Stunde, da rief ein Texas Ranger an, um zu fragen, wo ich die Drogen herhätte. Ich gab ihm die Zellennummer des Häftlings. Und das war das Letzte, was ich von den Leuten hörte. Aber im Gefängnis gibt es nun einmal herzlich wenige Geheimnisse. So erfuhr ich auf Umwegen, dass der Dealer zu seiner Unterredung mit dem Direktor gekommen war. Im Lauf der folgenden Monate hob man in der Anstalt, aus der der Mann gekommen war, einen groß angelegten Drogenring aus; auch einige Aufseher wurden dabei gefeuert und unter Anklage gestellt.

Den Aufseher, den Blue mir in The Walls so beiläufig gezeigt hatte, bekamen wir auch nie wieder zu sehen. Irgendwann später erfuhr ich, dass man mir klammheimlich eine Belobigung in die Personalakte geschoben hatte.

*

So sehr ich es auch versuchte: Mich auf meine religiösen Aufgaben zu beschränken, schien ein Ding der Unmöglichkeit.

Eines Sonntagnachmittags, ich hatte eben den Gottesdienst beendet, kam Herbert Scott, einer der Bereichsleiter der Anstalt, auf mich zugelaufen. »Kommen Sie«, sagte er. »Wir haben einen Notfall, ich brauche Ihre Hilfe.« Während ich mit ihm ging, erklärte er mir, ein Bus mit Gefangenen, der auf dem Weg zum Gefängniskrankenhaus in Galveston gewesen war, sei auf dem Highway gleich außerhalb von Huntsville liegen geblieben.

Ehe ich mich versah, stand ich vor einer großen Waffenkiste und nahm einige Gewehre entgegen, die er mir gab. »Verstauen Sie die im Kofferraum meines Wagens«, befahl er mir. »Ich muss nur noch anrufen, damit die auch wirklich einen Ersatzbus schicken. Dann fahren wir los.«

Es war offensichtlich, dass er mich bei dem liegen gebliebenen Bus dabeihaben wollte – nur warum?

»Wir sollen Wache stehen, bis ein anderer Bus kommt und die Gefangenen umsteigen können«, sagte er.

Er ließ keinen Zweifel daran, dass er keine Zeit für meine Einwände hatte: Sicher, ich hatte irgendwann einmal unterschrieben, dass ich eine Waffe tragen würde, falls nötig, aber ich hatte doch nie im Leben gedacht, dass es je dazu kommen würde. Ich hatte nie wirklich geglaubt, dass der Wachdienst zu den Pflichten eines Kaplans gehörte. »Wir sind heute knapp«, sagte er, »und ich brauche wenigstens einen Mann. Und das sind Sie.«

Ich lief zu seinem Wagen und legte die Gewehre in den Kofferraum.

Kurz darauf standen wir an der Interstate 45. Wir waren zu viert: die beiden Aufseher, die bei dem Transport dabei gewesen waren, der Bereichsleiter und ich; bewaffnet standen wir neben dem Bus. Ich kam mir wie ein Trottel vor. Nie im Leben hatte ich eine Waffe abgefeuert – noch nicht einmal als Kind, als viele meiner Freunde mit ihren heiß geliebten Luftgewehren übten oder mit Kleinkalibergewehren, die ihre Väter ihnen gekauft hatten, auf Hasenjagd gingen.

Während andere Autofahrer das Tempo drosselten, um zu sehen, was los war, stand ich da, noch immer in dem Anzug, in dem ich die Predigt gelesen hatte, ein Gewehr in der Hand, mit dem ich ohnehin nichts hätte anfangen können. Die Gefangenen im Bus machten sich noch nicht einmal die Mühe zu verbergen, wie lustig das alles für sie war.

Schließlich kamen einige Leute von der Highway-Polizei und ein Deputy des Sheriffs dazu, womit ich dann abgelöst war. Einige Minuten später hielt ein weiterer Bus und die Gefangenen wurden ohne viel Umstände umgeladen; kurz darauf waren sie wieder unterwegs.

Auf dem Rückweg zum Gefängnis sprach Herbert kaum ein Wort. Ich konnte mich des Eindrucks nicht erwehren, dass er Angst hatte, vor Lachen loszuprusten, wenn er den Mund aufmachte. Erst als wir auf den Parkplatz von The Walls fuhren, sagte er schließlich: »Sie haben sich wacker gehalten, Kaplan.«

»Ich habe mich nur an die Vorschriften gehalten«, sagte ich in dem Versuch, den Vorfall auf die leichte Schulter zu nehmen.

Er konnte nicht anders. »Wissen Sie was«, sagte er, »in der Vereinbarung, die Sie da unterschrieben haben, in der es heißt, Sie würden zur Waffe greifen, wenn nötig, da gab's noch einen anderen wichtigen Punkt.«

Es war Jahre her, dass ich das unterschrieben hatte, und ich hatte keine Ahnung, wovon er sprach. »Falls«, sagte er grinsend, »Sie je als Geisel enden sollten, ist die Anstaltsleitung nicht verpflichtet, etwas für Ihre Rettung zu tun.«

»Tja dann«, sagte ich beim Aussteigen, »war mir wirklich ein Vergnügen.« Die Waffen ließ ich ihn alleine aufräumen.

*

Als mein drittes Jahrzehnt als Gefängniskaplan anbrach, begann ich mir zunehmend Sorgen zu machen, meine Aufgabe nicht länger sinnvoll zu erfüllen. Meine Mission, so wie ich sie verstand, war der Gottesdienst, ich wollte die Kapelle zu einem friedlichen Ort der Zusammenkunft für die Häftlinge machen, denen Hoffnung geben, die sie verloren hatten, und sei es auch nur ein Funke. Ich wollte helfen und all denen zuhören, die sonst niemanden hatten. Ich war Pfarrer, ich hatte ein Gelübde geleistet, Gottes Werk zu tun. Aber mit jedem Jahr, das verging, schien mir weniger Zeit dafür zu bleiben.

Die Zahl der Hinrichtungen nahm in beunruhigendem Maße zu. Einmal waren es bei uns sieben in einem einzigen Monat. Bei mir stellte sich die Befürchtung ein, aus dem Seelsorger, dem Chorleiter und dem geneigten Ansprechpartner für die Probleme der Gefangenen von The Walls könnte irgendwann hauptberuflich der Kaplan der Todeskammer geworden sein. Und so sehr ich mir die Bedeutung dieser Rolle bewusst war, so machte ich mir gleichzeitig Sorgen, das alte Sprichwort zu bestätigen, laut dem das, womit man ein Loch stopft, dann an anderer Stelle fehlt. Selbst einige von den Gefangenen teilten meine Sorge.

Eines Morgens, als ich mich auf dem Weg von der Kapelle in den Hof befand, rief einer meiner Pianisten zu mir herüber, ein regelmäßiger Besucher des Gottesdienstes, seit ich den ersten gelesen hatte. »Herr Kaplan«, fragte er, »alles okay mit Ihnen?«

»Aber ja. Wieso fragen Sie?«

Er zögerte, als wäre ihm nicht ganz wohl in seiner Haut bei der Antwort, die er sich zurechtgelegt hatte. »Eine Menge von uns machen sich Sorgen um Sie«, vertraute mir der ehemalige High-School-Direktor an. »Sie haben sich irgendwie verändert, Herr Kaplan. Ihre Predigten scheinen von Mal zu Mal kürzer zu werden. Sie sagen Chorproben ab. Die drüben im Krankenhaus kriegen Sie auch immer seltener zu sehen. Das machen die Hinrichtungen, stimmt's? Sie beanspruchen Sie voll und ganz. Wir wissen, dass es nicht Ihre Schuld ist. Wir wollen nur sicher sein, dass Sie okay sind.«

Bei genauerem Hinsehen wirkte die Hinrichtungsprozedur sich praktisch auf jeden in der Anstalt aus. Wann immer eine bevorstand, konnte ich darauf zählen, dass sich Dutzende von Gefangenen bei mir meldeten, nur um mir ihre moralische Unterstützung anzubieten. Die Besuche von Aufsehern in meinem Büro nahmen drastisch zu. Die Leute in den Büros der Verwaltung wurden verdrießlich, die Stimmung dort mies.

Die Auswirkungen waren bei allen zu spüren. Eines Abends, kurz vor einer Exekution, erhielt ich einen dringenden Anruf aus dem Büro des Direktors. »Ich brauche Sie hier … und zwar sofort«, sagte er. »Ich habe da ein ernstes Problem.«

Als ich in sein Büro geeilt kam, fand ich seine Sekretärin, die von Weinkrämpfen geschüttelt wurde. Jahrelang hatte ihre Rolle bei der Prozedur darin bestanden, im Büro die Stellung zu halten, Berichte über das Verhalten des Verurteilten und den Stand seiner letzten Aufschubgesuche entgegenzunehmen. Der Job war sie härter und härter angekommen, und an diesem speziellen Abend war sie zusammengebrochen. Als ich sie an mich drückte, begann sie, sich zu übergeben.

An einem Abend, an dem ein Verurteilter sterben sollte, legte sich Stille über die Zellenblocks. Fernseher und Radios blieben stumm, die sonst so laut geführten Gespräche wurden zu einem Flüstern. In den dunklen Stunden vor Mitternacht entboten die anderen Häftlinge, auch wenn sie ihn gar nicht kannten, dem Verurteilten ihren Respekt.

Trotz meiner Sorgen versicherte ich dem Gefangenen, der mich angesprochen hatte, mit mir sei alles in Ordnung. Dabei hatte ich nachts zu träumen begonnen, selbst im Todeshaus weggesperrt zu sein, und sein einzigartiger Geruch war dabei so real, dass ich ihn in der Nase hatte; ich hörte Stimmen, zuerst leise und weit entfernt, dann kamen sie näher und wurden lauter. Immer stellten sie dieselbe Frage: Wo ist der Kaplan?

Und ob ich nun wach war oder träumte, ich kannte die Antwort, und sie machte mir Sorgen: Er ist zu beschäftigt damit, jemanden auf den Tod vorzubereiten.

Ich hatte das Gefühl, die anderen Gefangenen im Stich zu lassen.

Die Frustrationen, von denen ich einmal gedacht hatte, sie gehörten eben dazu, begannen an mir zu nagen. Wie Gewitterwolken schoben sich die Erinnerungen an Fehlschläge vor meine Erfolge. Ich begann mir Sorgen zu machen, dass die guten Beziehungen, die ich aufgebaut hatte, im Schatten einiger vereinzelter Streitigkeiten verschwinden könnten, in denen sich jemand mit Geringschätzung behandelt sah.

Man hatte mich verflucht und angespuckt, man hatte mich mit Urin überschüttet, als ich an der Zelle eines Gefangenen vorbeikam, dem ich einen Anruf verweigert hatte; man hatte mich vor Gericht gezogen, wo ich mich zu völlig unbegründeten Vorwürfen zu äußern hatte, und ich hatte mich mit den absurden Entscheidungen als Resultat von Ruiz' Beschwerden abzufinden gehabt. Als ich mich entschlossen hatte, für die Gefangenen auf Absonderung wöchentlich einen Gottesdienst auf dem Zellengang des Isolationstrakts zu lesen, hatte mich ein Schwall von Flüchen und Pfiffen erwartet, womit sich das Ganze rasch als verrückte Idee erwiesen hatte. Dann waren da noch die feindseligen anonymen Briefe und Anrufe, die alle denselben Tenor hatten: Wäre ich wirklich ein Mann Gottes, ich würde dem Verurteilten die Nadeln aus den Armen reißen und in der Todeskammer mit Hauen und Stechen um sein Leben kämpfen, anstatt dabeizustehen und zuzusehen, wie man eine Hinrichtung vollzog.

Und man hatte mein Leben bedroht.

*

Larry Tucker war zu lebenslanger Haft verurteilt. Hätte er nicht ständig ausprobiert, wie weit er gehen konnte, was zu einem Disziplinarverfahren nach dem anderen führte, er wäre einer von vielen gesichtslosen Gefangenen gewesen, die einen geisttötenden Tag nach dem anderen im Gefängnis verbrachten, ohne je aufzufallen. Er hatte keine Freunde im Gefängnis und schien auch keine zu wollen. Nicht ein Job, den er über längere Zeit behalten hätte. Er war ein guter Tenor, aber erst nach monatelangen Komplimenten hatte ich ihn soweit, dass er dem Chor der Kapelle beitrat.

Eines Tages kam er in mein Büro und verlangte, ein Telefongespräch führen zu dürfen, das ihm nicht zustand.

»Larry, Sie kennen die Regeln«, sagte ich.

»Ach, kommen Sie, Kaplan, man kann doch hin und wieder mal ein Auge zudrücken.«

Um ehrlich zu sein, das hatte ich oft genug getan, wann immer ich das Gefühl hatte, die Situation rechtfertige es. Bei Tucker war das nicht der Fall. »Das kann ich nicht«, erklärte ich.

Meine Antwort löste einen Schwall von Beschimpfungen aus, und ich bat ihn, mein Büro zu verlassen.

Er beugte sich so weit über den Schreibtisch, dass mich ein Hauch seines üblen Mundgeruchs streifte. »Sie kriegen Ihr Fett noch, Kaplan. Das verspreche ich Ihnen.« Damit stürmte er hinaus.

Drohungen waren nichts Neues für mich; ich bekam sie seit Jahren zu hören, eine so leer und bedeutungslos wie die andere. Diesmal jedoch hielt sich der Zorn.

Einige Tage später, ich kam eben aus der Kapelle, traf mich ein Schlag auf den Rücken, der mich ins Stolpern geraten ließ. Noch bevor ich mich wieder gefangen hatte, war der stets wachsame Blue dazwischengesprungen und hatte meinen Angreifer gegen die Wand gedrückt. Im Handumdrehen halfen ihm zwei weitere Gefangene, die den Hof gefegt hatten.

Während man Larry Tucker rasch abführte, ging ich zurück in mein Büro. Erschüttert über diesen Angriff aus heiterem Himmel zog ich mein Jackett aus – im Rücken fand ich einen Schlitz, den die aus einer Rasierklinge und dem Stiel einer Zahnbürste gefertigte Waffe hinterlassen hatte. Verletzt war ich zu meiner Erleichterung nicht.

Ich war noch dabei, mich wieder zu fassen, als Blue zurückkam. »Sind Sie okay?«

»Mal abgesehen davon, dass die Jacke hin ist, ja«, sagte ich.

»Gut«, antwortete er. »Um Tucker haben wir uns gekümmert.« Weiter äußerte er sich dazu nicht, aber ich sah den Mann, der mich angegriffen hatte, bei meiner nächsten Runde im Krankenhaus.

Obwohl ich mir einbildete, im Lauf der Zeit verstanden zu haben, was in den Köpfen der Gefangenen vorging, und die Frustrationen, den Zorn zu kennen, die ständig um den Siedepunkt brodelten, so fragte ich mich doch, wie die bloße Verweigerung eines Telefonats zu einem derartigen Ausbruch führen konnte. Nach all der Zeit im Gefängnis hatte ich noch immer etwas von meiner alten Naivität. So hatte ich anfangs noch das regelmäßige »Filzen« der Zellen in Frage gestellt, sogar noch nachdem man in einer ein selbst gebasteltes Messer im Rücken einer Bibel gefunden hatte, die der Gefangene ständig mit sich herumtrug.

Nur, wie wollte man von mir erwarten, meine Aufgabe zu erfüllen, wenn ich noch nicht einmal auf elementarste menschliche Werte vertrauen konnte – selbst bei Menschen, die grausamster Verbrechen wegen im Gefängnis waren?

*

Es gab Gefangene, das möchte ich nicht verhehlen, die einem die Umsetzung dieser Philosophie nicht gerade leicht machten. Zu ihnen gehörte der zum Tode verurteilte Gary Graham.

Lange bevor er zum Prominenten wurde, lange bevor Stars aus Film, Funk und Fernsehen, militante schwarze Gruppen und einige Kirchenoberhäupter ihn als Unschuldslamm feierten, das unter die Räder der Strafjustiz gekommen war, hatte er eine lange Latte von Verbrechen begangen, und das, noch bevor er achtzehn Jahre alt war. Er hatte wegen zehn Raubüberfällen vor Gericht gestanden, bei acht weiteren war er der Hauptverdächtige gewesen; man schrieb ihm zwei Schießereien und zehn Autodiebstähle zu, bevor man ihn schließlich wegen des Raubmords an einem Mann vor einem Supermarkt verhaftete und den Prozess machte.

Das Urteil allerdings, das ihn in die Todeszelle gebracht hatte, war in der Hauptsache durch die Aussage einer einzigen Augenzeugin zustande gekommen. Sie gab zu, zehn, zwölf Meter weit weg gewesen zu sein, als der Schuss fiel, und das auf einem dunklen Parkplatz. Ein Verkäufer hatte den Ermittlungsbeamten gesagt, er habe den Todesschützen vom Tatort fliehen sehen; er sei sich sicher, dass es sich nicht um Graham handelte. Weder Fingerabdrücke noch DNS-Tests bewiesen irgendeine Verbindung zwischen ihm und der Tat.

Da er nahezu zwanzig Jahre im Todestrakt zubrachte, wurde er zur internationalen Cause célèbre für die Gegner der Todesstrafe. In den Augen vieler war Texas dabei, einen Unschuldigen hinzurichten.

Am Tag seines Hinrichtungstermins waren die Straßen vor dem Gefängnis einmal mehr voller Medienleute und schlecht aufgelegter Demonstranten. Der Direktor, ganz offensichtlich zutiefst beunruhigt über die Atmosphäre, die sich da zusammenbraute, hatte mich mehrere Male in sein Büro gerufen, um mich daran zu erinnern, wie wichtig es sei, dass alles glatt über die Bühne ging. »Tun Sie Ihr Bestes, ihn zu beruhigen. So gut es nur irgendwie geht«, hatte mir Pursley schon Tage vor Grahams Ankunft in The Walls immer wieder gesagt.

Trotz der Feindseligkeit, die der Gefangene an den Tag legte, als wir einander vorgestellt wurden, schien alles glatt zu gehen, bis wir zu seiner Besucherliste kamen. Auf dieser hatte er den Schauspieler Danny Glover angeführt, Reverend Jesse Jackson und Louis Farrakhan, das geistliche Oberhaupt der Nation of Islam.

Ich hatte Farrakhan während der letzten Tage mehrmals im Fernsehen für Graham Partei ergreifen sehen und wusste, dass er nirgendwo ohne eine kleine Armee von Leibwächtern in schwarzer Hose, weißem Hemd und schwarzer Fliege auftrat. »Gary«, sagte ich und beugte mich vor, »der Direktor sagt, dass jeder auf Ihrer Besucherliste willkommen ist. Aber ich soll Ihnen ausrichten, dass man Reverend Farrakhan nur ohne seine Bodyguards ins Gefängnis lassen kann.«

Einige Sekunden lang stand Graham schweigend vor der Zellentür, die Augen zu schmalen Schlitzen verengt, aus denen mir der pure Hass entgegenfunkelte. Dann spuckte er mir ins Gesicht.

Ich sollte hier nicht verschweigen, dass ich ungemein erleichtert war, als wir die Nachricht erhielten, Ann Richards, die damalige Gouverneurin von Texas, habe ihm einen Aufschub gewährt. Nach nur wenigen Stunden im Todeshaus brachte man Graham zurück in die Anstalt in Ellis, wo er weiter Gesuche einreichte und Prozesse anstrengte, bis man ihn im Jahre 2000 im Alter von neununddreißig Jahren doch noch hinrichtete.

Louis Farrakhan war nicht unter denen, die ihn in seinen letzten Stunden besuchten.

*

Der unmenschliche Kummer, für den die Hinrichtungen sorgten, wurde von Mal zu Mal bedrückender. Die Menschenmengen, die in den frühen Tagen oder bei prominenteren Verurteilten vor dem Gefängnis zusammengekommen waren, gehörten bald der Vergangenheit an. Einst Stoff für die Titelseiten, waren die meisten Hinrichtungen den Zeitungen gerade mal ein paar Absätze wert. Der gerichtlich angeordnete Tod war in Texas Routine geworden.

*

Es war jedoch klar, dass nichts – weder ein öffentlicher Aufschrei noch Dauerreden im Parlament – das Tempo dieser Entwicklung zu drosseln vermochte. Die Resultate gelegentlicher Meinungsumfragen in den Medien waren ein zu wirkungsvoller Treibstoff. Der Mann auf der Straße sprach sich mit überwältigender Mehrheit für die Todesstrafe aus.

Ich fragte mich, wie er wohl denken würde, hätte er etwas Zeit mit Juanita Bird verbracht.

Ihr Sohn, Jerry Joe Bird, ein 54-jähriger Mechaniker, wartete auf seine Hinrichtung – die 40. seit der Wiedereinführung der Todesstrafe. Und wie so viele vor ihm hatte auch er ein grauenhaftes Verbrechen begangen.

Zusammen mit einem gewissen Emmett Korges war Bird in das Haus eines Rentnerehepaars im texanischen Harlingen eingedrungen, um eine Sammlung wertvoller, alter Waffen zu stehlen. Die Männer fesselten Victor und Jo Ellen Trammell und schafften sie in zwei getrennte Zimmer. Die Frau sagte später aus, sie hätte einen gedämpften Schuss von irgendwo aus dem Haus gehört, bevor sie sich befreien und durch ein Fenster auf der Rückseite des Hauses fliehen konnte. In einem Entwässerungsgraben ganz in der Nähe versteckt, musste sie zusehen, wie das Haus in Flammen aufging. Unter Schock und unterkühlt (es war Januar), blieb sie dort zwölf Stunden lang, bis ein Postzusteller sie fand und ins nächste Krankenhaus brachte. In den glimmenden Trümmern des abgebrannten Farmhauses fand man die verkohlte Leiche ihres Gatten. Man hatte ihn mit einer schallgedämpften Kleinkaliberpistole erschossen.

Emmett Korges hatte ich schon Jahre zuvor kennen gelernt. Er hatte lebenslänglich bekommen, nachdem er Bird bezichtigt hatte, die tödlichen Schüsse auf Victor Trammell abgegeben zu haben; er saß in The Walls. Er war schon bei schlechter Gesundheit gewesen, noch bevor er ins Gefängnis gekommen war und war einer von den Häftlingen, die morgens den Hof fegten. Mit der Zeit wurde er zu einem regelmäßigen Besucher der Kapelle. Im Mai 1982 starb er im Gefängniskrankenhaus.

Auch Bird hatte in den sechzehn Jahren, die er im Todestrakt verbrachte, eine Unzahl von gesundheitlichen Problemen gehabt. Nur wenige Wochen, bevor man das Urteil schließlich vollstreckte, hatte er einen milden Schlaganfall erlitten, auf den hin man ihn ins Gefängniskrankenhaus von Galveston geschafft hatte. Dort überwachte man seinen Zustand drei Tage lang und ließ den Direktor dann wissen, Bird sei für die Hinrichtung kräftig genug.

Es war nicht das erste Mal, dass die Gefängnisverwaltung sich gezwungen sah, auf eine derartige Diagnose zu warten, und ich war jedes Mal aufs Neue fassungslos über die finstere Ironie: Da kümmerten professionelle Heiler sich um einen Patienten, mit dem Ziel, seine Gesundheit soweit wieder herzustellen, dass er gesund genug für seine Hinrichtung schien.

Nachdem diese Sorge ausgeräumt war, wandte der Direktor sich schon der nächsten zu: Auf der Liste derer, die seiner Hinrichtung als Zeugen beiwohnen sollten, befand sich auch seine Mutter. Nie zuvor hatte eine Mutter die Todeskammer betreten, um ihren Sohn sterben zu sehen. »Nur zu ihrem Besten«, sagte Direktor Pursley, »meinen Sie, Sie können ihr das ausreden?«

Ich war im Lauf der Jahre zu der Ansicht gekommen, dass es für jeden Verwandten ein Fehler war, sich der Marter auszusetzen, einen Angehörigen sterben zu sehen. Es führte ausnahmslos zu einer schmerzlichen und unauslöschlichen Erinnerung, mit der die Betreffenden für den Rest ihrer Tage zu leben hatten. Ich habe nie jemandem davon abgeraten, die Entscheidung stand mir einfach nicht zu, aber ich betete immer wieder insgeheim darum, meine Schilderung dessen, was da passieren würde, wäre abschreckend genug.

Allzu oft hatte ich damit keinen Erfolg. Ich erinnere mich daran, im Fall von Billy Gardner, der die Angestellte einer High-School-Cafeteria ermordet hatte, geraume Zeit mit der Mutter des Verurteilten gesprochen zu haben. Sie bestand darauf, der Hinrichtung beizuwohnen; wiederholt fragte sie mich, ob ihr Sohn bei der Prozedur auch ja keine Schmerzen erleiden würde. Ich versicherte es ihr, indem ich sie ihr in allen Einzelheiten beschrieb.

Ich kann hier in aller Ehrlichkeit versichern, dass Gardner einen schmerzlosen Tod starb. Aber als er so auf der Bahre lag, war seine völlig verzweifelte Mutter davon nicht überzeugt. Sie richtete einen Finger auf mich und schrie: »Sie sind ein Lügner! Ein Lügner! Es tut ihm ja doch weh!«

Juanita Bird war 74 Jahre alt und fest entschlossen. Im Empfangsraum des nahe gelegenen Gästehauses, wo sie auf dem Stuhl neben ihrer Tochter saß, ließ sie keinen Zweifel daran, dass sie an ihrer Absicht festzuhalten gedachte. »Ich war dabei, als er auf die Welt gekommen ist«, sagte sie, »und ich werde dabei sein, wenn er stirbt.«

Ich sagte ihr, wir könnten einen Rollstuhl und einen Pfleger vor der Todeskammer bereitstellen, nur für den Fall. Sie lehnte ab.

Bei all den Liedern und Sonetten, die der Mutterliebe gewidmet sind, sie ist und bleibt ein ebenso bemerkenswertes wie unerklärtes Phänomen. Juanita Birds Sohn hatte im Verlauf seines verfehlten Lebens nun wirklich nichts erreicht, worauf seine Eltern mit Stolz hätten verweisen können. Man hatte ihn schon wegen untragbaren Verhaltens vom Kindergarten ausgeschlossen, und schließlich war er in der achten Klasse – mitten im Schuljahr – von der Schule abgegangen. Als Kind hatte er auf grausamste Weise Tiere gequält, hatte Katzen und Hunde der Nachbarn an Bäumen aufgehängt, bis sie starben. Er hatte Schlangen gefangen und sie mit dem Taschenmesser Stück für Stück verstümmelt, um sich an ihrem langsamen, qualvollen Tod zu weiden. Als Erwachsener dann hatte man ihn wegen eines Mords, den er 1956 begangen hatte, zu zehn Jahren Freiheitsstrafe verurteilt; er saß davon viereinhalb Jahre ab, bevor man ihn zur Bewährung entließ.

Trotz alledem war Bird im Todeshaus der entgegenkommendste und sorgloseste Gefangene, der mir je untergekommen war. Keine dreisten Unschuldsbeteuerungen, keine ernsthafte Hoffnung, dass eine der Bemühungen, die man unternahm, um in letzter Minute einen Aufschub zu erwirken, Erfolg haben könnte. Er war den Todestrakt müde; er wollte nicht noch einmal dorthin zurück. »Gibt da doch nichts außer Ghettoblastern und Basketball im

Fernsehen«, sagte er. »Ich kann das nicht mehr haben.« Er habe seine Philosophie, so erklärte er mir, auf den kleinsten gemeinsamen Nenner gebracht: »Das Leben ist Scheiße. Man wird geboren, man stirbt. Ich bin bereit für den nächsten Schritt.«

Bird rauchte Kette, erzählte den Aufsehern (und mir) einen zotigen Witz nach dem anderen und machte deutlich, dass er weder ein Gebet noch eine Bibelstelle zu hören wünsche. Erklärter Agnostiker, der er war, sagte er, dass er weder in den Himmel noch in die Hölle komme. »Ich komme an die Uni, Medizin studieren«, lachte er.

Der Hintergrund des Scherzes war natürlich, dass er seine Leiche testamentarisch der medizinischen Fakultät der University of Texas in Houston zu Forschungszwecken vermacht hatte. »Wann kriegen die mich denn?«, fragte er wiederholt.

Falls bei seiner Hinrichtung alles nach Plan gehe, so erklärte ich, wäre er spätestens um halb zwei Uhr morgens in Houston. »Gut«, antwortete er. »Wissen Sie, ich habe so viel Schlechtes getan im Leben, ich hoffe, dass ich das wieder gutmachen kann, wenn ich meinen Körper der Wissenschaft zur Verfügung stelle.«

Diese Aussage war das einzige Zeichen dafür, dass er womöglich nicht völlig verloren war, das ich in den sieben Stunden, die ich mit Jerry Joe Bird zubrachte, bekam.

Am späten Abend, nachdem alle Gesuche ausgeschöpft waren, telefonierte er mit seiner Mutter, der er den kurzen Weg vom Gästehaus herüber in die Todeskammer auszureden versuchte. »Der Kaplan sagt, dass es nicht wehtut«, hörte ich ihn erklären. »Er sagt, es ist wie bei der Narkose im Krankenhaus. Ich glaube ihm, aber man kann ja nie wissen, wie ich am Ende reagiere. Ich würde es verstehen, wenn du nicht kommst.«

Kopfschüttelnd legte er auf. »Sie hat ihren eigenen Kopf«, sagte er, »einen richtigen Dickschädel. Das war schon immer so.«

Juanita Bird kam also zur Hinrichtung.

*

Als er auf der Bahre lag, legte Bird den Kopf etwas zur Seite, damit seine Mutter, die mit den Armen auf dem Geländer gleich hinter der Absperrung saß, ihm das »Hi, Mom« von den Lippen ablesen konnte.

Mrs. Bird winkte ihm zu, sagte jedoch nichts. Am frühen Morgen danach, als ich sie im Gästehaus besuchte, versicherte sie mir, es gehe ihr gut. »Ich habe ja nun lange genug gewusst, dass es mal dazu kommt«, sagte die ehemalige Krankenschwester. »Fairer wäre es gewesen, wenn es gleich nach dem Urteil dazu gekommen wäre. Ich habe viele Leute sterben sehen in meinem Leben. Ich habe meine Mutter sterben sehen und meinen Mann. Vor sieben Wochen ist mein kleiner Hund gestorben. Und jetzt mein Sohn. Ist alles dasselbe – der Tod ist immer gleich.«

Es waren ihre letzten Worte.

Einige Zeit später erhielt ich einen Brief von ihrer Tochter, in dem sie erklärte, Juanita Bird sei kurz nach ihrer Heimkehr in einen katatonen Stupor, wie die Ärzte es später nannten, verfallen. Da sie damit der ständigen Pflege bedurfte, überwies man sie in ein entsprechendes Heim.

Sie sollte nie erfahren, dass die letzte Geste ihres Sohnes einem anderen Verurteilten zur Inspiration wurde.

Noch im selben Jahr übereignete der 29-jährige Joseph Paul Jernigan, auch er ein Mörder, seine Leiche der Wissenschaft. Er brachte es dadurch als »The Visible Man« zu weltweiter Berühmtheit.

Man flog seine Leiche sofort nach der Hinrichtung zur University of Colorado, wo man sie tiefgefror, zerteilte, die Teile in blaue Gelatine goss und dann in 1862 Scheiben zerschnitt, die fotografiert und digitalisiert und als erster interaktiver anatomischer Atlas ins Internet gestellt wurden.

So phantastisch es klingen mag, die Querschnitte von Jernigans Körper helfen nun schon seit Jahren Chirurgen bei der Vorbereitung schwieriger Operationen oder invasiver diagnostischer Maßnahmen.

Womöglich hat – einem übergeordneten Plan zufolge, der zu komplex ist, um ihn zu verstehen – der Tod von Jerry Joe Bird und Joseph Jernigan, zwei Männern, die ihren Mitmenschen zu Lebzeiten nur Kummer und Schmerz zugefügt haben, letztlich doch noch dazu beigetragen, Menschenleben zu retten.

Es waren Rätsel, die mir immer wieder zu denken gaben.

Kapitel Fünfzehn

Schier endlos die Litanei von Verbrechen der zum Tode Verurteilten, mit denen ich als Seelsorger zu tun gehabt habe: Eines Abends erzählte mir ein Vergewaltiger und Mörder, eines seiner Opfer über einen Ameisenhügel gebunden und die entsetzte junge Frau dann einem Tod überlassen zu haben, der jede Vorstellungskraft übersteigt. Ein anderer schilderte mir bis ins Detail die Vergewaltigung einer älteren Nonne. Ich habe einen Mann kennen gelernt, der im Gefängnis nicht weniger Menschen umgebracht hatte als zuvor in der Freiheit. Und ich hatte mit einem jungen Mann zu tun, der, von der Frustration über sein Leben übermannt, seine ganze Familie getötet hatte. »Good Samaritan Killer« und »Soldier of Fortune Killer« waren nur zwei der makabren Spitznamen, die die Presse einigen der Verurteilten gegeben hatte. Und trotzdem, von all den Menschen, die ich in die Todeskammer begleitet habe, war kein anderer so verhasst wie Ronald Clark O'Bryan, ein eher gedrungener, dicklicher Mann, der sich während seiner achteinhalbjährigen Haft auch nicht einen Freund gemacht hatte. Ja, in der Woche vor seiner Hinrichtung baten andere Insassen bei der Anstaltsleitung um die Erlaubnis, ihre Verachtung für den ehemaligen Optiker, der wegen Mordes an seinem achtjährigen Sohn zum Tode verurteilt war, in einer organisierten Demonstration bekunden zu dürfen.

Von den 95 Männern, die ich während meiner Zeit als Gefängnisgeistlicher in die Todeskammer begleitet habe, war er der Einzige, der sein eigenes Kind getötet hatte. Und, um ehrlich zu sein, ich tat mich schwer, wenigstens ein gewisses Maß an Mitgefühl für ihn aufzubringen. Ich hatte von weit grausigeren, bar-

barischeren Verbrechen gehört als dem seinen. Mir hatten Männer mehrfache Morde gestanden, blutige und sinnlose Taten im Amok, für die sie später kaum oder gar keine Reue an den Tag legten. O'Bryans Verbrechen aber war in einer Hinsicht noch schlimmer – in seiner Kaltblütigkeit.

Am Halloweenabend 1974 hatte der Mann in einem Houstoner Vorort Süßigkeiten mit einer Menge Zyankali versetzt, die für den Tod gleich mehrerer erwachsener Männer ausgereicht hätte. Er verteilte sie dann an der Haustür an seine beiden eigenen Kinder und vier weitere aus dem Viertel. Glücklicherweise, möchte man sagen, aß nur Timmy O'Bryan von der Tüte Brausepulver, die er da bekommen hatte. Der Kleine monierte erst nur die Bitterkeit der Brause, worauf sein Vater ihm ein Glas KoolAid machte, um den Geschmack wegzuspülen. Kurz darauf jedoch bekam Timmy starke Magenkrämpfe und ihm wurde schlecht. Er starb noch auf der Fahrt zum nahe gelegenen Krankenhaus.

Eine ganze Nation hörte mit Entsetzen, dass eine der finstersten und hartnäckigsten modernen Legenden den Schritt vom Ammenmärchen in die Realität getan hatte. Ein grausamer, sadistischer Mörder hatte ausgerechnet an dem Abend zugeschlagen, an dem die vorgetäuschte Angst den halben Spaß ausmacht. Im Haus der O'Bryans war der schlimmste Alptraum aller Eltern Wirklichkeit geworden, und das Mitgefühl für die Familie kannte keine Grenzen.

Welches teuflische Gehirn suchte sich für ein an sich schon unverzeihliches Verbrechen auch noch einen der unbeschwertesten Feiertage der Kinderzeit aus? Der Täter, wer immer er sein mochte, hatte der Nation die Freude an Halloween, wenn schon nicht für immer verdorben, so doch erheblich getrübt.

Die Polizei hatte rasch einen konkreten Verdacht, was den Schuldigen anbelangte. Sie hatten Ronald O'Bryan aus einiger Entfernung bei der Beerdigung seines Sohnes beobachtet – nicht eine Träne in den Augen des Mannes, noch nicht einmal ein Blick in den offenen Sarg, als er ihm mit den anderen Trauernden die letzte Ehre erwies. Auf dem Friedhof fixierte O'Bryan, von Frau und Tochter flankiert, nur den Geistlichen, auch hier hatte er nicht einen Blick für das mit Blumen gesäumte Grab.

Als er dann am Sonntag darauf die Kraft fand, beim Gottesdienst in der Baptistenkirche, die er regelmäßig besuchte, seinem Sohn zu Gedenken vor versammelter Gemeinde solo »Seliges Wissen: Jesus ist mein!« zum Vortrag zu bringen, galt das allen als Beweis für seine Liebe und seinen Mut.

Für jene, die in der Mordsache Timmy ermittelten, war es nichts weiter als ein feiger Versuch, seine Schuld zu kaschieren.

Mit der Zeit hatten sie ihre Beweise zusammengetragen, und der Vater wurde verhaftet. In finanziellen Schwierigkeiten, hatte O'Bryan sein Kind ermordet, um die Versicherungssumme von 20000 Dollar zu kassieren. An dem Abend, an dem seine kostümierten Kinder sich mit ihren Freunden auf die Runde durch die Nachbarschaft machten, hatte er in fünf Packungen Pixy Stix einen Teil des süßen Pulvers durch tödliches Zyankali ersetzt. Zwei der Papierstangen gab er seinen eigenen Kindern, die drei weiteren verteilte er wahllos an andere, die um Süßigkeiten baten. Sein Plan sah vor, fünf Kinder zu töten, um von seinen eigenen Motiven abzulenken.

Fein säuberlich schnitt er das Ende der Papierstangen ab, ersetzte das Pulver durch das Gift und machte das Ganze mit Heftklammern wieder zu. Seine Methode rettete womöglich einem anderen Jungen das Leben, der vor dem Einschlafen noch gern von einem der erbeuteten Schätze genascht hätte.

Von der Tragödie im Haus der O'Bryans aufgeschreckt, begannen die Eltern in der Nachbarschaft, die Beute ihrer Kinder nach der Marke zu durchsuchen, vor der die Polizei mittlerweile gewarnt hatte. So fand ein Elternpaar ihren kleinen Sohn bereits schlafend im Bett, einen der Pixy Stix in der Hand. Offensichtlich waren seine Fingerchen noch nicht kräftig genug gewesen, um die Heftklammer am Ende der Papierstange zu öffnen.

Obwohl er die Tat nie gestand, wurde O'Bryan schuldig gesprochen und zum Tode verurteilt. Die Medien gaben ihm bei der Berichterstattung über den Prozess den Spitznamen, mit dem er für den Rest seiner Tage zu leben hatte. Er war von da an der »Candy Man«, der Mann, der künftigen Generationen die Freude an Halloween verdarb.

Der Richter, der das Urteil verkündete, hatte vorgeschlagen, O'Bryan nach den zu erwartenden Berufungsverhandlungen um einer ausgleichenden Gerechtigkeit willen an einem 31. Oktober hinzurichten.

Bis auf den heutigen Tag gibt es Leute, die sich vage erinnern wollen, dass O'Bryan tatsächlich in der Halloween-Nacht hingerichtet wurde; auch das ist Teil unserer modernen Legenden geworden. Tatsache ist jedoch, dass ihn der Gefängnisarzt am frühen Morgen des 30. März 1984 um 0:48 für tot erklärte.

*

Wie kann jemand, selbst die Inkarnation des Bösen, den Mord am eigenen Kind planen und dann zusehen, wie ein unschuldiger Achtjähriger auf denkbar schreckliche Weise stirbt? Wie nur hatte O'Bryan tatenlos zusehen können, wie sein Timmy, von Krämpfen geschüttelt, in ein Koma glitt, aus dem er nie wieder erwachen sollte?

Und wie sollte ich damit umgehen, einen Tag in der Gesellschaft dieses Mannes zubringen zu müssen, für den ich einfach kein rechtes Mitgefühl aufzubringen vermochte? Ich war doch selbst Vater; ich hatte an dem Feiertag selbst schon Kinder losgeschickt, an die Türen freundlicher Leute zu klopfen, um einige Süßigkeiten zu erbetteln. Als Timmy O'Bryan starb, hatte ich selbst gerade ein achtjähriges Kind.

Ja, auch ich hatte nichts als Abscheu für die Tat dieses Ronald O'Bryan.

*

Nach einigen Stunden unruhigen Schlafs war ich schon vor Morgengrauen auf den Beinen und wartete dann im Büro des Anstaltsleiters, als uns die Nachricht erreichte, dass O'Bryan im Todestrakt eingetroffen sei. Normalerweise hätte ich ihn bereits dort erwartet, aber angesichts der Menschenmenge, die vor der Anstalt zusammengekommen war, hatte man seine Überführung aus Ellis verschoben, bis zusätzliche Sicherheitskräfte angerückt waren. Seit Tagen schon waren im Gefängnis Anrufe und Post eingegangen – aus Australien, Frankreich, den Niederlanden, aus Deutschland; die ganze Welt hatte ihren emotionalen Aufruhr bezüglich der bevorstehenden Hinrichtung zum Ausdruck gebracht. Und während die einen draußen ihre Missbilligung gegenüber der Todesstrafe kundtaten, hatten sich dieses Mal kaum weniger eingefunden, die es kaum erwarten konnten, die Hinrichtung vollzogen zu sehen.

Schließlich stand Jack Pursley, der Anstaltsleiter, in der Tür und sagte: »Er ist da. Er gehört ganz Ihnen.«

Auf dem Weg zum Todestrakt sprach mich ein Major an, der O'Bryan nach Huntsville gebracht hatte. »Also wenn ich je einen gesehen habe, der Angst gehabt hat ...«, bemerkte er.

Ich verkniff mir, ihm zu sagen, dass ich selber Angst hatte – nicht etwa vor einer physischen Bedrohung durch den Mann, sondern weil ich nach wie vor meine Zweifel daran hatte, die Gefühle vergessen zu können, die ich gehabt hatte, als ich die Zeitungsberichte über das Verbrechen des Mannes las. Nie im Leben habe ich flehentlicher um Kraft gebetet.

O'Bryan stand an der Zellentür und sah zu, wie die Wachen die beiden kleinen Beutel mit seiner persönlichen Habe durchsahen. Ich hatte ihn noch nicht erreicht, da sah ich schon, dass er sich Sorgen machte, so nervös wie er war.

»Ich bin Kaplan Pickett«, stellte ich mich vor.

Lächelnd schob er eine Hand durch die Stäbe. »Ich habe schon das Gefühl, als würd' ich Sie kennen«, sagte er. »Ich hab schon so viel über Sie gehört.«

Er hatte in seiner Gewandtheit einen Charme, der so entwaffnend war wie beunruhigend. So platt es sich anhören mag, Ronald O'Bryan – ein Meter achtundsiebzig groß, 113 Kilo schwer, Hornbrille – sah ganz und gar nicht aus wie das Scheusal, das Ungeheuer, das ich erwartet hatte. In all den Jahren Haft war er ein stiller Einzelgänger gewesen; erst in jüngster Zeit, in den Monaten unmittelbar vor seiner Hinrichtung, hatte er mit den Medien zu sprechen begonnen. Er hatte beharrlich auf seiner Unschuld bestanden, obwohl ich sicher bin, dass es mehr als schwer gewesen sein dürfte, auch nur einen zu finden, der ihm das abgenommen hätte.

Es lag aber nicht an mir, das zu entscheiden. Meine Aufgabe war es, dem Mann in den kommenden Stunden so viel Trost zu geben, wie nur irgend möglich.

Fast augenblicklich begann er, mich auf die Probe zu stellen. Er versicherte mir, dass er und David Autry im Todestrakt die besten Freunde gewesen seien. Autry, so sagte er, habe oft von mir erzählt, als er nach dem Aufschub seiner Hinrichtung wieder zurück nach Ellis gekommen war. »Er sagt, Sie sind schwer in Ordnung«, sagte O'Bryan, so kumpelhaft er nur konnte. Minutenlang erzählte er mir von Gesprächen, die sie angeblich geführt hatten, diesem und jenem, was Autry über mich gesagt haben sollte.

»Lassen Sie mich mal was fragen: Was hat David denn über mich gesagt, als er hier war?«

Er versuchte, die Grundregeln und damit den Ton für den Rest des Tages zu etablieren. Er wollte wissen, ob mir zu trauen war.

»Ron«, antwortete ich ihm, »Sie wissen, dass ich Ihnen das nicht sagen kann.«

Es war ganz offensichtlich die Antwort, auf die er gehofft hatte. »Na, dann kommen wir ja wohl prima mit'nander aus«, sagte er.

Trotzdem ging er nervös auf und ab, während wir den Tagesablauf planten. Er hatte keine Familienangehörigen auf der Besucherliste, die er vor seiner Ankunft ausgefüllt hatte; die Liste nannte nur einen Mann, den er als spirituellen Mentor bezeichnet hatte, und eine junge Frau, eine Journalistikstudentin von der nahe gelegenen Technischen Universität. Die Studentin, gerade mal achtzehn Jahre alt, hieß Kim und hatte mit ihm schon fast ein Jahr zuvor für ein Projekt zu korrespondieren begonnen, an dem sie im Rahmen eines Seminars arbeitete. Im Lauf der Zeit hatte sich zwischen den beiden eine merkwürdige Beziehung entwickelt. O'Bryan hatte dem Teenager gegenüber die Rolle des akademischen Beraters übernommen, er schlug der jungen Frau vor, welche Seminare sie belegen sollte und gab ihr Ratschläge hinsichtlich ihrer beruflichen Zukunft.

Er sagte, dass ihn am Nachmittag ein Geistlicher besuchen käme, eben jener Mentor, der früher mal in Houston Polizist gewesen sei. »Er ist mein spiritueller Beistand«, erklärte O'Bryan.

»Sie wissen aber doch«, sagte ich, »dass die Regeln nur einen solchen Besucher vorsehen.«

Ich sagte das, weil ich wusste, dass er erst wenige Tage zuvor in Ellis auch geraume Zeit mit Perry Barnes verbracht hatte, einem freiwilligen Gefängnisgeistlichen. Barnes war Schulrat und Geistlicher der Church of Christ und schon frühmorgens bei mir gewesen, um mir zu sagen, dass O'Bryan darum gebeten habe, den Tag mit ihm zu verbringen. Bei Durchsicht der Papiere, die man mir zugestellt hatte, fand ich keinen Hinweis auf eine diesbezügliche Eingabe. Ich bat ihn, in meinem Büro zu warten, während ich mit dem Häftling über das Ersuchen sprach.

»Ach was«, sagte O'Bryan wegwerfend, »ich will den nicht sehen.«

Ich stand so manches Mal vor einem Rätsel, was die Motive mancher Menschen anging, deren Namen sich auf der Besucherliste eines Todeskandidaten fanden. Familienangehörige, die sich von dem Betreffenden verabschieden wollten, schön, das war verständlich. Dasselbe galt für Freunde, die ihn ein Leben lang gekannt hatten. Auf der anderen Seite gab es immer wieder Leute, deren Anwesenheit im Todestrakt sich jeder – oder jedenfalls meiner – Logik entzog. Ich hatte Prediger erlebt, die nicht das geringste mit dem Häftling zu tun gehabt hatten und sich dann aus heiterem Himmel einzumischen versuchten; Frauen, jung und alt, verheiratet und ledig, hatten sich auf Beziehungen mit einem Häftling eingelassen, oft über weite Entfernungen, nur um ihn am letzten Tag seines Lebens besuchen zu können; und dann natürlich Journalisten, die sehr wohl wussten, dass ihnen der Zugang zum Todestrakt verwehrt war – sie konspirierten mit dem Häftling, damit er sie als Verwandten, Freund oder spirituellen Berater ausgab.

Wenn ich es jedoch mit Häftlingen zu tun hatte, deren religiöse Bindung außerhalb des Mainstream lag, dann hielt ich es für meine Pflicht, dafür zu sorgen, dass er die Besucher sehen durfte, die er zu sehen wünschte. Ich erinnere mich noch an einen Abend, an dem ein Häftling darauf beharrte, ein Mitglied des Wicca-Kultes zu sein; sein Wunsch war es, das letzte Sakrament von einer ordinierten Hexe zu empfangen. Es gelang mir schließlich, eine Geistliche des Kults aufzutreiben, die in der Nähe von Houston zu Hause war. Ich erklärte ihr die Situation, und sie setzte sich auf der Stelle ins Auto und fuhr im strömenden Regen zum Gefängnis, um mir bei der Erfüllung dieses letzten Wunschs zur Seite zu stehen.

Dann erinnere ich mich auch an Jean Lefevre, eine freundliche, stille Frau, Oberhaupt der Church of the White Eagle Lodge im nahe gelegenen Montgomery, Texas. In Europa organisiert, hatte es ihre Kirche auf Ableger in der ganzen Welt gebracht, und ihre spirituelle Botschaft reichte von der Reinkarnation über eine strikt vegetarische Ernährung bis hin zu der Verpflichtung, sich um kranke oder verletzte Tiere zu kümmern. Lefevre besuchte das Gefängnis regelmäßig und hatte sich mit einer Reihe von Häftlingen angefreundet, die sie denn auch beriet.

Als sie mich auf einen Besuch bei sich und ihren Anhängern bat, um über die Todesstrafe zu sprechen, erklärte ich mich dazu bereit, teils um mich für die Hingabe zu revanchieren, die sie den Gefangenen entgegengebracht hatte, teils aus schierer Neugier, was ihren Glauben anging.

Ich war so ganz und gar nicht darauf gefasst, was ich mich dort erwartete. Zu Beginn der Messe saß Lefevre, ganz in Weiß, auf einem vergoldeten Thron. Nachdem die Gläubigen sich gesetzt hatten, öffnete sich die Decke und man ließ einen riesigen weißen Adler herab, der dann für den Rest der Zeremonie über dem Saal schwebte.

Ich war dort meilenweit entfernt von meiner First Presbyterian Church, ja selbst der Chapel of Hope. Aber Lefevre und ihre Anhänger verfügten ganz offensichtlich über einen starken Glauben, und ich konnte mich einer gewissen Bewunderung nicht entziehen.

Jean Lefevre ist eine liebenswürdige, spirituelle Frau von unendlicher Geduld, deren Glaube an das Gute in jedem Menschen so stark wie aufrichtig ist. Aber es gab auch andere.

*

In Ronald O'Bryans Fall versuchte sich eine Reporterin als Geistliche einzuschleichen. Ich erfuhr, dass eine Frau in der Anstalt eingetroffen sei, die sich als ordinierte Geistliche auswies; angeblich hatte O'Bryan sie bestellt. Sie trug einen Priesterkragen und hatte eine Bibel dabei. In Wirklichkeit arbeitete sie bei einem Radiosender, und als man sie abwies und hinausbegleitete, fluchte und schimpfte sie lautstark.

Auch die Ankunft des spirituellen Mentors, die für den frühen Nachmittag angesetzt war, ließ beim Sicherheitsdienst sofort Zweifel aufkommen. Er kam in Freizeitkleidung – kurzärmeliges

Hemd, Khakihose – und hatte noch nicht einmal eine Bibel dabei. Bei der routinemäßigen Durchsuchung fand man ein Fläschchen mit Pillen, die der Mann seiner Erklärung nach gegen mehrere Beschwerden nahm; darüber hinaus fand man einen kleinen Schraubendreher zum Justieren von Brillengestellen. Der mochte recht harmlos aussehen, erfüllte aber eindeutig die Anstaltsdefinition einer Waffe. Dem Berater schien die Entdeckung überaus peinlich. »Den hat mir Ron vor über zehn Jahren geschenkt«, sagte er. »Nicht zu fassen, dass ich den heute in der Tasche habe.«

Nachdem man ihn ein zweites Mal durchsucht hatte, rief man mich, um ihn hinüber zum Todestrakt zu begleiten. »Passen Sie mir bloß auf den auf«, flüsterte mir der Chef des Sicherheitsdienstes zu.

Die Warnung war überflüssig. Schon auf dem Weg durch die Korridore, auf dem wir eine Reihe von Toren passieren mussten, fragte er, wie lange er denn bleiben müsse. »Ich bin bloß hier«, erklärte er, »um die Einzelheiten für die Beerdigung durchzugehen. Seine Familie hat mich gebeten, den Trauergottesdienst zu übernehmen.« Als der Berater schließlich gegenüber der Besucherzelle Platz nahm, transpirierte er bereits heftig. Ein älterer Mann, dem neben einem Krebs- auch noch ein Herzleiden zu schaffen machte – sein Unbehagen war ganz offensichtlich. Aber es kam noch etwas anderes hinzu, etwas weit Schlimmeres als nur ein Unbehagen; ich spürte, die Atmosphäre, in die ich ihn da gebracht hatte, machte ihm eine Heidenangst.

Obwohl ich ans Ende des Korridors ging, war es unmöglich, nicht den einen oder anderen Gesprächsfetzen mitzubekommen. Der Berater versuchte sich an einem gezwungenen Scherz in Bezug auf den Schraubendreher, den man ihm abgenommen hatte. Einige Minuten unterhielten sie sich über die alten Tage, sie kannten sich ganz offensichtlich, und dann ging es kurz um die bevorstehende Beerdigung.

Eine Viertelstunde später schon stand der Berater auf und kam auf mich zu. »Ich bin fertig«, flüsterte er.

Ich versuchte, ihn zum Bleiben zu bewegen. »Es besteht kein Grund zur Eile«, sagte ich. »Der nächste Besucher kommt frühestens in einer Stunde.« Ich dachte mir, er könnte in seiner Eigenschaft als spiritueller Beistand ja vielleicht wenigstens ein Gebet mit O'Bryan sprechen, bevor er wieder ging.

»Ich denke, ich geh lieber gleich«, antwortete er. Dann schob er eine Fußnote nach: »Hier kriegt mich sicher keiner mehr zu sehen.«

Als ich wiederkam, nachdem ich ihn in die Lobby zurückgebracht hatte, stellte ich fest, dass O'Bryan, den man eben wieder in seine Zelle schloss, plötzlich ziemlich düsterer Stimmung war. »Wie lief denn der Besuch?«, fragte ich.

»Nicht sonderlich«, sagte er. »Ich denke, ich rede lieber bloß mit Ihnen.«

Wortgewandt sprach er über seine Zeit als praktizierendes Mitglied seiner Kirche und wie gern er im Kirchenchor gesungen habe. Auffallend war, dass er auch nicht ein Wort über seine Familie verlor. Nur einmal blitzte etwas wie Zorn durch, und zwar als er über das Leben im Todestrakt sprach. Wie schon alle vor ihm beklagte er sich über den ständigen Lärm.

Er habe zwar ein Radio gehabt, erzählte er, habe es aber einem Mithäftling geschenkt, als ihm klar wurde, dass es praktisch ein Ding der Unmöglichkeit war, eine Sendung zu genießen – nicht bei dem pausenlosen Dröhnen der Ghettoblaster und dem Jubel während der Sportübertragungen im Fernsehen, an denen die anderen Häftlinge ihre Freude hatten.

»Jetzt wär's mir fast lieber, ich hätte mein Radio behalten und mitgebracht«, sagte er. »Bisschen Musik jetzt, das wäre schön.«

Ich sagte ihm, dass das durchaus zu machen sei.

Einige Augenblicke später füllten die Instrumentalklänge eines Easy-Listening-Senders den Todestrakt. O'Bryan legte sich auf seine Pritsche und schloss die Augen, als genieße er die Rückkehr einer längst vergangenen Zeit in seinem Leben, als Ruhe und Frieden noch selbstverständlich gewesen waren. Zum ersten Mal seit seiner Ankunft schien Ron O'Bryan sich zu entspannen.

Als ich so an seiner Zelle stand, fragte ich mich insgeheim, wie man mit einer Tat wie der seinen auf dem Gewissen auch nur einen Hauch von Frieden finden konnte, sei es auch nur für einen Augenblick. Erschien ihm sein Sohn wenigstens im Traum? Oder war er zu einer Übereinkunft mit Gott gekommen, die ihm irgendeine Art von privatem Trost verschaffte? Wie hatte er die zahllosen Stunden und Tage im Gefängnis nur überlebt, selbst im Exil noch gemieden, von allen verachtet, ohne Freunde, mutterseelenallein?

Zum ersten Mal kam mir der Gedanke, dass für Ronald O'Bryan der Tod womöglich sogar ein durchaus willkommenes Ende eines zur unvorstellbaren Tortur gewordenen Lebens war.

Fast als hätte er meine Gedanken gelesen, setzte er sich auf, um mir eine Frage zu stellen.

»Sagen Sie, Herr Kaplan«, meinte er, »was ist Ihrer Ansicht nach von allen Sünden die unverzeihlichste?«

»Laut der Bibel«, antwortete ich, »eine Blasphemie gegen den Heiligen Geist.«

»Und wie viele Sünden kann Gott einem vergeben?«

Ich war bis dahin noch nicht einmal auf den Gedanken gekommen, Vergebung könne nach einem Quotensystem funktionieren.

»Darauf habe ich keine Antwort, Ron.«

Wenn das Urteil über das Leben eines Menschen gesprochen wurde, überlegte er, würde dabei alles in Betracht gezogen, was er gemacht hatte? Oder richtete sich das Urteil nach seiner Verfassung am Ende seines Lebens?

Ohne auf eine Antwort zu warten, fuhr er fort. »Ich glaube, dass mir Gott vergeben hat«, sagte er. »Ich kann meine Fehler nicht rückgängig machen, aber ich glaube, dass ich in den Himmel komme. Ich bin ein ganzes Leben Christ gewesen, wissen Sie.«

Er sprach noch einige Minuten über seine hausgemachte Philosophie der Reue und Vergebung, kam dabei aber nicht mit einem Wort auf das Verbrechen, dem er das vorzeitige Ende seines Lebens verdankte. Im Lauf der Jahre war praktisch jeder zum Tode Verurteilte, mit dem ich zu tun gehabt hatte, irgendwann auf seine Familie gekommen. Ihm kam nicht ein einziges Mal Timmys Name über die Lippen. Ebenso wenig erwähnte er seine Tochter oder seine Frau.

*

Am frühen Nachmittag sagte man mir, dass seine Freundin Kim eingetroffen sei. Als ich in den Besucherraum trat, fand ich eine kleine, eher zarte junge Frau, der es ins Gesicht geschrieben stand, dass sie nicht wusste, was sie hier machte. Sie hatte sich hübsch angezogen und hatte eine Bibel, einen Block und einen Kugelschreiber dabei.

Ich erklärte ihr die Spielregeln und sagte ihr, dass sie zwei Stunden mit ihm habe. »Aber Ron hat mir gesagt, wir könnten den ganzen Nachmittag zusammen sein«, wandte sie ein, wenn auch ohne große Überzeugung.

Ich konnte beim besten Willen nicht verstehen, was sie an einem 39-Jährigen interessieren sollte, der wegen Mordes kurz vor der Hinrichtung stand. Hübsch und kindlich wie sie war, hätte sie ihr Wochenende besser mit Schulfreunden verbracht, statt mit mir in den Todestrakt zu kommen. Ihre Beziehung zu O'Bryan mochte als Projekt für ihr Journalistikstudium begonnen haben, war aber ganz offensichtlich im Lauf der Zeit persönlicher geworden. Ich konnte nicht anders, aber mir drängte sich die Frage auf, ob diese junge Frau, die genauso alt war, wie Timmy O'Bryan mittlerweile gewesen wäre, hätte man seinem Leben nicht ein vorzeitiges Ende gemacht, ob sie für den Mann, den sie besuchte und später sterben sehen sollte, nicht unwissentlich so etwas wie ein Familienersatz geworden war.

Nachdem die beiden sich im Besucherbereich eingerichtet hatten, zog ich mich zu den Wärtern am anderen Ende des Korridors zurück. Während ich aus der Distanz zusah, hatte ich den Eindruck, dass nur O'Bryan redete, während Kim, die kleinen Hände im Schoß gefaltet, nur zuhörte.

Als dann die Zeit, die sie hatten, ihrem Ende entgegenging, rief O'Bryan mich an die Besuchszelle. »Ich würde ihr gern ein paar von meinen Sachen geben«, sagte er.

Ich erklärte, dass er ihr nichts direkt geben dürfe. Er würde schriftlich darum eingeben müssen, und ich würde damit zum Anstaltsdirektor gehen. »Ich verspreche, dass sie die Sachen später bekommt«, sagte ich.

Dass selbst an seinem letzten Tag noch die Bürokratie das Gefängnisleben bestimmte, überraschte den Häftling nicht mehr. Kurz nach vier begleitete ich Kim zurück an die Pforte und sah das vertraute Bild. Immer dasselbe. Obwohl sie ausdrücklich Bedenken geäußert hatte, sich dem Fragenhagel der Presse zu stellen, hielt sie draußen sofort auf die Fernsehkameras zu, die man auf der anderen Straßenseite aufgestellt hatte. Später erfuhr ich, dass sie ihnen schilderte, wie sie und O'Bryan gebetet hätten und dass sie ihm aus ihrer Bibel vorgelesen habe.

Ich hatte die beiden während des ganzen Besuchs auch nicht einmal die Köpfe senken sehen, noch hatte sie die Bibel auch nur aufgeschlagen.

»Sie ist eine gute Zuhörerin«, sagte ein geradezu verjüngter O'Bryan, als ich in den Todestrakt zurückkam. Und dann, als hätte er gewusst, was mich beschäftigte, fügte er hinzu: »Jeder braucht einen Freund, Herr Kaplan. Sie ist die einzige Freundin, die ich habe.«

Unmöglich vorauszusagen, wie schnell oder wie langsam die letzten Stunden vor einer Hinrichtung vergehen. In einigen Fällen schienen sie nur so dahinzufliegen, als wäre die Uhr gnädig auf »Fast Forward« gestellt; andere wurden zur Qual, die Zeit schien stehen geblieben zu sein. In O'Bryans Fall hatten wir beide den Eindruck, sie fliege nur so dahin.

Bis zum späten Nachmittag hatten wir die Prozeduren durchgesprochen, die folgen sollten – eine Dusche, seine letzte Mahlzeit, die Vorbereitung einer letzten Erklärung, falls er eine zu machen gedachte. Er habe noch einige Briefe zu schreiben, sagte er, und wäre noch gern einige Zeit allein. Später würde er dann noch gern seinen Vater anrufen.

Bevor ich ging, fragte ich ihn noch nach Kaplan Barnes. »Er wartet schon den ganzen Tag in meinem Büro«, sagte ich. »Wollen Sie ihn denn nicht sehen?«

Er zuckte die Achseln. »Später vielleicht«, sagte er.

Da ich das als »ja« deutete, kam ich um halb acht mit dem Kaplan aus Ellis zurück. Sie sprachen nur kurz miteinander. »Ich würde jetzt gern meinen Vater anrufen«, sagte O'Bryan, als er Barnes die Hand drückte und ihm für sein Kommen dankte.

*

Um es hier ganz offen zu sagen, es gibt keine Privatsphäre im Todestrakt. Selbst wenn sich alle Unbeteiligten ans andere Ende des Korridors zurückziehen, ist bestenfalls das leiseste Flüstern nicht mehr zu hören. Ich konnte also gar nichts dagegen tun, mitzuhören, als O'Bryan vor seiner Zelle abwechselnd mit seinem Vater, seinem Bruder und seiner Stiefmutter sprach. Schließlich, als das Gespräch dem Ende entgegenging, hörte ich ihn sagen: »Dad, mach dir keine Vorwürfe wegen dem, was ich getan habe. Du bist ein guter Vater gewesen. Ich bin okay. Ich komme in den Himmel.«

Mit diesen Worten winkte er mir zu und hielt mir den Hörer entgegen, damit ich auflegte.

Er schrieb seine Briefe fertig und steckte sie in Umschläge. »Ich habe keine Marken«, sagte er. Ich griff in die Tasche und gab ihm ein Heftchen mit Briefmarken. »Ich sorge schon dafür, dass sie zur Post kommen«, sagte ich.

»Könnten Sie mir noch einen Gefallen tun?«

Ich nickte.

»Ich habe mir Gedanken gemacht, was meine letzte Erklärung angeht«, sagte er, »und ich hatte gehofft, Sie könnten mir damit helfen. Ich würde sie gern aufschreiben und dann vorlesen, wenn wir da reingehen. Dann hätte ich gern, dass Kopien davon an die Medien gehen.«

Es war das erste Mal, dass ein Häftling darum bat, eine Erklärung verlesen zu dürfen. »Da muss ich erst mit dem Direktor reden.«

Pursley lehnte das Ersuchen sofort ab. »Er ist angeschnallt«, sagte er, »ich werde dem doch keine Erklärung hinhalten, damit er sie vorlesen kann. Und das gilt auch für Sie.« Er zeigte sich aber bereit, die Erklärung zu kopieren und an die Presse weiterzugeben.

O'Bryan schrieb bereits wieder, als ich zurückkam, um die Entscheidung des Direktors zu überbringen. »Schreiben Sie mal«, sagte ich, »wir üben sie einfach ein.«

Schließlich las er sie mir vor.

> Was hier in wenigen Augenblicken geschieht, ist falsch! Aber als Menschen machen wir nun einmal unsere Fehler. Diese Hinrichtung ist ein solches Unrecht. Das heißt aber nicht, dass unser Justizsystem an sich ein Unrecht ist. Deshalb möchte ich hier allen vergeben, die in irgendeiner Weise zu meinem Tod beigetragen haben.
>
> Außerdem bitte ich darum, dass alle, die ich in meinen 39 Jahren in irgendeiner Weise beleidigt haben sollte, mir vergeben, so wie ich jedem vergebe, der mich irgendwann beleidigt hat. Und ich bitte Gott im Gebet um Vergebung für einen jeden von uns, sind wir doch alle nur Menschen.
>
> An meine Lieben geht meine unsterbliche Liebe. An alle, die mir nahe stehen: Seid versichert, dass ich euch von Herzen liebe, einen wie den anderen. Gott segne euch alle, und möge Gottes Segen immer mit euch sein.

»Wie hört sich das an – okay?«

Ich nickte. »Kann ich Sie was fragen?«

»Was denn?«

»All die Jahre hatten Sie der Presse nichts zu sagen. In letzter Zeit geben Sie Interviews, und jetzt wollen Sie die Erklärung hier unter den Reportern verteilen. Warum?«

»Ich wollte den Leuten nur klar machen, dass ich gegen die Todesstrafe bin … für mich oder für irgendjemanden. Ich hatte einfach das Gefühl, meine Gefühle über die Todesstrafe zum Ausdruck bringen zu sollen.«

*

Fast eine Stunde lang hörte ich zu, während der er mir immer wieder seine Erklärung vorlas. Er lernte sie auswendig. Gelegentlich änderte er ein Wort. Und dann legte sich eine so ausgeprägte Stille über den Todestrakt, dass ich meinen eigenen Atem hörte. Ich hatte das Radio abgestellt, während O'Bryan seine Erklärung eingeübt hatte, und die Dienst habenden Wärter saßen schweigend am anderen Ende des Flurs. Dem Mann, mit dem ich den Tag verbracht hatte, waren die Themen ausgegangen.

Schließlich, um Viertel vor zwölf, fragte er, ob ich so gut wäre, ihm das Stück Bostoner Sahnetorte zu holen, das ich auf seine Anweisung in die kleine Eisbox am Ende des Korridors gelegt hatte. Sie stammte von seiner letzten Abendmahlzeit. Er aß zwei Bissen davon und spülte den Rest die Toilette hinunter. »Scheint fast so, als wäre mir der Appetit vergangen«, sagte er.

Ich sagte ihm, es sei an der Zeit, das Hemd überzuziehen.

Er nickte und begann, sich anzuziehen. Schließlich wandte er mir den Kopf zu und sah mich einige Sekunden an, bevor er sprach. »Sind Sie bereit?« fragte er.

»Ron«, antwortete ich, »die Frage ist: Sind Sie bereit?«

Die Digitaluhr des Radios bewegte sich auf zwölf zu. »Herr Kaplan«, sagte er, »werden Sie beten, wenn wir da reingehen?«

»Ja.«

»Was werden Sie denn beten?«

»Ein Gebet wie das von Jesus am Kreuz: Vater, in deine Hände befehlen wir diesen Geist …«

Er streckte eine Hand durch das Gitter und sagte nur: »Danke.«

Er sagte dann kein Wort mehr, bis er auf die Bahre geschnallt war. Er bat mich, ihm die Brille abzunehmen. »Ich möchte nur, dass Sie wissen«, flüsterte er, »wie dankbar ich Ihnen bin, dass Sie hier sind.«

Obwohl ich mich ganz auf die Bahre konzentrierte, bekam ich mit, dass man die Zeugen hereinführte – Reporter, den Justizminister, den Sheriff, der die Ermittlungen in dem Fall geleitet hatte, und die junge Studentin. Ich hörte sie weinen.

Als der Direktor fragte, ob er noch einige letzte Worte habe, sagte O'Bryan wortwörtlich seine Erklärung auf, fügte aber noch ein kurzes Postskriptum hinzu. »Während meiner Zeit hier«, sagte er, »wurde ich vom Anstaltspersonal immer gut behandelt.«

Direktor Pursley nahm schließlich die Brille ab und gab Zeichen, mit der Hinrichtung zu beginnen. Ich sah zu, wie die Hände des Häftlings erschlafften, seine Lider schlossen sich zuckend. Er atmete noch einmal aus, dann nahmen seine Lippen eine blaue Färbung an. Binnen zwei Minuten war Ronald O'Bryan tot.

Als ich so dastand und darauf wartete, dass die Bestatter kamen, um die Leiche abzuholen, konnte ich nicht umhin, diesen raschen, friedlichen Tod, dessen Zeuge ich eben geworden war, mit dem eines kleinen Kindes zu vergleichen, das sich vor Schmerzen gewunden hatte, Schaum vor dem Mund, und schließlich an seinem Erbrochenen erstickt war.

*

Es war noch früh am Morgen des nächsten Tages, da rief der Anstaltsleiter an. Man habe O'Bryans Leiche in ein Bestattungsinstitut am Ort gebracht, sagte er, und der Chef dort wolle wissen, wer einen Anspruch darauf hätte. Als ich noch mal die Papiere durchging, die der Häftling ausgefüllt hatte, sah ich, dass sich seinen Angaben nach ein Angehöriger um seine sterblichen Überreste kümmern würde. Außerdem hatte er ein Dokument unterschrieben, in dem er seine Augen einer Augenbank vermachte.

»Lassen Sie mich mal bei seinem Vater nachfragen«, schlug ich ihm vor.

Obwohl er seinen Sohn während der acht Jahre nicht ein einziges Mal im Gefängnis besucht hatte, sagte O'Bryan Senior, er würde nach Huntsville kommen und die Leiche abholen. Als Timmy gestorben war, so erklärte er, habe die Versicherung der Mutter einen Scheck über 20000 Dollar zuzustellen versucht, aber sie habe sich geweigert, das Geld anzunehmen. O'Bryans Vater, der in der Police ebenfalls als Begünstigter genannt war, hatte das Geld dann angenommen, es aber auf ein Konto gegeben, um es eines Tages seiner Enkeltochter zu vermachen. Er würde, so sagte er, etwas davon für die Beerdigung seines Sohnes verwenden.

Es gehörte zum Prozedere, ihn zu fragen, wo die Beerdigung stattfinden solle. »In diesem Fall«, so sagte ich, »ist es vielleicht besser, wenn den Ort niemand kennt.« Der Vater erklärte sich einverstanden. Es wäre niemandem damit gedient, irgendwelchen Witzbolden eine Idee für künftige Halloweenfeiern zu liefern und sie praktisch an das Grab des Mannes einzuladen, der den Feiertag verdorben hatte.

So wurde denn Ronald O'Bryan unter falschem Namen auf einem Friedhof beerdigt, den keiner seiner Verwandten je besucht hat, bis auf den heutigen Tag; Sarg und Grabstein wurden von dem Geld bezahlt, das er selbst zu bekommen gehofft hatte, indem er den Tod seines eigenen Kindes herbeiführte.

Kapitel Sechzehn

Während die Zahl der Hinrichtungen in Texas weiter stieg und die Kritiker die Praxis erbittert mit einem außer Kontrolle geratenen Fließband verglichen, hatte ich mich noch immer nicht öffentlich zu meinen Ansichten über die Todesstrafe geäußert, weder gegenüber Journalisten noch Gefangenen oder Mitarbeitern im Gefängnis selbst. Meine Philosophie lautete nach wie vor: Meine persönliche Meinung hat so oder so keinen Einfluss auf die Pflichten, die zu übernehmen ich mich bereit erklärt hatte. Ich war der Gefängniskaplan, schlicht und ergreifend; ich war weder Richter noch Jury noch Scharfrichter. Ebenso wenig, wie ich der Rächer der Opfer war. Die Gerechtigkeit, wie immer man sie definieren mag, war nicht mein Gebiet. Ich hatte mit der Rechtsprechung nichts zu tun, geschweige denn, dass ich einen Einfluss auf sie gehabt hätte. Die Hinrichtung war beschlossene Sache, lange bevor ich den Menschen, der da zum Tode verurteilt worden war, überhaupt kennen lernte. Ich war dabei, weil kein Mensch den letzten Weg allein anzutreten haben sollte.

So hatte ich mir unbeirrt eine sichere (und, wie ich dachte, komfortable) Distanz zu der Prozedur bewahrt, aber es war eine Gratwanderung, deren Grat von Jahr zu Jahr schmaler geworden war. Und dennoch hatte ich immer das Gefühl gehabt, die Stellung halten zu müssen. 1995, am letzten Tag des Januars, änderte sich das.

Zum ersten Mal seit 1951, als noch Old Sparky im Einsatz war, der berühmt-berüchtigte elektrische Stuhl (der in der ominösen Kiste aufbewahrt wurde, die mir bei meinem ersten Besuch im alten Todestrakt aufgefallen war), sollten zwei Männer in einer Nacht hingerichtet werden.

The Walls selbst hatte damit gar nichts zu tun gehabt. Es war einfach das Resultat der Entscheidungen zweier texanischer Richter, die – 350 Meilen voneinander entfernt – nicht gewusst hatten, was der andere tat. So hatte man im Taylor County Clifton Russell wegen eines Raubmords in Abilene zum Tode verurteilt und die Hinrichtung für den 31. Januar anberaumt. Im Harris County hatte man Willie Williams ähnlicher Verbrechen für schuldig befunden, und auch er sollte sterben, am selben Tag.

Die beiden sollten der sechsten und siebten Hinrichtung des Monats zum Opfer fallen, und ich war seelisch am Ende. Zum ersten Mal in meiner ganzen Zeit als Gefängniskaplan passierte es mir, dass ich mich überwinden musste, mich morgens zum Dienst zu melden, und es kam immer häufiger vor. Mit einem Mal begann ich zu verstehen, weshalb der Direktor nach einer Hinrichtung oft tagelang nicht zum Dienst erschienen war. Jetzt spürte auch ich die Belastung.

Die Gefangenen hatten ganz richtig gelegen mit ihrer scharfsichtigen Beobachtung: Ich veränderte mich.

Man hatte beschlossen, Russell, der fast fünfzehn Jahre im Todestrakt zugebracht hatte, als ersten ins Todeshaus zu bringen; alles weitere sollte nach der üblichen Routine verlaufen. Und erst wenn die Hinrichtung vollzogen war, wollte man Williams, der seit vierzehn Jahren im Gefängnis saß, aus Ellis herüberschaffen. Hier jedoch endete für mich jeder Anschein von Normalität. So sehr Direktor Pursley mir versichert hatte, ausreichend Zeit mit beiden Gefangenen verbringen zu können, von dem Augenblick an, an dem ich am Morgen aufstand, um mich auf den längsten Tag meines Lebens vorzubereiten, dachte ich nur noch »Fließband, Fließband, Fließband«, und es ging mir nicht mehr aus dem Kopf.

*

Schon als Teenager hatte Clifton Russell ständig Ärger mit der Polizei gehabt, bevor er und sein Komplize Willie Battee schließlich auf dem Parkplatz eines Minimarkts den Fluglotsen Hubert Tobey entführten. Man fand den 41-Jährigen später vor einem unbewohnten Haus; man hatte ihm mit einem Betonblock den Schädel eingeschlagen, außerdem wies die Leiche mehrere Einstiche auf. Russell und Battee nahm man später in New Mexico fest, wohin sie im Wagen ihres Opfers geflohen waren, der noch voller Blutflecke war. Man verhaftete sie, nachdem ein Einkaufszentrum die Polizei informiert hatte, man hätte dort mit Tobeys als gestohlen gemeldeten Kreditkarten zu bezahlen versucht.

Nach einem Deal mit der Staatsanwaltschaft, die ihm statt des Todes 60 Jahre Haft zugesichert hatte, sagte Battie später gegen seinen Komplizen aus. Die Geschworenen, die die scheußlichen Einzelheiten des Verbrechens gehört hatten, sprachen Russell rasch schuldig, und der Richter verhängte das Todesurteil.

In den Tagen vor seiner Verlegung ins Todeshaus hatte Russell der Presse gegenüber seiner Unzufriedenheit mit dem System Luft gemacht. Bei seiner Verurteilung kurz nach seinem 18. Geburtstag waren die Geschworenen sich einig gewesen, er würde eine fortwährende Bedrohung für die Gesellschaft darstellen, falls man ihn leben ließ. »Ich sitze seit fast fünfzehn Jahren im Gefängnis«, sagte er, »und Sie finden in meiner Akte nicht ein Wort darüber, dass ich auch nur einmal gewalttätig geworden wäre. Was ich getan habe, war falsch, es ist nicht zu entschuldigen, das weiß ich. Aber auch das, was der Staat jetzt mit mir vorhat, ist ein Gräuel.«

Als man ihn brachte, war ich auf einen entsprechend zornigen Menschen gefasst. Stattdessen sah ich einen 38-Jährigen, der weit älter aussah. Sein Gesicht wirkte müde und resigniert; der Blick seiner glanzlosen Augen schien auf etwas gerichtet, was ich nicht sah. Clifton Russell war seines Gefängnislebens müde und zum Sterben bereit.

Den ganzen Tag über wünschte er sich kaum mehr, als dass es endlich soweit sei. Er wollte niemanden sehen, noch wollte er später bei der Hinrichtung Freunde oder Verwandte als Zeugen dabeihaben. Als letzte Mahlzeit verlangte er, was es auch für die anderen im Speisesaal gab. Außerdem wies er mich darauf hin, dass niemand seine Leiche abholen würde.

Was die Prozedur anging, so schien er zu wissen, was ihn erwartete, offensichtlich aus Gesprächen mit anderen Verurteilten, die nach einem Hinrichtungsaufschub wieder nach Ellis gekommen waren. »Sieht ganz so aus«, sagte er lächelnd, »als würden Sie mir heute die Hand halten und mich morgen unter die Erde bringen.«

Wenn er überhaupt den Mund aufmachte, dann sprach er davon, im Gefängnis zum Glauben gefunden zu haben, und wie tröstlich das für ihn gewesen sei. Und über die lange Nacht, die uns bevorstand.

»Ich kann mir vorstellen, wie schwer das für Sie sein muss«, bemerkte er.

Ich nickte nur in der Hoffnung, dass mir meine Müdigkeit nicht anzusehen und dass es nicht allzu offensichtlich war, dass wir eine Überzeugung teilten – dass Hinrichtungen so unmittelbar hintereinander unmenschlich waren. »Meine Sorge«, so antwortete ich, »ist ganz auf Ihre Bedürfnisse ausgerichtet.«

»Die«, sagte er, »sind recht einfach, Herr Kaplan. Ich bin gefühllos. Schon seit langem. Das wird man nämlich nach einer Weile in Ellis. Ich will es nur endlich hinter mich bringen.«

Den ganzen Tag über, bis in die Nacht hinein, trank er Kaffee, schrieb Briefe, ging in der Zelle auf und ab; hin und wieder schlief er ein wenig. Er telefonierte kurz mit einigen Leuten – seiner Mutter, seinen Brüdern und schließlich noch mit einer jungen Frau, mit der er sich angefreundet hatte; sie war es auch gewesen, die ihm den Weg zum Christentum gewiesen hatte.

»Wissen Sie«, sagte er nach seinem letzten Anruf, »ich war selber überrascht, wie wenig ich eigentlich zu sagen hatte. All die Monate, ach was, Jahre, die mir diese Nacht nicht aus dem Kopf gehen wollte, immer habe ich gedacht, es gäbe noch so vieles zu tun und dass mir dazu keine Zeit mehr bleiben würde. Dabei ist alles ganz anders, finden Sie nicht? Hier drin vergeht nur Zeit, und letztlich wartet man nur.«

Einige Minuten vor Mitternacht schließlich hatte das Warten ein Ende. Der Direktor kam, was das Zeichen war: Es war Zeit für den letzten Gang.

Russell verspürte kein Bedürfnis, seine letzten Worte zu üben; er war sich noch nicht einmal sicher, ob er überhaupt etwas sagen sollte. Nachdem man ihn dann auf die Bahre geschnallt hatte, bedankte er sich jedoch bei Familie und Freunden, die ihn während all der Jahre im Gefängnis nicht im Stich gelassen hatten, und mit der Bitte, seine Worte weiterzugeben, sprach er seinen Brüdern Mut zu. Dann sah er mich an und nickte schweigend. »Ich danke meinem Vater, dem Herrn im Himmel, für die Gnade, die er mir zuteil werden ließ«, sagte er. Und als er die Augen schloss, fügte er noch hinzu: »Ich bin so weit.«

Um 12.19 erklärte man Clifton Charles Russell Junior für tot. Man hatte bereits in Ellis angerufen und angeordnet, Willie Williams nach Huntsville zu bringen.

*

Während ich in der Todeskammer auf die Leute vom Bestattungsinstitut wartete, die Russells Leiche abholen sollten, kam Morris Jones, der Pursley nach dessen Pensionierung als Anstaltsleiter abgelöst hatte, noch einmal herein. Der Ausdruck auf seinem Gesicht sprach Bände – wir bewegten uns auf unbekanntem Terrain. »Wie es weitergeht«, sagte er, »liegt ganz an Ihnen. Nehmen Sie sich mit dem Nächsten so viel Zeit, wie Sie Ihrer Ansicht nach brauchen. Kümmern Sie sich um ihn. Machen Sie alles so, wie Sie es für nötig halten.«

Noch während er sprach, ersetzte man die Kanülen und Schläuche, durch die das tödliche Gift in Russells Venen gelangt war, durch neue. Sobald die Leiche fortgeschafft war, würde auch die

Bahre gewischt. Ich konnte nicht anders, aber der Vergleich mit einem Restaurant in der Stoßzeit drängte sich auf, in dem Hilfskellner an einem eben frei gewordenen Tisch Geschirr und Besteck abräumten und ein neues Tuch auflegten, so dass man das nächste Grüppchen Gäste hereinführen konnte.

Direktor Jones legte mir eine Hand auf die Schulter und drückte sie. Langsam schüttelte er den Kopf. »Ich bin im Büro«, sagte er, als er sich zum Gehen wandte. »Rufen Sie an, wenn Sie das Gefühl haben, dass er so weit ist.«

Ihn traf keine Schuld – wenn überhaupt, so hatte er sich unglücklich ausgedrückt, das war alles. Trotzdem, als er ging, lief es mir eisig über den Rücken. *Rufen Sie an, wenn Sie das Gefühl haben, dass er so weit ist.* Die Entscheidung, wann Willie Williams sterben sollte, lag damit ganz bei mir. Ich war damit, plötzlich und ohne das je gewollt zu haben, Teil der Prozedur, aktiver Teilnehmer am geplanten Tod eines anderen Menschen – mir wurde schlecht. Mitten in der Nacht, in der ersten stillen Stunde eines neuen Tages, hatte ich eine Linie überschritten, ein Schritt, gegen den ich mich so lange gewehrt hatte.

*

Ich wollte, ich könnte sagen, dass ich mich noch an jede Einzelheit meiner Zeit mit Williams erinnere. Aber um ehrlich zu sein, die Erinnerung ist bestenfalls nebelhaft. Zum ersten und einzigen Mal in meiner Dienstzeit als Kaplan begleitete ich einen Mann in den Tod, ohne eine rechte Vorstellung davon zu haben, wer dieser Mensch war.

Noch heute erinnere ich mich an ihn nur in Schnappschüssen und Gesprächsfetzen. Ich erinnere mich immerhin noch daran, dass das Warten ihn ganz offensichtlich furchtbar mitgenommen hatte. Als er in den Zellengang kam, war er nervös und atmete kurz und flach. Die Hand, die er mir reichte, zitterte, und er musste sich erst räuspern, bevor er meinen Gruß erwidern konnte.

Williams war 1982 erst 23 gewesen, als er und Joseph Nichols, ein Freund von ihm, in Houston im Alkohol- und Drogenrausch loszogen und eine ganze Reihe von Verbrechen begingen. Sie hatten bereits zwei bewaffnete Raubüberfälle hinter sich, als die beiden Hilfsarbeiter in einen Minimarkt gingen und zwei Corn Dogs und Bier bestellten. Als Claude Schaffer, der Ladeninhaber, die Kasse öffnete, zogen sie ihre Waffen und befahlen ihm, hinter der Ladentheke niederzuknien, während sie das Geld stahlen. Bevor sie flüchteten, schossen sie ihm noch in den Rücken.

In den Tagen vor ihrer Verhaftung begingen Williams und Nichols noch zwei weitere bewaffnete Raubüberfälle. Obwohl Williams den Mord an Schaffer gestand, lautete das Urteil bei beiden Männern auf Tod.

*

Obwohl er sich als Muslim bezeichnete, hatte Williams nicht um einen Imam gebeten. Auch telefonieren wollte er nicht. Ihm war noch nicht einmal nach einem Gespräch. Ich versuchte ihm klar zu machen, dass wir uns nicht zu beeilen bräuchten, so spät es auch sein mochte, und erinnere mich noch an seine Antwort darauf: »Ich hatte gestern Nachmittag drüben in Ellis netten Besuch von meiner Mutter und meinem Stiefvater. Seither warte ich nur noch, und ich bin wirklich müde«, sagte er. »Ich will es nur hinter mich bringen.«

So kam es, dass wir fast augenblicklich über die Prozedur sprachen, die ihm bevorstand. Ich weiß noch, dass ich zu gern etwas getan hätte, um ihm zu versichern, dass man seine Situation nicht auf die leichte Schulter nahm, ihm irgendwie klar zu machen, dass er so wichtig war wie jeder andere, der ins Todeshaus kam. Einmal lachte er kurz auf und meinte, ich scheine ihm nervöser zu sein als er selbst. »Hey«, fügte er hinzu, »Sie haben das schon öfter gemacht als ich.«

Seine Mutter, so sagte er mir, würde seine Leiche abholen.

Auch seine Habe würde sie mitnehmen. Merkwürdig, dass ich mich nicht mehr erinnere, was er in der Nacht aus Ellis mit nach Huntsville gebracht hatte, aber bis auf den heutigen Tag weiß ich noch, wie viel Geld er zum Zeitpunkt seines Todes auf seinem Hauskonto hatte. Willie Williams starb mit einem Vermögen von genau einem Cent.

»Herr Kaplan«, sagte er, als wir die Formalitäten hinter uns hatten, »wie lange muss ich noch warten?«

»Das liegt ganz bei Ihnen. Wir können uns unterhalten. Vielleicht wollen Sie noch jemandem schreiben. Es ist spät, aber wenn Sie jemanden anrufen wollen«, sagte ich, »wir können es gern versuchen.«

Er schüttelte den Kopf. »Ich bin so weit, bringen wir's hinter uns.«

»Sind Sie sicher?«

»So bald wie möglich.«

Ich rief den Direktor an. »Er ist so weit«, sagte ich.

Und um 1 Uhr 57, kaum anderthalb Stunden nach dem Tod von Clifton Russell, erklärte man Willie Ray Williams für tot.

Kurze Zeit darauf begann ich, Bauchschmerzen zu entwickeln, für die mein Arzt trotz sämtlicher Tests, die ihm einfallen wollten, keine physische Erklärung fand. Ich wusste, mein Problem war nicht physischer, sondern geistiger und seelischer Art. Ich hatte zu viele Menschen im Namen von Gerechtigkeit und Vergeltung sterben sehen. Meine Gefühle gegenüber dem, was sich da mit zunehmender Häufigkeit abspielte, waren stärker geworden. Es fiel mir zunehmend schwer, für mich zu behalten, für wie barbarisch ich diese Hinrichtungen hielt. Ich begann die Möglichkeit in Betracht zu ziehen, dass es Zeit war, alledem den Rücken zu kehren.

Immer wieder hatten Verurteilte in ihrer Zelle im Todeshaus in den letzten Stunden ihres Lebens ein und dieselbe Frage gestellt. Sie waren im Allgemeinen Menschen ohne Bildung, aber die schlichte Logik ihrer Frage hätte in ihrer Weisheit auch einem Gelehrten alle Ehre gemacht. Wie, so fragten sie immer wieder, konnte der Staat einen Menschen töten, um zu zeigen, dass es falsch ist, einen Menschen zu töten.

Ich hatte keine befriedigende Antwort darauf. Weil es eine solche, um die Wahrheit zu sagen, nicht gibt.

*

Rückblickend wäre diese Zeit noch viel schwerer für mich gewesen, hätte ich nicht eine neue Stütze in meinem Leben gehabt. Im Juni 1990 hatte ich wieder geheiratet.

Ich kannte Jane seit meiner Zeit als Pfarrer bei der First Presbyterian Church. Sie und ihr Mann waren 1969 nach Huntsville gezogen und hatten sich von Anfang an in der Kirche engagiert. Ich hatte ihre Kinder getauft und schließlich die Trauung zweier ihrer Töchter vorgenommen. Als es in ihrer Ehe zu kriseln begann, hatte das Paar bei mir Rat gesucht.

Schließlich ließen sie sich dann scheiden, und ich verlor den Kontakt. Ich hatte damals bereits im Gefängnis angefangen und nahm den Gottesdienst in der kleinen Kirche in Shiro vor; ich hatte meine privaten Probleme gelöst und richtete mich langsam, aber sicher in meinem Leben als allein stehender Vater ein.

Ein Jahr darauf trat ich eines Sonntagvormittags von der Kanzel und sah zu meiner angenehmen Überraschung Jane und zwei ihrer Töchter in meiner kleinen Gemeinde. Es tat gut, eine alte Bekannte zu sehen, und ich fühlte mich geschmeichelt, als Jane erklärte, sie sei gekommen, weil ihr meine Predigten fehlten.

Obwohl sie noch in der Kirche in Huntsville engagiert war, begann sie praktisch regelmäßig in meinen Gottesdienst in Shiro zu kommen. Als ich mich eines Tages anschickte, zur Jahreskonferenz unserer Kirche im nahe gelegenen Bryan zu fahren, hörte ich, dass sie als Vertreter der First Presbyterian Church teilnehmen würde. Ich schlug ihr vor, doch gemeinsam zu fahren.

Als wir uns an jenem Nachmittag zusammen Joan Salmon Campbells bewegende Predigt anhörten, passierte etwas ganz Bemerkenswertes. Während ich ihr zuhörte und zum Abschluss mit den anderen »Have Thine Own Way Lord« anstimmte, wurde mir klar, dass mein fester Entschluss, den Rest meines Lebens Junggeselle zu bleiben, reine Torheit war.

Später im Wagen, während die Heizung gegen Temperaturen unter dem Gefrierpunkt ankämpfte, schwieg Jane erst eine ganze Weile, aber schließlich fragte sie: »Hattest du auch so ein Gefühl während der Predigt?«

»Ich habe herausgehört«, antwortete ich, »dass wir beide uns über ein gemeinsames Leben unterhalten sollten.«

Sie zeigte mir das hübscheste Lächeln, das ich je gesehen hatte, und nickte. »Ich auch.«

Sechs Monate später setzten wir uns mit unseren Kindern zusammen – sie hatte drei, ich vier – und fragten sie, was sie dazu sagen würden, wenn wir heirateten. Die Entscheidung über unseren weiteren Lebensweg war rasch gefällt und einstimmig.

Jane ist eine bemerkenswerte Frau, eine gute Christin, eine liebende Mutter, und sie arbeitet unermüdlich in der International Rope Skipping Organization, die sich für Fitness unter Jugendlichen einsetzt, denen nach Wettbewerb ist, die aber mit Baseball oder Basketball nichts anfangen können. Selbst eine tüchtige Sportlerin, wurde sie rasch meine Partnerin beim gemischten Doppel.

Natürlich wusste sie, was ich im Gefängnis machte, ließ mich aber rasch wissen, dass sie von der Todesstrafe an sich nichts verstand. Wir waren noch gar nicht so lange verheiratet, da erhielt sie sozusagen die Feuertaufe in meiner Welt. Meine Tochter Charlotte war eines Abends ans Telefon gegangen, als ihr eine wütende Stimme entgegenschlug, die auf der Stelle gegen die Todesstrafe im Allgemeinen und mich im Besonderen zu toben begann. »Wenn dein Vater wirklich ein Christ wäre«, sagte die Frau, die sich nicht vorstellte, »dann würde er was tun, um diese Morde zu stoppen. Er würde auf die Bahre springen und dem Mann, den sie da umbringen, die Nadeln aus den Armen reißen.« Noch bevor Charlotte reagieren konnte, hatte die Frau mich einen Mörder genannt und den Hörer auf die Gabel geknallt.

Später am Abend saßen Jane und ich noch lange beisammen. Ich vertraute ihr einige der Probleme an, die ich langsam, aber sicher mit meiner Rolle bei der Prozedur bekam. »Ich weiß, es muss furchtbar schwierig für dich sein«, sagte sie, »aber was du für diese Männer tust, ist wichtig. Ich würde dir gern helfen, aber das kann ich nicht, wenn du mir nicht sagst, wie.«

Sie könne mir helfen, wenn ich mit ihr darüber sprechen könnte, sagte ich ihr; jemand, mit dem ich über den wachsenden Druck sprechen könnte, wäre ein Geschenk des Himmels. »Ich bin gut im Zuhören«, sagte sie. Als Dreingabe gewöhnte sie sich an, frischen Bananenpudding auf dem Tisch bereitzustellen, wenn ich nach einer Hinrichtung in den frühen Morgenstunden nach Hause kam. Bill Gaithers Gospelsongs zogen leise durch das Haus.

Ich kam mir vor, als hätte man mich aus der Arktis in die tröstliche Wärme eines lodernden Kaminfeuers geholt.

Mit der Zeit begleitete sie mich sogar gelegentlich ins Gefängnis, wenn ein zu Gast weilender Kollege den Gottesdienst hielt; dann saß sie neben mir in der Kapelle und verstand langsam, was sich nur aus eigener Erfahrung lernen ließ. Die Chapel of Hope, so versuchte ich ihr zu erklären, war die einzige Freistatt im Gefängnis, ein kläglicher Rest der wirklichen Welt draußen, der denen geblieben war, die sie besuchten. Als sie die ersten Gefangenen kennen lernte, wurde ihr bald klar, dass sie nicht alle die Tiere, die Ungeheuer waren, als die reißerisch aufgemachte Artikel in Kriminalmagazinen sie darstellten. Sie fand Freunde und erkannte bald, dass viele hinter Gittern trotz ihrer Fehler Menschen waren, die sich gar nicht so sehr von uns unterschieden. Und mit dieser Erkenntnis konnte sie auch die Philosophie hinter meinem Dienst als Seelsorger im Gefängnis nachvollziehen.

Mit der Zeit verstand sie auch die Ursachen meiner Frustration. Die scheinbar endlose Folge von Exekutionen führte mich immer weiter weg von dem, was ich in The Walls hatte erreichen wollen. Ich wusste, die Menschen, die man dort ins Todeshaus brachte, brauchten mich. Aber andererseits galt das auch für die, die um des bisschen Trosts willen, den ich vielleicht zu geben vermochte, in meine Kapelle kamen oder in mein Büro. Ich begann mir Sorgen zu machen, dass die beiden Verantwortlichkeiten sich in ihrer Wirksamkeit zu beeinträchtigen begannen.

Vielleicht, so vertraute ich Jane an, war es Zeit, ans Aufhören zu denken.

Kapitel Siebzehn

Angst, der Überzeugung bin ich schon lange, ist eines der finstersten und bedrückendsten Gefühle überhaupt. Ob es sich um die Nervosität vor dem Arztbesuch handelt oder um das ungute Gefühl beim Kontakt mit dem Finanzamt, Angst kann einen ersticken, lässt man ihr die Zügel schießen; sie begleitet einen vom Aufwachen bis zum Einschlafen und bestimmt unser Tun. Während die ersten Maitage des Jahres 1991 für viele nichts weiter waren als die Vorboten des Sommers, verbrachte ich sie in banger Erwartung einer Hinrichtung, die mir mehr zu schaffen machte als irgendeine andere, auf die ich mich je vorzubereiten hatte.

Zum ersten Mal sollte ich einen Mann betreuen, der einen dramatischen Einfluss auf mein eigenes Leben gehabt und mir eine seelische Narbe beschert hatte, die siebzehn Jahre später noch immer nicht verheilt war.

Ignacio Cuevas, mit neunundfünfzig Jahren der älteste Mann im Todestrakt von Ellis, sollte endlich für die Geiselnahme sterben, die mich vor nun so langer Zeit zum ersten Mal in das Gefängnis von Huntsville geführt hatte.

Und während der Termin seiner Hinrichtung näher rückte, durchlebte ich noch einmal die entsetzlichen elf Tage und Nächte des Jahres 1974, in denen Fred Carrasco, Rudolfo Dominguez und Ignacio Cuevas einige unschuldige Gefängnisangestellte als Geiseln genommen hatten. Die fast vergessenen Gesichter besorgter Familienangehöriger spukten durch meine Gedanken, und in meinem unruhigen Schlaf hörte ich das Flüstern zweier mutiger Frauen. Ich konnte mich des Gedankens nicht erwehren,

Judy Standley und Yvonne Beseda und die Erinnerung an sie zu verraten, wenn ich Cuevas betreute.

Wie eine Springflut stürzten die Ereignisse von damals über mich herein: das Gespräch, das ich mit Judy am Telefon geführt hatte, als sie bereits in den Händen der Geiselnehmer war, nur Stunden vor ihrem Tod; wir hatten über ihre eigene Beerdigung gesprochen, und sie hatte mir das Versprechen abgenommen, mit den Vorbereitungen auf die Hochzeit ihrer Tochter weiter zu machen, ganz wie geplant. Dann das Gespräch mit der Familie, der ich den Tod einer fürsorglichen Mutter und liebenden Gattin mitzuteilen hatte. Die Qualen, der rasende Zorn, die verzweifelten Gebete, die ungelösten Fragen, die mit diesem einen sinnlosen Augenblick der Geschichte verbunden waren, das alles hatte sich unauslöschlich in mein Gedächtnis eingebrannt. Unmöglich, es zu ignorieren.

Ich befürchtete, dass Cuevas womöglich über nichts anderes als die Geiselnahme sprechen wollte, und ich war mir nicht sicher, ob ich das vertrug.

Trotz meiner Bemühungen, mich auf meine tägliche Routine – den Gottesdienst, die Chorprobe, meine Runden im Krankenhaus – zu konzentrieren, lastete das, was da auf mich zukam, auf mir wie ein Stein. Seit dem Tag 1982, an dem Direktor Pursley bekannt gab, man habe die Todesstrafe wieder eingeführt, hatte ich insgeheim gehofft, dass dieser Termin, der nun amtlich geworden war, nie kommen würde. Nach all den Jahren im Todestrakt, nach all den Aufschüben, zu denen es gekommen war, hatte ich langsam, aber sicher daran zu zweifeln begonnen, dass Cuevas' Strafe je vollstreckt würde, und insgeheim war mir der Gedanke an immer neue Aufschübe nur allzu recht. Zweimal hatte man das Urteil gegen Cuevas aufgrund verfahrenstechnischer Spitzfindigkeiten kassiert. Der Staat Texas hatte über eine Million Dollar darauf verwendet, die physische Existenz wie die Bürgerrechte eines Mannes zu schützen, der eines unmenschlichen Verbrechens wegen verurteilt war, und das nicht nur ein-, sondern gleich dreimal. Es hatte ganz den Anschein, als würde der Berufungsprozess sich endlos hinziehen, bis Ignacio Cuevas irgendwann sang- und klanglos im Gefängnis verschied, ein alter Mann, der sich nie der Verantwortung für seine Verbrechen hatte stellen müssen.

Wenn ich ehrlich bin, so muss ich gestehen, dass diese Aussicht lange eine gewisse, wenn auch eigensüchtige, Erleichterung für mich gebracht hatte.

Jetzt freilich hatte sich eine neue Situation ergeben und mit ihr eine Reihe von Fragen, die mir ganz gehörig zu schaffen machten. Wie sollte ich einen Mann seelsorgerisch betreuen, der mir und vielen, die mir nahe standen, so schreckliches und nachhaltiges Leid zugefügt hatte? Und wie würde er reagieren, wenn er erfuhr, dass ich in der finsteren Augustnacht, in der die Geiselnahme auf so tragische Weise geendet hatte, noch nicht einmal Gefängniskaplan gewesen war, sondern der Pfarrer ausgerechnet der Kirche, in die seine Opfer gegangen waren? Wie in aller Welt, so fragte ich mich, spricht man den Familien der Überlebenden wie der Toten am Tag der Hinrichtung Trost und Mut zu? Und ich wusste, ich hätte genau das zu tun. Sollte jemand, der einen Menschen bis zu dessen gewaltsamen Tod als Pastor betreut hatte, auch demjenigen als Seelsorger zur Seite stehen müssen, der laut Gerichtsurteil für diesen Tod verantwortlich war? Wäre es überhaupt menschenmöglich, das dazu nötige Maß an Kraft und aufrichtiger Überzeugung aufzubringen?

Ich betete um eine Antwort. Und zum ersten Mal, seit ich das Amt als Kaplan im Todeshaus übernommen hatte, begann ich zu überlegen, ob ich mich nicht von der Aufgabe entbinden lassen sollte, die da auf mich zukam. Schließlich hieß mich dann eine höhere Macht, mich der Verantwortung zu stellen. Wie schon alle anderen, die vor ihm den Weg ins Todeshaus gefunden hatten, verdiente auch Ignacio Cuevas meine Zeit, meine Hilfe, meine emotionale Unterstützung – ja vielleicht sogar meine Anteilnahme.

So stand ich denn am 22. Mai nervös im Zellengang des Todeshauses, als Aufseher ihn in die kleine Zelle führten, in der er seine letzten Stunden zubringen sollte.

*

Trotz all der hässlichen Szenen, die mir so lange nicht aus dem Kopf gegangen waren, trotz all der Bilder von den bösen, verzweifelten Männern, die sich in der Gefängnisbibliothek verschanzt hatten, war Cuevas ganz und gar nicht das, was ich erwartet hatte. Die überlebensgroße Figur, die ich mir im Geiste geschaffen hatte, verschwand auf der Stelle, als ich einen Mann von einem Meter siebenundfünfzig und achtundsechzig Kilo hereinkommen sah, der sich wortlos auf einen Stuhl setzte, wo man ihm die Fußfesseln abnahm, die er auf der Fahrt von Ellis nach Huntsville getragen hatte. Das pechschwarze Haar, das ich von Zeitungsfotos her kannte, wies mittlerweile graue Flecken auf, während die braunen Augen hinter der Hornbrille stumpf waren – keine Spur von trotzig funkelndem Hass.

Er hob den Kopf und nickte mir wortlos zu.

Im Lauf der Jahre hatte ich immer wieder gehört, Cuevas habe sich die Masche zu Eigen gemacht, kein Englisch zu verstehen, und es darin zum Meister gebracht. Auf Anraten einer langen Reihe von Pflichtverteidigern und Bürgerrechtsleuten, die sich für seine Sache stark machten, hatte er sich hinter der angeblichen Unkenntnis einer Sprache verschanzt, die er laut zahlreicher Zeugenaussagen sehr wohl sprach – ganz deutlich hatten die Betroffenen ihn während der ganzen Geiselnahme Befehle und zornige Drohungen auf Englisch ausstoßen hören. An jenem Tag war ihm die Rolle des Opfers einer blutrünstigen Strafjustiz, das noch nicht einmal lesen und schreiben konnte, längst zur Rolle seines Lebens geworden. Und ganz wie zu erwarten, war denn auch die erste Reaktion auf den Direktor: »No hablo ingles.«

Da ich auf das Problem vorbereitet war, hatte ich darum gebeten, mir Sergeant Gilbert Cervantes, der fließend Spanisch sprach, als Dolmetscher zur Seite zu stellen. Obwohl ich überzeugt war, dass Cuevas jedes meiner Worte verstand, ging ich die nötigen Formalitäten mit Sergeant Cervantes als Dolmetscher durch.

Während aus den Dokumenten, die Cuevas früher in der Woche ausgefüllt hatte, klar hervorging, dass er bei seiner Hinrichtung keine Zeugen dabeihaben wolle, bestand er nun darauf, er habe von Anfang an seine Kinder dabeihaben wollen. Insbesondere sollte sein Sohn Ricardo dabei sein, um »sicher zu gehen, dass ich auch tot bin«.

Ein wütender Unterton kroch in seine Stimme, als er erklärte, warum. Schon seit Jahren, so sagte er, habe er Gerüchte gehört, laut denen man zum Tode Verurteilte nicht wirklich durch die Giftspritze hinrichtete, sondern bei lebendigem Leib auf dem Gefängnisfriedhof begrub. Er weigerte sich sogar, seine eigene Unterschrift auf einigen der Dokumente anzuerkennen; die, so sagte er, habe jemand gefälscht. Auf seinem Hauskonto, so behauptete er beharrlich, fehlten seiner eigenen Rechnung nach siebzehn Dollar. Seine trotzige Botschaft war klar: Das System behandelte ihn nach wie vor unfair – man belog ihn, man bestahl ihn, man wollte ihn tot sehen.

Und jedes seiner Argumente brachte er in tadellosem Englisch vor. Sergeant Cervantes schüttelte irgendwann empört den Kopf und sagte, er habe Besseres zu tun. »Sie brauchen mich hier nicht«, sagte er zu Cuevas, bevor er ging. Wofür der nur ein Lachen hatte.

Ein Testament wollte er nicht machen, aber er sagte, seine Habe wie auch seine Leiche seien nach der Hinrichtung seinem Sohn zu übergeben, falls es überhaupt dazu kam.

Nachdem die Formalitäten erledigt waren, begann ich ihm zu beschreiben, was ihn den Rest des Tages erwartete. Sein Anwalt vom Texas Resource Center, so versicherte ich ihm, sei im Haus, um den Stand seiner Gesuche um einen Aufschub zu verfolgen, und dass sich das höchstwahrscheinlich den ganzen Tag hinziehen würde. Ich versprach ihm, dass man ihm in dem Augenblick Bescheid sagen würde, in dem eine Entscheidung fiel.

Auf der Besucherliste, die er eingereicht hatte, befanden sich die Namen von zehn Kindern, einer Frau, einer Exfrau, einer katholischen Nonne und einer Freundin. Er schien sich zu meiner Überraschung recht sicher, dass alle kommen und darauf warten würden, bis sie an der Reihe waren, ihn zu sehen; immerhin ging aus seiner Akte hervor, dass er seit über einem Jahr keinen einzigen Besucher mehr gehabt hatte.

Die Einzigen, die tatsächlich kamen, waren sein Sohn Ricardo und dessen Frau Juana. Sie waren mit dem Wagen den ganzen Weg von Abernathy, einem kleinen Ort im Texas Panhandle, nach Huntsville gefahren.

Den größten Teil des Nachmittags saßen die beiden vor seiner Zelle und unterhielten sich auf Spanisch mit ihm. Meine Aufgabe beschränkte sich fürs Erste darauf, gelegentlich eine Tasse Kaffee zu bringen, um die Cuevas stets überaus höflich bat. Erleichtert, dass er mich offensichtlich nicht mit den Opfern seines Verbrechens in Verbindung gebracht hatte, richtete ich meine Gedanken auf andere Probleme. War die Besuchszeit erst einmal vorbei und wir beide für die letzten Stunden seines Lebens allein, müsste ich alle persönlichen Gefühle verdrängen und mich ganz auf meine eigentliche Aufgabe konzentrieren. Gott, so betete ich still, gib mir die Kraft, diesem Menschen den Trost zu spenden, der ihm zusteht.

Kurz nach vier sah ich mich ins Büro des Direktors gerufen, wo mich Cuevas' Anwältin Elizabeth Cohen erwartete, eine freundliche, entgegenkommende junge Frau, die eben erfahren hatte, man würde weder sie noch Cuevas' Sohn bei der Hinrichtung als Zeugen zulassen; er habe den Termin für das entsprechende Gesuch versäumt. Das wollte sie ihrem Mandanten persönlich mitteilen. Obwohl ich meiner Sorge Ausdruck gab, die Nachricht würde ihn nur unnötig aufbringen, blieb sie hart. Außerdem machte sie keinen Hehl daraus, dass sie kein großes Vertrauen in die Rolle hatte, die ich dabei spielte. »Ich fürchte«, sagte sie, »dass ihm niemand sagt, dass er überhaupt jemanden auf seiner Seite hat.«

Sie folgte mir also ins Todeshaus, wo sie und Cuevas sich kurz unterhielten. Sein Gesuch, erklärte sie ihm, sei noch beim Gerichtshof des Eastern District. Und selbst wenn der Richter zu seinen Gunsten entschied, müsste man noch die Entscheidung des Appellationsgerichts des Fünften Bezirks in New Orleans und die des Obersten Gerichtshofs abwarten. Man hätte guten Grund zu der Annahme, dass ihm noch einmal ein Aufschub gewährt würde, hörte ich sie ihm versichern, was bei mir eine neue Welle heftiger Emotionen auslöste. Bestand die Möglichkeit, dass sie mit ihrer Argumentation durchkam, Cuevas sei geistig zurückgeblieben und nicht im selben Maße schuldfähig wie die anderen an der Geiselnahme und den Morden Beteiligten, und so eine weitere Verzögerung der längst überfälligen Gerechtigkeit erwirkte, auf die die Familien der Opfer nun fast ein Leben lang warteten? (Ich persönlich sah keinen Hinweis auf die Stichhaltigkeit des ersten Arguments, und dem zweiten zuzustimmen brachte ich nicht übers Herz.) Oder versuchte seine Anwältin, Cuevas wider besseres Wissen Hoffnungen zu machen, was auf seine Art kaum weniger grausam war als das Schicksal, das ihm zugedacht war?

Das waren die Fragen, die mir durch den Kopf gingen, als ich sie hinausbegleitete und Cuevas' Sohn noch einmal hereinließ, damit sie sich endgültig voneinander verabschieden konnten. Als es Zeit war, bat Ricardo um drei letzte Minuten. Er stand auf und legte die Hände gegen den Maschendraht zwischen den Stäben der Zellentür. Dann begann der Sohn, ein junger Mann ohne Ordination, ohne offizielle Berufung durch seine Kirche, seinem Vater, einem Mann, der sich auf den Formularen als konfessionsloser Christ bezeichnet hatte, die Sterbesakramente der katholischen Kirche zu verabreichen.

Kurz nach 18 Uhr kam die Nachricht, das Gericht des Eastern District habe sein Gesuch um einen Aufschub abgelehnt. Es werde langsam Zeit, sagte ich ihm, dass wir darüber sprechen, was in den nächsten paar Stunden passieren sollte. Ohne sich aufzuregen, pflichtete mir der ehemalige Wanderarbeiter bei. Und für den Rest des Abends unterhielten wir uns in einer Sprache, die er nicht zu beherrschen behauptete.

Tagsüber hatte sich bei der Verwaltung ein Baptistenpfarrer gemeldet, der behauptete, Cuevas während seiner Zeit als Gefängniskaplan fünfzehn Jahre zuvor auf den Weg des Herrn gebracht zu haben. Obwohl er nicht auf der Besucherliste stand, war ich bereit, ihn mit Cuevas sprechen zu lassen, aber der wollte den Mann nicht sehen. Dasselbe galt für einen Geistlichen aus San Antonio, der am frühen Nachmittag mit der Bitte gekommen war, mit ihm beten zu dürfen. Ich fragte Cuevas, ob er nicht einen Kaplan aus Ellis zu sehen wünsche. Er lachte und sagte: »Keiner von denen hat mir was gebracht.«

Es hatte ganz den Anschein, als kümmerten ihn geistige Belange nicht sonderlich.

Er schien weit erpichter darauf, seine letzten Stunden am Telefon mit Angehörigen zu sprechen, die es nicht für nötig gehalten hatten, sich persönlich von ihm zu verabschieden; außerdem sprach er noch einmal mit seinem Sohn, der wieder in sein Motel zurückgefahren war.

Und dann prahlte er mir gegenüber damit, Menschen töten zu können, dazu fähig zu sein, und mit dem Ruf, den ihm diese Fähigkeit eingebracht hatte.

Reue spürte ich bei ihm keine; er machte noch nicht einmal den Versuch, sich durch so etwas wie eine Beichte von seiner Schuld zu befreien. In allen Einzelheiten schilderte er mir das Verbrechen, für das er vierzig Jahre bekommen hatte, ja, seine dumpfen Augen leuchteten noch einmal auf, als er mir erzählte, wie er 1970 bei einer Schlägerei in einer Bar betrunken einen Mann erstochen hatte. Sein Ruf sei daraufhin so schlimm gewesen, dass die mexikanische Polizei ihn einmal, nachdem man ihn verhaftet hatte, über den Rio Grande auf amerikanisches Staatsgebiet zurückbrachte und dort an einen Baum fesselte. Danach rief man bei der amerikanischen Polizei an und teilte ihr mit, wo man ihn abholen könne. »Sie können ihn haben«, hatte die Polizei angeblich gesagt. »Wir wollen ihn nicht.« Eine ganze Weile prahlte er mit einem vergeudeten Leben voller Verbrechen und Kummer, den er anderen zugefügt hatte, aber nicht ein einziges Mal kam er dabei auf die Geiselnahme im Gefängnis zu sprechen. Er erwähnte weder Judy noch Yvonne noch eine der anderen Geiseln, denen er damals seinen Alptraum aufgezwungen hatte.

Andererseits versuchte ich nicht, ihn in eine Diskussion jener Ereignisse zu verwickeln; ich hatte viel zuviel Angst davor, dass meine eigenen labilen Emotionen durchbrechen könnten.

Am frühen Abend hatte auch das Appellationsgericht des Fünften Bundesbezirks sein Gesuch um einen Aufschub der Hinrichtung abgelehnt, und langsam aber sicher dämmerte ihm, dass er bald sterben würde. Während ich ihm die Prozedur so sorgfältig wie nur möglich schilderte, schien ihn einzig und allein zu interessieren, wie lange sie dauern und ob er etwas spüren würde, steckten die Kanülen erst einmal in seinem Arm. Er habe keine Angst vor dem Tod, sagte er, er wolle nur nicht, dass es weh tat.

Während er so vor sich hinredete, hatte ich alle Mühe, nicht an die Tage jenes Fluchtversuchs zurückzudenken, in denen er seinen Geiseln gedroht, in denen er sie an den grotesken Panzer gefesselt und sie als lebende Schilde benutzt hatte. Wie hatte er ihre Ängste, ihre Pein so einfach ignorieren können?

Noch nicht einmal in seinen letzten Stunden gab er den Gedanken auf, das System manipulieren zu können, das er so offensichtlich verachtete. Nach einem Telefonat mit seinem Sohn am Abend fragte er mich, ob es stimme, dass ein spiritueller Berater bei der Hinrichtung als Zeuge zugegen sein könne. Ich sagte ihm, das stimme durchaus, worauf er auf der Stelle darauf bestand, drüben in Ellis entsprechende Formulare ausgefüllt zu haben, bevor man ihn nach Huntsville gebracht hatte. Und im Gegensatz zu allen anderen Unterschriften, die angeblich nicht von ihm waren, sei die auf dem entsprechenden Formular tatsächlich die seine. Ich rief darauf in Ellis an und bat den dortigen Kaplan, den Antrag herauszusuchen und so schnell wie möglich in die Verwaltung zu bringen. Auf diesem Antrag, der weit nach der letzten dafür vorgesehenen Frist ausgefüllt war, hatte Cuevas seinen Sohn – Ricardo Martinez – als seinen spirituellen Berater bezeichnet; er wolle ihn als Zeugen bei der Hinrichtung dabeihaben. Als ich das erfuhr, konnte ich nicht anders, als mich zu fragen, ob das letzte Sakrament, dessen Zeuge ich geworden war, nicht eher für mich gedacht war als für Cuevas – womöglich war es ein sorgfältig geplanter Trick, seinen Sohn als Zeugen in die Todeskammer zu bekommen.

Natürlich konnte ich das nicht sicher wissen. Auf der anderen Seite wurde immer deutlicher, dass Ignacio Cuevas für einen Mann, der angeblich geistig behindert und damit unfähig war, die Konsequenzen seiner Handlungen zu verstehen, einen ziemlich berechnenden Eindruck machte.

Der Direktor brauchte nicht lange, um das Gesuch abzulehnen.

Spät abends dann lehnte man auch sein letztes Gesuch ab, und nachdem er geduscht hatte und bei seiner letzten Mahlzeit saß, kam es tatsächlich zu so etwas wie einem aufrichtigen Gespräch. Plötzlich war er nicht mehr der Kriminelle, der mit seinen Verbrechen prahlte. Er sagte mir, er gehe bald in eine bessere Welt. Und dass er sein Leben schon längst in die Hände des Herrn gegeben hätte; seit fast achtzehn Jahren lese er die Bibel. Er sei mit sich und der Welt im Frieden.

Wenn er etwas bedaure, dann, dass er seine Kinder im Stich gelassen hatte, von denen einige sich mit denselben Problemen herumschlugen, wie er sie als junger Mann gehabt habe. Außerdem bedauerte er, nie eines seiner Enkelkinder auf dem Arm gehabt zu haben.

Während ich ihm so zuhörte, stellten sich meine Ängste wieder ein, in dieser einzigartigen Situation nicht objektiv sein zu können. In der Akte, die ich einige Tage zuvor gelesen hatte, befand sich ein Brief von Judy Standleys Kindern an den Direktor. In diesem beschrieb man auf bewegende Art und Weise, wie die Familie unter dem Mord an der Mutter gelitten hatte. Auch sie wiesen darauf hin, dass sie nie die Freude gehabt hatte, ihre Enkelkinder zu sehen. Als ich Cuevas so über seine Familie sprechen hörte, konnte ich nicht umhin, die beiden wunderbaren Frauen, die damals umgekommen waren, mit dem Mann zu vergleichen, der für ihren Tod mit verantwortlich war.

Kurz nach elf bat er darum, noch einmal eine seiner Töchter anrufen zu dürfen. Ich ging wie immer ans Ende des Zellengangs zur Dusche und setzte mich auf das Mäuerchen an der Tür. Mit einem Mal schlug eine Welle der Übelkeit über mir zusammen, gegen die ich machtlos war. Kummer und Groll, alles, was ich so lange verdrängt hatte, bahnte sich einen Weg nach oben, als die Geschehnisse jenes August von vor so langer Zeit über mich hereinbrachen. In diesem Augenblick hatte ich das Gefühl, mich lieber in der Dusche ersäufen zu wollen als durchzumachen, was mir in der nächsten Stunde bevorstand. Als ich so dasaß, schwitzend, zitternd, und mich verzweifelt zu beruhigen versuchte, bevor ich wieder zu dem Mann zurückging, den zu trösten ich versprochen hatte, stellte ich den Gedanken von Fairness und Gerechtigkeit an sich in Frage. Und ich kam zu dem Schluss, dass es in dem System, in dem ich funktionierte, weder das eine noch das andere gab.

Cuevas legte auf, und als ich wieder auf ihn zuging, hob er den Kopf und sah mich mit einem geradezu kindlichen Ausdruck an. »Was machen wir jetzt?«, fragte er. »Wie bereite ich mich aufs Sterben vor?«

»Wir machen, was immer Sie wollen«, antwortete ich. »Wir können beten, wir können in der Heiligen Schrift lesen … Vielleicht wollen Sie Ihre Sünden beichten.«

In diesem Augenblick sagte er etwas, was mir bis auf den heutigen Tag nicht aus dem Kopf gehen will. »Ich beichte seit achtzehn Jahren, was ich getan habe, Tag für Tag.«

Die Aufrichtigkeit in seiner Stimme, die mit einem Mal ganz leise, ja geradezu sanft war, überraschte mich völlig. In keinem der Artikel über diesen Mann hatte ich auch nur ein Wort darüber gefunden, dass er je die moralische Verantwortung für seine Teilnahme an dem Ausbruchsversuch übernommen und bereut hätte, an der Vernichtung von Menschenleben beteiligt gewesen zu sein. Er war der Welt gegenüber immer als unschuldiges Opfer aufgetreten. »Ich habe nie jemanden getötet«, hatte er das Gericht noch kurz vor seiner Verurteilung wissen lassen. Und jetzt, einige wenige Meter und zwanzig Minuten von der Todeskammer entfernt, gestand er plötzlich, all die Jahre Gottes Vergebung gesucht zu haben.

Und mit einem Mal verspürte ich eine ganz neue Zuversicht hinsichtlich meiner Aufgabe. »Kann ich Ihnen eine Stelle aus der Heiligen Schrift vorlesen?«, fragte ich ihn.

»Der 23. Psalm«, antwortete er, »hat mir immer Trost gebracht.«

Nachdem ich ihm den Psalm vorgelesen hatte, nickte er. »Wissen Sie, jeder Mensch sollte in der Not dem anderen ein Pastor sein, das ist wichtig. Sie haben heute Jesus gut vertreten. Wie der Herr sagt, ich war ein Fremder, und Sie sind zu mir gekommen. Der Herr sagt, die Durstigen zu laben, und Sie haben mir Kaffee gebracht, den ganzen Tag. Sie waren freundlich zu mir. Sie waren alles, was ein guter Pastor sein sollte.«

Ich fragte ihn, ob er beten wolle, aber er schüttelte den Kopf. »Meine Gebete sind gesprochen«, sagte er.

Einige Minuten später stand der Direktor an der Zellentür und hieß Cuevas auf den Zellengang treten. Es war Zeit für den kurzen Weg zur Todeskammer. Bevor man ihn wegbrachte, wandte er sich mir noch einmal zu und starrte mich einige Sekunden lang an. »Ich hatte einen guten Tag«, sagte er, »und ich bin zum Sterben bereit.«

Ich griff nach seiner Hand und drückte sie; dann folgte ich ihm zur Bahre, die ihn erwartete.

*

Ignacio Cuevas starb rasch. Nur Sekunden nachdem die Chemikalien in seinen Körper gelangt waren, schloss er mit einem matten Seufzen die Augen. Um 0 Uhr 18 erklärte man ihn für tot. Vorher jedoch kam es zu einer letzten Überraschung.

Obwohl Direktor Pursley wusste, dass Cuevas keine letzten Worte vorbereitet hatte, war er verpflichtet, ihn danach zu fragen. Cuevas wandte den Kopf in die Richtung, in der er die Zeugen wusste. »Was für schöne Gesichter«, sagte er. Und dann, in einem letzten Flüstern, fügte er drei Worte hinzu: »Ich bin unschuldig.« Ich wollte schier meinen Ohren nicht trauen.

Nur wenige Minuten zuvor hatte er noch von der Reue gesprochen, mit der er achtzehn Jahre gelebt haben wollte; er hatte gestanden und von der Vergebung des Herrn gesprochen. Jetzt jedoch, vor den Augen der Öffentlichkeit, konnte er nicht anders – sein Stolz und sein törichtes Ego, die jahrelange Programmierung durch Anwälte und die Strafgerichtsbarkeit an sich führten dazu, dass er als Lügner starb.

*

Eine Weile später trat ich hinaus in die stille, feuchtheiße Nacht; Judys Töchter erwarteten mich vor der Pforte, und ich sagte ihnen, es sei vorbei. Sie wollten wissen, ob er etwas über ihre Mutter gesagt habe, ob er eingestanden habe, wie falsch sein Verhalten gewesen war, und ob er Schmerzen gehabt habe, als er starb. Ich antwortete nach bestem Wissen und Gewissen. Als sie sich abwandten, um zu ihren Autos zu gehen, die gegenüber, auf meiner Auffahrt, geparkt waren, blieb Dru noch einmal stehen und sah mich an. »Es ist nicht so, wie ich erwartet hatte«, sagte sie. »All die Jahre habe ich gedacht, ich würde damit den Abschluss, die Ruhe finden, von der ich so viel gehört habe. Aber es stimmt nicht. Meine Mutter ist immer noch tot.« Damit wandte sie sich ab und verschwand in der Dunkelheit.

Ich selbst fuhr noch zu dem Motel, um Cuevas' Sohn zu versichern, dass sein Vater einen schmerzlosen Tod gestorben sei. Ich brachte ihm seine Habe und den Scheck über die $115,92, die Cuevas noch auf dem Hauskonto gehabt hatte. Außerdem überreichte ich ihm die Uhr und ein kleines Kreuz an einer Kette; Cuevas hatte mir die Sachen gegeben, bevor er zum Duschen gegangen war.

Ricardo Martinez gestand mir, er sei erleichtert gewesen, dass man ihm nicht erlaubt hatte, bei der Hinrichtung zugegen zu sein. Es sei eine Erinnerung, auf die er verzichten könne. Er sagte, er habe im Grunde seines Herzens gewusst, dass es diesmal nicht zu einem Aufschub kommen würde; nichts würde seinen Vater vor dem Tod retten. Er habe deshalb eigenhändig einen Sarg gebaut, in dem er seinen Vater beerdigen wolle. Er wolle auch nicht warten, bis es Tag wurde, sondern sich so rasch an die neunstündige Heimfahrt machen wie nur irgend möglich.

Ich rief beim Bestatter an, um ihm Ricardos Wünsche mitzuteilen, und man bereitete Cuevas' Leiche so rasch wie möglich für den Transport vor. So verließ der Mann, dessen schlimmes Erbe die Menschen von Huntsville fast zwei Jahrzehnte lang belastet hatte, in einem provisorischen Pappsarg auf der Ladefläche eines Pickup die Stadt. Man würde ihn in einen selbst gezimmerten Sarg umbetten, in ein Grab senken, mit Erde bedecken und vergessen. Und von einigen wenigen Menschen abgesehen wäre der Welt das egal.

*

Ich sollte noch einige Zeit an diesen langen, anstrengenden Tag zurückdenken, immer wieder auf der Suche nach der Antwort auf die Frage, die ich mir schon so oft gestellt hatte. Gab es überhaupt so etwas wie Gerechtigkeit? In diesem Fall wurde die Antwort von der Erinnerung nicht nur an einen, sondern gleich zwei Menschen überschattet, mit denen ich in den letzten Stunden ihres Lebens gesprochen hatte: an eins der Opfer und an den Mann, dem man seinen Tod zur Last gelegt hatte.

Ich dachte daran zurück, was Judy Standley mir gesagt hatte: »Wichtig ist nicht, wie man stirbt, sondern wie man lebt. Ich bin zum Sterben bereit. Ich weiß, wo ich hingehe, und Gott wird sich meiner annehmen.«

Cuevas hatte in seinem Leben Entsetzliches getan, Dinge, die unseren Abscheu verdienen, und trotzdem schien auch er zuversichtlich, dass ihn ein neues Leben erwartete. »Wo ich hingehe, ist es besser als hier«, hatte er gesagt.

Ich habe ein Leben lang die Heilige Schrift studiert und mir die theologischen Interpretationen von Menschen angehört, die weit gescheiter sind als ich, und trotzdem weiß ich noch immer nicht so recht, was ich von alledem halten soll. Judy starb für andere, man trauert um sie, man bringt seine Bewunderung für sie zum Ausdruck und hält ihr Gedenken in Ehren. Cuevas starb als kaltblütiger Mörder, der bis zu seinem Ende mit einer eklatanten und unverzeihlichen Lüge gelebt hatte; man hatte ihn auf einem Laster weggekarrt und zu einem einsamen Grab gefahren.

Vielleicht war es Gerechtigkeit, wenigstens wenn man die Definition unserer Gesellschaft und unserer Strafgerichtsbarkeit anlegt. Und irgendwann einmal hätte ich dem sogar zugestimmt. Aber das hatte sich alles geändert. Wo war die Fairness? In den Tagen nach Cuevas' Hinrichtung las ich im *Huntsville Item*, »siebzehn Jahre ›Fairness‹ waren vollauf genug«.

Trotzdem stellte sich mir die Frage, was man mit alledem erreicht hatte. Und ich fand keine Antwort darauf.

Kapitel Achtzehn

Als der Sommer 1995 näher rückte, begann ich ernsthaft an den Ruhestand zu denken. Zu vieles lenkte mich mittlerweile von den Zielen ab, die ich mir vor langer Zeit für mein Amt als Kaplan in The Walls gesteckt hatte. Meine Philosophie änderte sich in zunehmendem Tempo, die meisten Änderungen ein Nebenprodukt des nach wie vor anhaltenden Tauziehens zwischen dem Staat Texas und Bundesrichter Justice um die Aufsicht über das texanische Gefängniswesen. Die Funktion der Kapelle, so hatte ich das Gefühl, ging unter der wachsenden Liste bürokratischer Prioritäten verloren. Allenthalben waren Gerüchte zu hören, auch Kapläne anderer Vollzugsanstalten ständen kurz davor, ihren Hut zu nehmen.

Da ich mein Lebtag kein Drückeberger gewesen bin, überlegte ich mir meine Alternativen: Ich konnte aus der Berufung einen Job machen, mir einreden, mich lange genug für die edle Sache geschlagen zu haben, aber dabei letztlich doch das Gefühl nie ganz loswerden, etwas unerledigt gelassen und den Bedürfnissen anderer den Rücken gekehrt zu haben. Oder ich konnte abtreten und meinen Platz einem anderen überlassen, jemandem mit neuen, frischen Ideen und größerer Energie.

Eine solche Entscheidung fällt besonders schwer, wenn das emotionale Konto überzogen ist. Und ich war müde, müde insbesondere der Hinrichtungen. Während ich noch überlegte, was ich tun sollte, stand bereits die dreizehnte Hinrichtung des Jahres bevor. Man hatte siebenundneunzig Menschen hingerichtet seit jenem Abend im Jahre 1982, als Texas im Fall von Charles Brooks nach Jahren zum ersten Mal wieder die Todesstrafe vollstreckt hatte.

Was mich anbelangte, so war ich im Lauf der Jahre zu der festen Überzeugung gekommen, dass die Begeisterung, mit der Texas sich hinter die Todesstrafe stellt, ein schlimmer Irrtum ist. Meine Rolle bei der Prozedur hatte an mir zu nagen begonnen; es war mir von Tag zu Tag schwerer gefallen, den Mund zu halten.

»Vielleicht«, sagte Jane, »ist es Zeit, dass du die Möglichkeit in Betracht ziehst, deine Meinung zu sagen.«

Trotz ihrer bemerkenswerten Einfühlungsgabe bezweifle ich, dass selbst sie wusste, wie sehr ich genau das wollte – endlich den Mund aufzumachen, meine eigene Stimme zu hören, wie ich meinen Gefühlen bezüglich der moralischen und spirituellen Mängel einer Justiz Luft mache, die den staatlich geförderten Mord billigt. Vielleicht war das der neue Ruf, den ich zu vernehmen begann.

Es liegt wohl in der menschlichen Natur, sich für so wichtig zu halten auf seinem Posten, dass man irgendwann unersetzlich zu sein meint. Obwohl ich mich selbst nicht für ganz so großartig hielt, machte ich mir doch Sorgen angesichts der kleinen Zahl von Geistlichen, die sich für diese doch recht eigene Art von Seelsorge interessierte. Es gab wenige, so fürchtete ich, denen der Sinn danach stand, Kaplan im Todeshaus zu werden. Immer wieder hatten mir Kollegen aus anderen Gefängnissen unmissverständlich gesagt, nie und nimmer würden – ja könnten – sie machen, was ich all die Jahre gemacht hatte. Ich habe Geistliche praktisch jeden Glaubens Verurteilte – Männer in den letzten Stunden ihres Leben – besuchen sehen, und ich habe gesehen, wie sie zu zittern und zu schwitzen begannen, kaum dass ich sie über die Schwelle des Todeshauses führte. Nur wenige waren länger als ein paar Minuten geblieben, und keiner, nicht ein Einziger, ist je wiedergekommen. Bei all ihrem Engagement für das Wort Gottes hatten sie mir klar gemacht, sie würden nie wiederkehren.

Ich stellte fest, dass ich ziemlich oft daran zurückdachte.

*

Stephen Morin war 1982 wegen Vergewaltigung und Mord im Gefängnis gelandet. Seine Lebensgeschichte war nicht nur eine der traurigsten, sondern auch eine der miesesten, die ich je gehört habe. Er hatte eine junge Frau vor einem Restaurant in San Antonio erschossen und eine andere entführt und war in ihrem Wagen geflohen. Während seine zu Tode geängstigte Geisel ihn tief ins Hill Country von Texas fuhr, so erzählte er mir später, habe sich sein Leben verändert.

Sie hatte eine Kassette mit der Predigt eines texanischen Evangelisten im Recorder ihres Autos. Was er da hörte, das Versprechen auf Erlösung und die Herrlichkeit eines anständigen Lebens, bewegte Morin derart, dass er sich spontan entschloss, sein Verbrecherleben zu beenden und sich zu stellen. Aber erst wollte er noch nach Fort Worth, um den charismatischen Prediger, den er da gehört hatte, persönlich zu sehen. In Kerrville fuhr die Frau ihn zu einer Bushaltestelle und gab ihm das Geld für die Fahrt.

Dann war sie zur nächsten Polizeidienststelle gefahren und hatte den Beamten von ihrem Alptraum erzählt. Morin wurde verhaftet, als sein Bus in Austin hielt.

Während all der Jahre, die er im Todestrakt zubrachte, war er ein mustergültiger Häftling, unbeirrbar in seinem Glauben. Er schrieb dem Evangelisten regelmäßig, lobte seine Arbeit und dankte ihm dafür, ihn zum Christentum geführt zu haben.

Als er ins Todeshaus kam, erfuhr ich von Morins geradezu kindlicher Bewunderung für den Evangelisten. Er hatte ihn sogar auf seine Besucherliste gesetzt. Der Evangelist, meinte er beharrlich, habe ihm versichert, bei ihm zu sein, wenn er sich auf den Tod vorbereitete.

Und so verbrachte ich ein gut Teil des Tages damit, den Evangelisten zu erreichen, um ihn an sein Versprechen zu erinnern. Erst am späten Nachmittag rief er mich zurück. Ich erklärte ihm, wer ich sei und dass der Gefangene ihn erwarte und fragte ihn dann, wann wir mit ihm rechnen könnten. Auf meine Frage reagierte er hastig mit einer langen Latte dringender Angelegenheiten, die seinen Besuch unmöglich machten. Ich spürte, wie ich die Geduld verlor. »Sie korrespondieren doch mit dem Mann, seit er ins Gefängnis gekommen ist«, fragte ich, »oder etwa nicht?«

Einige Augenblicke lang herrschte Schweigen am anderen Ende der Leitung. »Ja … das schon«, sagte er schließlich.

»Nach allem, was ich gehört habe, hatten Sie einen ungeheuren Einfluss auf sein Leben. Sie haben ihn zu Jesus Christus geführt, Sie haben ihn dazu gebracht, sich um sein Seelenheil zu bemühen. Ich bezweifle, dass Sie unter Ihren Anhängern auch nur einen haben, der von Ihnen mehr hält als er.«

Wieder schwieg er.

»Und so wie's aussieht, haben Sie ihm ein Versprechen gegeben. Stimmt das?«

»Okay«, antwortete er, »ich werd's versuchen.« Ich spürte einen Unterton in seiner Stimme, die an Zorn grenzte.

Es war fast zehn Uhr abends, lange nach dem letzten Termin für Besucher, als man mir sagte, der Privatjet des Evangelisten sei auf dem Flugplatz von Huntsville gelandet und der Mann sei praktisch schon auf dem Weg zum Gefängnis. Als ich Morin Bescheid sagte, legte sich ein geradezu engelhaftes Lächeln über sein Gesicht. »Er ist wirklich hier? Er kommt?«

»Ich gehe mal rauf, um ihn herunterzubegleiten«, sagte ich.

In der Lobby traf ich auf einen Mann, den seine Mission ganz offensichtlich nervös machte. In seiner Stimme war nicht die Spur von Wärme, als er sagte: »Sie wissen, dass ich nicht hier sein will.«

»Sir«, räumte ich ein, »keiner von uns möchte hier sein.«

»Wie lange muss ich bleiben?«, fragte er. Es sei zwar schon spät, aber der Direktor, so erklärte ich ihm, habe ihm soviel Zeit zugestanden, wie er nur wolle.

In all den Jahren, die ich im Todeshaus Verurteilte betreute, habe ich nie jemanden so glücklich gesehen wie Stephen Morin, als er den Evangelisten auf sich zukommen sah. Der Ausdruck auf seinem Gesicht war der eines staunenden Kindes, das zum ersten Mal den Weihnachtsmann sieht.

Der Evangelist blieb kaum fünf Minuten. »Mein Sohn«, hörte ich ihn sagen, »ich wollte, ich könnte länger bleiben, aber mehr Zeit hat man mir nicht gegeben.«

Kaum waren wir wieder über die Schwelle des Todeshauses, da atmete der Evangelist tief durch und sagte: »Ich komme hier nicht noch mal her.« Als ich ihn zurück ins Wartezimmer begleitete, schwieg er, bis wir die Pforte nach draußen erreichten. Dort richtete er einen Finger auf mein Gesicht und sagte: »Rufen Sie mich nie wieder an.« Bevor ich ihm sagen konnte, dass er sich da keine Sorgen zu machen brauche, war er bereits fort.

Dies war eine der Szenen, die mir durch den Kopf gingen, als ich mit der Entscheidung rang, die ich zu treffen hatte. Ich wog Pro und Kontra ab, dachte zurück an Erfolge und Fehlschläge, an die guten Zeiten wie die schlechten. Jane und ich saßen bis spät in die Nacht beisammen und sprachen darüber. Wie ein Fotoalbum ging ich im Geiste die Gesichter der Männer durch, die ich im Gefängnis kennen gelernt hatte, einige von ihnen gar nicht so weit von mir in ihren Zellen, andere wieder draußen in Freiheit und viele längst tot. Ich verlor den Appetit, und wenn überhaupt, dann schlief ich nur unruhig.

Ich kam zu dem Schluss, dass es so weit war. Und das teilte ich sowohl dem Direktor der Gefängnisverwaltung wie auch dem Anstaltsleiter mit.

*

Der letzte Mann, den ich im Todeshaus betreuen sollte, war Vernon Sattiewhite. Es war geradezu eine Ironie, dass er der Inbegriff praktisch all der Vorbehalte war, die meine Entscheidung beeinflusst hatten. Er war vorzeitig von der High School abgegangen und verfügte kaum über Bildung; ein Schwarzer, der ein gut Teil seines Erwachsenenlebens hinter Gittern verbracht hatte. Die Fachleute, die ihn untersucht hatten, waren sich einig, dass er Probleme hatte, die auf einen Hirnschaden zurückgingen, den er bei Misshandlungen in der Kindheit davongetragen hatte. Er war Berufsverbrecher, er war drogensüchtig, er war jemand, den ich nur ungern draußen in der freien Welt gewusst hätte. Im Gefängnis jedoch hatte er seine Zeit abgesessen, hatte keinen Ärger gehabt, hatte niemandem etwas getan.

Eine Zelle und strenge Bewachung hatten ganz offensichtlich ihren Zweck erfüllt, sowohl was Sattiewhite anbelangte als auch die Gesellschaft. Trotzdem bestand das Gesetz darauf, dass er sterben musste.

Sattiewhite hatte 1986 die Zurückweisung seiner langjährigen Freundin nicht vertragen; er hatte sie verfolgt und bedrängt, wieder zu ihm zurückzukommen. Über einen Monat lang hatte sich die Schwesternschülerin Sandra Sorrell, eine Mutter von zwei Kindern, über Sattiewhites Nachstellungen erfolglos bei der Polizei von San Antonio beschwert.

Eines Morgens dann, als sie mit ihrem neuen Freund, Willington Mingo, zur Schule ging, stellte Sattiewhite das Paar auf der Straße zur Rede. Er legte Sorrell einen Arm um den Hals, zog eine Kleinkaliberpistole aus der Tasche, hielt sie ihr gegen den Kopf und zog sie mit sich die Straße entlang. Mingo lief in ein Büro und bat jemanden, die Polizei zu rufen, bevor er Sattiewhite und der Frau nachlief. Er bat Sattiewhite inständig, sie gehen zu lassen.

Einen Augenblick lang funkelte Sattiewhite den verängstigten jungen Mann an, fluchte und sagte: »Wenn ich sie nicht haben kann, dann kriegt sie auch sonst keiner.« Damit schoss er der Frau mit aufgesetzter Pistole zwei Kugeln in den Kopf. Noch während sie fiel, hielt er sich die Pistole selbst an die Schläfe. Mingo sagte später aus, Sattiewhite habe wohl ein Dutzend Mal abgedrückt, aber die Waffe ging nicht los.

Benommen, völlig verwirrt, das Hemd getränkt mit dem Blut seiner ehemaligen Freundin, stellte er sich noch am selben Tag der Polizei.

*

Gerade gewalttätige Verbrechen dieser Art waren für mich nur schwer nachzuvollziehen, Verbrechen aus dem rasenden Zorn einer unerwiderten Liebe heraus. Aber ich begegnete diesen Geschichten in The Walls praktisch auf Schritt und Tritt. Mit Ausnahme von Blue war jeder meiner Assistenten im Gefängnis, weil er seine Frau umgebracht hatte. Das galt auch für viele der treuesten Besucher meiner Kapelle. Mein Friseur hatte seine Frau erschossen. Meine Kinder mochten den Kalfakter, der sich bei mir zu Hause um den Garten kümmern durfte; sie wussten nicht, dass er vor vielen Jahren seine Frau erschossen hatte.

Diese Art von Verbrechen aus Leidenschaft beschränkte sich übrigens keineswegs auf ein bestimmtes Segment der Gefangenen. Der einzige Rechtsanwalt, der in Texas je zum Tode verurteilt wurde, war George Lott, ein lammfrommer, leiser Mann; eines Vormittags hatte er in Fort Worth einen Gerichtssaal betreten, eine Pistole aus dem Aktenkoffer geholt und wahllos um sich geschossen. Ein Staatsanwalt, Clyde Marshall, war dabei umgekommen, den Vorsitzenden Richter, John Hill, hatte er schwer verletzt. Als Steve Condor, ein Anwalt, der das Verfahren nur als Zuschauer verfolgt hatte, aus dem Saal lief, folgte Lott ihm seelenruhig hinaus auf den Korridor und erschoss auch ihn.

Lott floh darauf vom Tatort, nur um einige wenige Stunden später im Funkhaus eines Fernsehsenders in Dallas aufzutauchen, wo er – noch bevor die Polizei dazwischengehen konnte – einem Reporter und dem sprachlosen Publikum der Mittagsnachrichten seine Verbrechen gestand.

Auslöser für seinen Amoklauf sei, wie er erklärte, das Scheidungsverfahren mit seiner nach wie vor über alles geliebten Frau gewesen; sie habe ihn daran zu hindern versucht, seinen zweijährigen Sohn zu sehen.

Lott vertrat sich bei seinem Prozess selbst und war rasch verurteilt. Während seiner beiden Jahre im Todestrakt, die kürzeste Zeit übrigens, die ein Gefangener dort seit der Wiederaufnahme der Hinrichtungen saß, ging er noch nicht einmal in Berufung. An dem Abend, an dem er sterben sollte, sagte er mir, er wünschte nur, man hätte ihn früher hingerichtet.

*

Sattiewhites unentschuldbares Verbrechen, das zwei Kinder ihrer Mutter beraubte und eine Familie für immer zeichnete, war allerdings mehr als nur die Folge einer abwegigen Leidenschaft. Sie war der Höhepunkt eines Lebens voller selbstzerstörerischer Schläge gegen seine Mitmenschen. 1977 hatte man ihn bereits wegen Totschlags zu fünf Jahren verurteilt; damals hatte man ihn nach zwei Jahren zur Bewährung entlassen und dann begnadigt. 1984 dann war er wieder im Gefängnis gelandet, diesmal wegen Raubes; nur sechs Monate später hatte man ihn abermals zur Bewährung entlassen.

Nachdem seine Freundin mit ihm gebrochen hatte, begann er an Blackouts zu leiden, er hörte Stimmen und unternahm mehrere Selbstmordversuche. Und schließlich ermordete er dann Sandra Sorrell.

*

Bei den jüngsten Diskussionen der Gefängnisverwaltung über Veränderungen im Prozedere ging es um die bisherige Praxis, die Verurteilten bereits am frühen Morgen nach Huntsville zu bringen, so dass sie einen ganzen Tag für Besucher und Telefonate hatten und was immer sonst noch vor dem Hinrichtungstermin kurz nach Mitternacht zu erledigen war. Es war bereits beschlossene Sache, dass Sattiewhite der Letzte sein sollte, den man gleich in den ersten Minuten des vom Gericht festgesetzten Tages hinrichtete. Der neue Plan sah stattdessen vor, die Hinrichtung auf 18 Uhr zu verlegen. Darüber hinaus wollte man die Gefangenen erst Mitte des Nachmittags, an dem sie sterben sollten, ins Todeshaus bringen.

Es war dies nur ein weiterer Schritt hin zum Fließbandcharakter der Hinrichtungen, für den man Texas bereits heftig kritisierte. Nun, mit der Kritik hätte ich leben können. Was ich dagegen nicht akzeptieren konnte, war die Vorstellung, einen so heiklen Prozess, wie jemandem bei der geistigen und spirituellen Vorbereitung auf den Tod zur Seite zu stehen, in einer solch kurzen Zeitspanne abwickeln zu wollen. Meiner festen Überzeugung nach stellte das eine ungeheure Beeinträchtigung der Rolle des Seelsorgers dar.

Ich bekam Vernon Sattiewhite erst um fünf Uhr nachmittags zu sehen. Und es dauerte nicht lange, und mir wurde klar, dass das Urteil der Psychiater, die sich mit ihm befasst hatten, durchaus zutreffend war.

Kurz nachdem er sich in der Zelle eingerichtet hatte, bekam ich einen Anruf von der Anstaltsleitung: Bettie Sattiewhite, die Schwester des Verurteilten, habe angerufen, sie hätte gern mit ihrem Bruder gesprochen. Als ich ihm die Nachricht übermittelte, sah er mich nur ausdruckslos an. »Ich kenne keine Bettie Sattiewhite«, sagte er.

Ich war völlig verwirrt. In der Akte, die mir die Beamten zusammen mit dem Verurteilten übergeben hatten, befanden sich auch die Papiere, die er drüben in Ellis ausgefüllt hatte. Auf dem Formular, auf dem er über die Verteilung seiner Habe verfügt hatte, stand eindeutig, dass alles an eine gewisse Bettie Sattiewhite gehen sollte; selbst ihre Adresse in San Antonio hatte er angegeben. Und jetzt behauptete er beharrlich, noch nicht einmal eine Person dieses Namens zu kennen. Unter dem Druck der zeitlichen Zwänge, die sein spätes Eintreffen mit sich brachten, entschloss ich mich, nicht weiter nachzuhaken, sondern lieber so schnell wie möglich die juristischen Formalitäten zu erledigen.

Seine Anwältin Nancy Barohn, so versicherte ich ihm, sei im Haus und würde sich sofort melden, wenn sich hinsichtlich seines Gesuchs um einen Aufschub in letzter Minute etwas ergeben sollte. Zweimal fragte ich nach, ob er seinen Körper tatsächlich der medizinischen Fakultät der Universität Galveston zur Verfügung stellen wolle, und vergewisserte mich, dass er außer seiner Anwältin tatsächlich niemanden sehen wolle. Als ich ihm den Plan für seine letzten Stunden umriss, nickte er nur gelegentlich, bis ich ihm sagte, wir müssten irgendwann darüber sprechen, was in der Todeskammer passieren würde.

»Das«, sagte er schließlich mit dem Anflug eines Lächelns, »kann warten, bis wir gehört haben, was die Berufungsgerichte zu sagen haben.«

Erst nachdem er geduscht und gegessen hatte, begann er Interesse an einem Gespräch zu zeigen. »Sie und ich«, sagte er, »wir müssen uns über was unterhalten.«

Ich zog meinen Stuhl an die Zellentür.

»Die Jungs drüben im Trakt, die sagen alle, dass Sie aufhören wollen«, sagte er.

Da ich sehr gut wusste, dass es im Gefängniswesen kaum Geheimnisse gab, war ich nicht weiter überrascht, dass sich meine Pläne bis nach Ellis herumgesprochen hatten. »Ich mache das jetzt schon so lange …«

»Das ist denen gar nicht recht«, unterbrach er mich. »Wieso wollen Sie aufhören? Alle drüben im Trakt sagen, Sie sind der Einzige, dem wirklich was an uns liegt. Sie sagen, dass Sie uns wie Menschen behandeln. Meine Freunde meinen, Sie halten es noch nicht mal für richtig, Leute hinzurichten. Alle, die ich kenne – ich selber auch –, hätten gern, das Sie bleiben und so weitermachen wie bisher.«

Er sah mich ganz offen an, und seine stechenden, traurigen

braunen Augen schienen größer zu werden, als er sich ans Gitter beugte. »Warum hören Sie auf, Kaplan?«

Ich konnte ihm schlecht sagen, dass es nicht zuletzt die Hinrichtung von Menschen wie ihm selbst war. Ich konnte schlecht zu toben anfangen und gegen ein System vom Leder ziehen, das ihn über zehn Jahre lang eingesperrt auf seinen Tod hatte warten lassen, um dann plötzlich – in seinen letzten Stunden – zu drängeln. Ich konnte ihm nicht sagen, dass ich zuviel Zeit in diesem hässlichen engen Zellengang verbracht und zu vielen verängstigten Menschen zugehört hatte, denen das Leben durch die Finger zu rinnen begann, noch bevor sie sich auf den letzten Weg machten. Ich konnte ihm nicht sagen, wie müde, traurig und wütend mich all das gemacht hatte. Wie sollte ich ihm sagen, wie furchtbar leid ich es war, durchzumachen, was ihm und mir in einigen Stunden bevorstünde.

»Zu schade«, fuhr Sattiewhite fort, »dass Sie nicht mehr hier sind. Sehen Sie doch bloß, was passiert ist, als Sie mal nicht dabei waren. Der arme Kaplan Taylor hat seinen Job verloren. Und er war ein so guter Mensch. Wenn Sie mich fragen, war das eine Tragödie. Eine Menge von den Jungs drüben im Trakt mochten ihn gut leiden. Er fehlt ihnen.«

*

Während meiner ganzen Zeit als Kaplan von The Walls hatte ich nur bei zwei aller Hinrichtungen, die dort stattfanden, gefehlt. In einem Fall waren alle davon ausgegangen, dass man dem Gesuch des Verurteilten stattgeben und einen Aufschub gewähren würde. So hatte der Direktor mich gedrängt, Jane auf einer Geschäftsreise an die Westküste zu begleiten. Einer meiner Kollegen, so hatte er mir versichert, stünde bereit.

Die Hinrichtung fand jedoch dann doch wie geplant statt. Kurz nach meiner Rückkehr kam der Kaplan, der mich vertreten hatte, in mein Büro. Noch völlig erschüttert von der Erfahrung, sagte er, er würde den Hut nehmen, wenn er so etwas noch einmal durchmachen müsse.

Das andere Mal, bei dem ich nicht dabei war, hatte man Alex Taylor, den Kaplan aus der Anstalt drüben in Ellis, hinzugezogen; er hatte den zum Tode verurteilten Raymond Kinnamon zu betreuen. Seit vielen Jahren ein Freund von mir, war Taylor mir eine unschätzbare Hilfe gewesen, als ich mich auf die Männer vorbereitete, die aus dem Todestrakt nach Huntsville kamen. Wann immer er der Ansicht war, bei einem bestimmten Gefangenen könnte sich ein Problem – welcher Art auch immer – ergeben, sagte er mir Bescheid und machte den einen oder anderen Vorschlag, wie der Ärger vielleicht zu vermeiden sei. Hin und wieder gab er die eine oder andere kleine, aber wichtige Information über den Verurteilten an mich weiter; so hatte der eine vielleicht eine Vorliebe für Schokolade oder Pfefferminzbonbons, worauf ich dann zusah, welche bei der Hand zu haben; mit einem anderen konnte man über alles reden außer über ein ganz bestimmtes Mitglied seiner Familie, und so wusste ich, dass ich den Betreffenden besser erst gar nicht erwähnte.

Mit einer Mischung aus Zuversicht und Bedachtsamkeit war ich mit Taylor die Prozedur im Todeshaus durchgegangen. Ich wusste, er war ein guter und fürsorglicher Mensch, für den die Bedürfnisse des Verurteilten ganz obenan stehen würden. Auf der anderen Seite konnte ich nicht umhin, an etwas zu denken, was Direktor Pursley mir vor vielen Jahren gesagt hatte. Er halte es für keine gute Idee, hatte er gesagt, die Menschen im Todestrakt näher kennen lernen zu wollen. Er sei der festen Überzeugung, ich könnte meine Pflichten weit besser versehen, hätte ich keinerlei Beziehung mit dem Verurteilten, bevor er in Huntsville eintraf. Mir war im Lauf der Zeit klar geworden, wie recht er damit gehabt hatte. Kaplan Taylor auf der anderen Seite hatte sich um einen Menschen zu kümmern, den er bereits aus Ellis kannte, und das seit Jahren.

Es gab jedoch keinerlei Probleme, bis man Kinnamon dann in die Todeskammer begleitete und auf die Bahre schnallte. Nach seinen letzten Worten gefragt, stieß er einen Wortstrom hervor, von dem er wohl hoffte, ihn bis Sonnenaufgang – der letzten Frist für seine Hinrichtung – durchhalten zu können. Er wetterte gegen den Richter, die Geschworenen, gegen die Todesstrafe an sich, und je länger er redete, desto mehr ereiferte er sich. Schließlich begann er sich auf der Bahre zu winden und, in dem Versuch, sich zu befreien, an den Ledergurten zu zerren. Mehrere Male gelang es ihm, sich fast aufzusetzen. Als der Direktor den Mann festzuhalten versuchte, schien Taylor – aus einem Instinkt heraus – helfen zu wollen. Er legte dem Verurteilten die Hände auf die Achseln und drückte ihn zurück auf die Bahre, und das unter den Blicken der verblüfften Journalisten in der Galerie.

Am folgenden Tag lautete die Schlagzeile unseres Lokalblattes »Kaplan hält Häftling bei Hinrichtung«. Kurz darauf zog man Taylor aus dem Todestrakt in Ellis ab, wo er seit Jahren Kaplan gewesen war. Wütend über das, was sie da gelesen hatten, weigerten die Gefangenen sich, den Gottesdienst in seiner Kapelle zu besuchen, und wollten ihn in ihren Zellenblocks nicht mehr sehen. Man versetzte ihn an einen Schreibtisch in der Verwaltung. Der Vorfall in der Todeskammer und die daraus resultierende Publicity hatten ihn eine Stelle gekostet, die ihm lieb und teuer gewesen war und auf der er Großes geleistet hatte. Er schied schließlich aus dem Gefängnisdienst aus.

Eine Nacht im Todeshaus und eine harmlose, aber unbedachte Geste in der Todeskammer hatten ihm die Laufbahn ruiniert.

*

»Es sind noch andere drüben«, ließ Sattiewhite mich wissen, »die ihren Termin gekriegt haben. Sie haben sich drauf verlassen, dass Sie dabei sind.« Eine Welle von Schuldgefühlen schwappte über mich hinweg, und ich war erleichtert, als er das Thema wechselte, bevor ich antworten konnte.

»Ich würde jetzt gern meine Schwester anrufen«, sagte er.

»Ihre Schwester?«

»Ja, sie heißt Bettie.«

»Vernon, vor ein paar Stunden habe ich Ihnen gesagt, dass sie angerufen hat. Da haben Sie gesagt, dass Sie sie nicht kennen.«

»Weiß ich nicht mehr«, sagte er.

Ich sah ihn an und fragte mich, wo wohl die feine Grenze zwischen Wirklichkeit und Einbildung bei ihm verlief. Wie konnte er im einen Augenblick so klar bei Verstand sein und mir seine Gefühle über meinen Ruhestand mitteilen, und sich im nächsten dann noch nicht einmal mehr daran erinnern, was gerade einmal ein, zwei Stunden zuvor passiert war?

Er und seine Schwester unterhielten sich einige Minuten, dann bat er mich, seinen Sohn anzurufen, den er nicht mehr gesehen hatte, seit er ins Gefängnis gekommen war. Als ich Eric Sattiewhite erreichte, spürte ich eine gewisse Nervosität; es war klar, dass er unschlüssig war, aber schließlich willigte er doch ein, mit seinem Vater zu sprechen. Den größten Teil des Gesprächs über hörte er lediglich zu.

Zum Ende der kurzen Unterhaltung hörte ich Vernon noch seinem Kind sagen: »Ich kann mich an so viel in meinem Leben nicht mehr erinnern, und vielleicht ist das sogar gut so. Aber ich möchte, dass du eines nicht vergisst. Denk immer dran: keinen Ärger mit der Polizei. Sei ein guter Junge.«

Über die nächsten Stunden dann machte er sich an das Ritual. Ich hatte es so oft verfolgt, dass ich fast jeden Schritt voraussagen konnte. Sattiewhite schrieb einige Briefe, und ich gab ihm Kuverts und Marken dafür und versprach ihm, dafür zu sorgen, dass sie auch abgeschickt wurden. Die Anrufe der Appellationsgerichte gingen ein – der Aufschub war abgelehnt. Er duschte, zog die Zivilsachen an, die er in der Todeskammer tragen würde, und aß dann seine letzte Mahlzeit. Und schließlich sprachen wir über das, was in den letzten Minuten seines Lebens passieren würde.

Es war weit nach neun, als er mich fragte, ob er wohl den katholischen Kaplan sprechen könne, der den Todestrakt in Ellis betreute. »Ich bin katholisch, wissen Sie. Ich glaube, es wäre schön, wenn Father Lopez mir die letzte Ölung geben würde.«

Da er bis dahin nichts davon gesagt hatte, dass er Father Richard Lopez dabeihaben wollte, musste ich erst mehrere Anrufe tätigen, bis ich ihn fand; ich bat ihn, so rasch wie möglich ins Gefängnis zu kommen. Zu meiner Freude sagte er, er sei schon unterwegs.

Nachdem er und Sattiewhite sich eine geraume Weile unterhalten hatten, begleitete ich den Priester zum Ausgang. Ich dankte ihm fürs Kommen, sah ihm nach, als er ging, und spürte dann eine Hand auf der Schulter. Es war Wayne Scott, der Direktor der Gefängnisverwaltung. »Sie haben gute Arbeit geleistet«, sagte er. »Ich kann Sie unmöglich gehen lassen.« Ich antwortete nicht, als wir zusammen zum Büro des Anstaltsleiters gingen. »Sattiewhite würde gern noch mal mit seiner Anwältin reden«, sagte ich nur.

Kaum waren wir im Büro, als Scott noch einmal auf das Thema zu sprechen kam. »Gibt es irgendeine Möglichkeit, Sie zum Bleiben zu bewegen, vielleicht nur für die Hinrichtungen?«, fragte er. Ohne meine Antwort abzuwarten, wandte er sich an Jerry Peterson, den stellvertretenden operativen Direktor der texanischen Gefängnisverwaltung. »Setzen Sie einen Vertrag auf«, sagte Scott. »Wie sollen wir ohne ihn jemanden hinrichten? Sehen Sie zu, dass er bis morgen unterschriftsreif ist.«

Ich kann noch nicht einmal sagen, ob es mein Ego war, dem das Ansinnen schmeichelte, oder ob ich vielleicht doch noch nicht ganz so weit war, jedenfalls wies ich das Angebot nicht auf der Stelle zurück.

Ich sagte nur, ich müsste wieder zurück zu Vernon Sattiewhite.

*

Um halb zwölf gab seine Anwältin Bescheid, dass auch das letzte Gesuch abgelehnt war. Ich machte mich daran, ihm die Prozedur zu beschreiben, die in der Todeskammer ein paar Meter weiter üblich war. Sattiewhite saß auf dem Bett, das Kinn auf die Hände gestützt, und schwieg.

Es dauerte einige Minuten, bevor er sagte: »Herr Kaplan, ich habe mich als Häftling gut geführt. Vielleicht zählt das ja irgendwie.«

»Ich denke schon.«

»Und dass ich meinen Körper der Wissenschaft zur Verfügung stelle – nicht, dass ich eine Ahnung hätte, was die damit machen. Vielleicht ist das ja wie das, was Sie hier machen, ich will was geben. Ich wollte, man würde mich genau so vermissen, wie man Sie vermissen wird.«

Kurz darauf war es so weit. Vernon Sattiewhite sagte kein Wort, als man ihn auf die Bahre schnallte; er zuckte nicht mit der Wimper, als das medizinische Team nicht gleich geeignete Venen an seinen Armen fand. Er ließ mich nicht aus den Augen. Um 0.25 erklärte man ihn für tot.

Später dann ging ich langsam nach Hause. Ich wusste, ich bekäme keinen Bissen von dem Bananenpudding hinab, der mich erwartete. Ich wusste auch, dass ich den Vertrag nicht unterschreiben würde, der noch am selben Tag auf meinem Schreibtisch liegen würde.

Was mich anbelangte, so hatte ich meine letzte Wache im Todeshaus hinter mir.

*

In meinen letzten Wochen in The Walls konzentrierte ich mich ganz auf die Kapelle; und ich begann mich zu verabschieden. Während meines letzten Gottesdienstes am Mittwochabend übernahm der Chor das Kommando und sang mir ein Medley meiner liebsten Kirchenlieder. Einige der Häftlinge standen auf, um mir alles Gute zu wünschen. Unaufhörlich kamen die Bitten aus allen Zellenblocks der Anstalt, noch einmal in mein Büro kommen zu dürfen. Ich hatte mehr Freiwillige – Häftlinge wie Aufseher – beim Packen, als ich je hätte einsetzen können.

Der neue Kaplan kam vorbei, um sich vorzustellen, und wir unterhielten uns stundenlang. Er bat mich um Rat, den ich ihm auch gab, obwohl ich sehr gut wusste, dass er das, was er wirklich wissen musste, letztlich selbst würde lernen müssen. Immer wieder klingelte mein Telefon, weil die Angehörigen von Häftlingen anriefen, um zu fragen, ob es wahr sei, was sie gehört hatten: Wollte ich wirklich gehen? Als ich ihnen versicherte, sie hätten richtig gehört, wünschten sie mir aufrichtig alles Gute, aber ich hörte die Sorge um ihre Lieben heraus, die ich zurückließ. Der Direktor des Staatsgefängnisses in Colorado rief an, ob ich bei ihm arbeiten wolle.

Dennoch, so richtig bewusst wurde mir meine Entscheidung erst an meinem ersten Sonntag im Ruhestand. Ich wachte früh auf wie gewohnt, als mir klar wurde, dass ich nicht mit alten Freunden im Speisesaal der Anstalt frühstücken würde; ich hatte keine Chorprobe abzuhalten und keine Predigt in der Kapelle.

Ich zog mich an, lief im Haus auf und ab, las die Zeitung, und es war noch immer früher Morgen. Schließlich setzte ich mich – Jane schlief noch – in den Wagen und fuhr zum Gefängnis. Und als ich vor der vertrauten roten Backsteinmauer ankam, parkte ich und öffnete das Fenster, um zu sehen, ob nicht vielleicht Musik zu hören war, irgend etwas, um sicher gehen zu können, dass die Tradition, an der ich so lange teilgehabt hatte, fortgesetzt wurde.

Vielleicht bildete ich es mir nur ein, aber ich meinte von jenseits der Mauern einen Chor zu hören; »What A Friend We Have In Jesus« sang er.

Ich saß eine Zeitlang da, Jahre der Erinnerung stürzten auf mich ein, bis ich dann endlich die Wärme eines wohltuenden Friedens in mir zu verspüren begann.

Postskriptum

Gelegentlich, meist wenn ich es am wenigsten erwarte, wandern meine Gedanken zurück zu der Zeit, von der Sie da eben gelesen haben. Mag sein, dass mich der Himbeerhauch von Pixy Stix aus heiterem Himmel an jene längst vergangene Nacht mit Ronald O'Bryan – dem Candy Man – erinnert. Oder es kommt mir beim Duft der Wachsmalkreiden meiner Enkelkinder das kindliche Verhalten des Mörders John Paul Penry in den Sinn, der sich in der winzigen Zelle die Zeit mit einem Malbuch und Comics vertrieb, ohne auch nur die geringste Ahnung zu haben, was ihm bevorstand. Ich rieche die Zigarre eines alten Freundes und verliere mich augenblicklich in der Erinnerung an die letzte Bitte eines gewissen David Holland. Aus mir bis heute völlig unerfindlichen Gründen wollte er bei seiner Hinrichtung unbedingt eine Zigarre in der Brusttasche seines Hemds wissen. Und so frivol mir seine Bitte damals auch erschien, ich fühlte mich verpflichtet, sie ihm zu erfüllen. Ich war losgelaufen und hatte ihm im nächsten Drugstore eine Zigarre gekauft, die er nie und nimmer rauchen durfte, und hatte sie ihm in die Tasche geschoben, während er bereits auf der Bahre lag.

Spät abends, wenn alles still und die texanische Luft voll ist vom sanften Geflüster der Dunkelheit, höre ich manchmal einen halb unterdrückten Aufschrei aus der Galerie der Todeskammer, der mich an die Bürde erinnert, die die Hinterbliebenen noch immer zu tragen haben. Frisch gemähtes Gras oder das kräftige Aroma von Erde versetzt mich in eine jener frühen Stunden auf dem Gefängnisfriedhof, wo ich für zwanzig von den fünfundneunzig Männern, deren Hinrichtung ich beiwohnte, die Beerdigung besorgte. Ein Brief von einem ehemaligen Gefangenen oder die Begegnung mit einem pensionierten Aufseher auf der Treppe unseres Postamts öffnet jedes Mal aufs Neue die Schleusen meiner Erinnerung.

Diese geistigen Stippvisiten sind durchaus nicht immer beunruhigend. Bis auf den heutigen Tag kann ich keinen Chor hören, ohne ihn mit den Chören der Chapel of Hope zu vergleichen – schöne, kräftige Stimmen, deren melodische Pracht einen für kurze Zeit die Angstschreie der Verzweifelten in The Walls überhören ließ. Und auf jeden, der mir ins Gesicht spuckte, auf jeden, der meine Botschaft verfluchte, kamen viele, die ich gern hatte, ja bewunderte. In der grausamsten Welt, die ich mir vorstellen kann, sah ich Männer Dinge aus Liebe und Anteilnahme tun, darunter durchaus auch Heldentaten, und ich werde mich nicht dafür entschuldigen, die Menschen dahinter als meine Freunde zu bezeichnen. So denke ich oft zurück an alle, die meinen Weg gekreuzt haben; sie alle haben, in guter wie schlechter Hinsicht, auf mein Leben gewirkt.

Blue, der mir von all meinen Assistenten der liebste gewesen war, ist mittlerweile nicht mehr unter uns. Dasselbe gilt für viele andere Gefangene, die ihre Strafe abgesessen, ihre Schuld gegenüber der Gesellschaft abgebüßt und sich draußen in der freien Welt ein neues Leben aufgebaut hatten. Dass sie als freie Menschen gestorben sind, ohne den Schatten eines Gitters auf ihrem Totenbett, ist für mich ein tröstlicher Gedanke.

In Nächten, in denen der Schlaf sich nicht einstellen will und ich allein im Haus umherwandere, erscheinen mir noch immer die Gesichter derer, von deren Unschuld ich überzeugt war. Und dann sehe ich die Gesichter derer, die zornig und voll Hass in den Tod gingen und bei denen selbst die letzten Unschuldsbeteuerungen noch gelogen waren, Menschen, die der eine oder andere Dämon davon abhielt, zu ihren grausamen Verbrechen zu stehen. Aber selbst diese bedrückenden Bilder verlieren ihre

Wucht vor den Erinnerungen an Menschen, die aufrichtige Reue zeigten, Menschen, die in ihrer Jugend einen Fehler gemacht und sich als Erwachsene darüber hinaus entwickelt hatten.

Was die Todesstrafe anbelangt, so kann ich mich heute frei dazu äußern und tue das auch immer wieder, manchmal vor einem Publikum, das meinen Bedenken gegenüber aufgeschlossen ist, manchmal vor Menschen, die fest entschlossen sind, an einer Form von Gerechtigkeit festzuhalten, die ihrer Ansicht nach mit dem alten Prinzip des Auge um Auge zu rechtfertigen ist. Es ist eine Binsenweisheit, dass man nichts erreicht, wenn man nur vor Gläubigen predigt, und so spreche ich immer wieder auch vor Menschen, bei denen ein herzlicher Empfang eher unwahrscheinlich ist. Es ist noch gar nicht so lange her, da stand ich vor einer stattlichen Ansammlung von Rotariern, denen ich sagte, dass Rache nicht Staatseigentum sei; ich lieferte ihnen Statistiken, die eindeutig besagten, dass die Todesstrafe nicht abschreckend wirkt, und wies auf die hohe Wahrscheinlichkeit hin, dass Richter wie Geschworene auch immer wieder Unschuldige zum Tode verurteilen. Ich konnte richtig zusehen, wie mein Publikum ausdünnte. Und der Erste, der mitten während meiner Rede den Saal verließ, war der Polizeipräsident, dem bald ein Vertreter der Staatsanwaltschaft folgte. So verschwand einer nach dem anderen, bis der anfangs volle Saal sich zur Hälfte geleert hatte.

Es ist ein schwerer Kampf. Eine Reihe von texanischen Parlamentariern hat sich jüngst – sehr eloquent – für ein zweijähriges Moratorium ausgesprochen, um die Praxis der Todesstrafe noch einmal gründlich unter die Lupe nehmen zu können. Selbst entschiedene Befürworter der Todesstrafe sprachen sich dafür aus. Sam Millsap Junior etwa, ehemals Staatsanwalt im Bexar County, der in mehreren Prozessen, bei denen die Todesstrafe verhängt wurde, die Anklage vertreten hat, sagte: »Das texanische System ist defekt, und bis wir es wieder repariert haben und wir sicher sein können, dass wir auch tatsächlich nur Schuldige hinrichten, sollte es keine Hinrichtung geben.« Der Vorschlag ging jedoch noch im Ausschuss unter, und das Töten geht weiter. Sogar eine Gesetzesvorlage, die Hinrichtung geistig Zurückgebliebener zu verbieten, scheiterte am Veto des Gouverneurs. Und das Bild von der texanischen Justiz, die schon jetzt bei Kritikern weltweit als gefühllos und blutrünstig verschrien ist, wird immer finsterer, während die moralischen wie juristischen Fragen immer lauter und grundsätzlicher werden.

Es bedurfte einer Entscheidung des Obersten Gerichtshofes, um John Paul Penry vor einem weiteren Besuch im Todeshaus zu bewahren. Zur Mehrheit, die sich mit sechs zu drei Stimmen für die Aufhebung von Penrys Todesurteil aussprach, gehörte in diesem Fall auch Richterin Sandra Day O'Connor. Zur Überraschung vieler äußerte sie später die – für sie neue – Sorge, dass man tatsächlich auch Unschuldige hinrichtete. Und als ich von ihren Äußerungen erfuhr, musste ich unwillkürlich an die Zeiten denken, in denen gerade sie das Zünglein an der Waage gewesen war, das den Weg für so einige der Hinrichtungen geebnet hatte, bei denen ich Zeuge war. Ich konnte nicht anders, als mich zu fragen, wie die Meinung einer Rechtsgelehrten von solchem Kaliber so mir nichts dir nichts umschlagen kann.

Aber es ist dies nicht der einzige Fall, der jeder Logik widerspricht. In dem Dutzend Staaten, die sich entschlossen haben, die Todesstrafe nicht zu vollstrecken, ist die Mordrate während der letzten zwanzig Jahre beständig gesunken. Dagegen ist die Mordrate in den Staaten, in denen es weiterhin zu Hinrichtungen kommt, beständig gestiegen. Ich könnte es nicht besser sagen als Steve Messner, ein Kriminologe der State University von New York in Albany. »Welche Faktoren auch immer auf die Mordrate wirken«, sagt er, »ob ein Staat die Todesstrafe verhängt oder nicht, scheint keinen Einfluss auf diese Wirkung zu haben.«

Wie arrogant, so fragte ich mich, muss die Legislative unseres Landes sein, sich offen dem Internationalen Gerichtshof in Den

Haag zu widersetzen und Hinrichtungen zu vollstrecken, die ganz eindeutig gegen ein internationales Gesetz verstoßen? 1999 wurden die Brüder Karl und Walter LaGrand hingerichtet, beide deutsche Staatsbürger (sie hatten 1982 eine Bank in Tucson, Arizona, überfallen und dabei den Bankdirektor Ken Hartsock ermordet). Die Bundesrepublik Deutschland reichte Klage in Den Haag ein, da man den beiden Männern die Vertretung durch ein deutsches Konsulat verweigert hatte, die ihnen das Leben hätte retten können. Mit der Vollstreckung der beiden Todesurteile, so entschied der Internationale Gerichtshof, hätten die Vereinigten Staaten gegen die Wiener Konvention über konsularische Beziehungen von 1963 verstoßen. Und wie reagieren wir? Die Regierung gab zu, das Konsulat nicht benachrichtigt zu haben, und gab eine hohle Entschuldigung an die Bundesrepublik Deutschland heraus. Als es in Texas zu einer ähnlichen Situation kam (in diesem Fall ging es um einen Kanadier, der des Mordes wegen zum Tode verurteilt war), trat der damalige Gouverneur – unser heutiger Präsident – George Bush ans Mikrofon und verkündete, sein Staat habe das Recht, jeden hinzurichten, der innerhalb seiner Grenzen einen Mord begeht.

Was ist mit den unveräußerlichen Rechten, die uns die Vereinten Nationen und ihre Menschenrechtskommission garantieren? Haben wir einen Punkt erreicht, an dem uns Meinungsumfragen und politische Macht wichtiger sind als die Unverletzlichkeit menschlichen Lebens? Stößt das Gebot »Du sollst nicht töten« nur noch auf taube Ohren? Hört man heute nur noch die zornigen Stimmen derer, die ich allzu oft auf der Straße vor The Walls für den Tod eines Mitmenschen hatte demonstrieren sehen?

Ich bin kein Weltuntergangsprophet; ich bin kein schwärmerischer Moralprediger, kein aggressiver Bibelverfechter. Ich bin nur ein Mensch, der das System »in Betrieb« gesehen hat, und das nicht aus der Ferne eines politischen Amts oder der hehren Hallen einer Universität, nein, ich war nahe genug, um den Schweiß des Verurteilten zu sehen und seinen Atem in der Nase zu haben. Und trotzdem, bei all dem Unrecht, das ich gesehen habe, immer noch sehe, finde ich, dass durchaus Grund zum Optimismus besteht. Die Todesstrafe versteckt sich nicht länger im Dunkeln, sie scheint als gesellschaftliches Problem ins Licht der Öffentlichkeit gerückt und Anlass zur Gewissensprüfung geworden zu sein; sie scheint unserer Nation zu denken zu geben. Darin sehe ich Hoffnung.

Als Texas nach zwölf Jahren Christopher Ochoa aus dem Todestrakt entließ, nachdem DNS-Tests ergeben hatten, dass er den Mord, für den man ihn verurteilt hatte, gar nicht begangen haben konnte, stellte der frisch gebackene Gouverneur Rick Perry sich hinter eine Gesetzesvorlage, die allen zum Tode Verurteilten solche DNS-Tests garantiert. Noch während meiner Arbeit an diesem Buch hat man Victor Thomas auf freien Fuß gesetzt, einen Mann aus Waxahachie, der fünfzehn Jahre lang darauf bestanden hatte, nicht der Vergewaltiger zu sein, der 1985 die Verkäuferin eines Minimarkts überfallen hatte. In Waco durfte nach fünfzehn Jahren Calvin Washington nach Hause, nachdem ein Test ergeben hatte, dass auch er kein Vergewaltiger und Mörder war.

In Illinois erklärte Gouverneur George Ryan, lange Zeit ein Befürworter der Todesstrafe, ein Moratorium, nachdem man ihm bewiesen hatte, dass nicht weniger als dreizehn Insassen seines Todestrakts aufgrund eines Fehlurteils dort saßen. In Texas liest man immer öfter Leitartikel, die darauf drängen, Ryans Beispiel zu folgen.

Es sind kleine Schritte, aber in die richtige Richtung.

Auch wenn die Kontroverse bereits hitziger wird, ich persönlich kann nur schwer begreifen, warum es immer noch ein derartiges Problem ist, sich einige grundlegende Wahrheiten vor Augen zu führen: zu töten, um den Beweis zu führen, dass Töten falsch ist, stellt jede Logik auf den Kopf. Mit jeder Hinrichtung, die vollzogen wird, schafft man eine neue Gruppe von Opfern. Selbst jene, die – völlig zu Recht – einen ohnmächtigen Zorn über den Verlust eines geliebten Menschen durch ein sinnloses Verbrechen verspüren, müssen zugeben, dass ein weiterer Tod weder für einen Ausgleich sorgt, noch seelisch zu einem Abschluss führt.

Sind wir eine Nation, die derart – in den Augen vieler Europäer in einem geradezu barbarischen Maß – vom Rachegedanken beseelt ist, dass sie eine alternative Bestrafung für Menschen, die uns Böses angetan haben, noch nicht einmal in Betracht ziehen kann? Und wem gegenüber wollen wir uns verantworten, wenn wir einen Unschuldigen zu Tode bringen?

In fünfzehn Jahren habe ich gesehen, wie schmerzlich der Verlust für Familien und Freunde eines Opfers war. Ich habe angesichts ihres Kummers geweint und konnte mich nur wundern angesichts ihres Muts. Und ich sah böse Menschen einen Tod sterben, der weit weniger entsetzlich war als der, den sie selbst jemanden hatten sterben lassen. Und ich habe miterlebt, wie man Menschen zu Tode brachte, die meiner Überzeugung nach der Verbrechen, wegen der sie hingerichtet wurden, unschuldig waren. Ich habe Menschen kennen gelernt, denen es an der Intelligenz fehlte, das System zu begreifen, das ihren Tod beschlossen hatte. Und ich habe Menschen sterben sehen, die sich verändert hatten, von zornigen, verantwortungslosen Jugendlichen hin zu guten, aufmerksamen Erwachsenen; man hat sie nur aus Rache und politischem Vorteil zu Tode gebracht. Und jedes Mal habe ich mich gefragt: Was hat das nun gebracht?

*

Ich weiß, ich werde mein Lebtag nicht mehr freikommen von diesen Fragen, ebenso wenig wie ich meine Erinnerungen werde auslöschen können. Beides gehört zu mir wie mein Herzschlag. Und ich weiß auch, ich bin nicht allein.

Als Jim Estelle, der Mann, der mich seinerzeit überredet hatte, die Stelle des Gefängniskaplans zu übernehmen, in den Ruhestand gegangen und nach Kalifornien gezogen war, nahm er mir ein Versprechen ab. Und das habe ich gehorsam gehalten. Jedes Jahr, am Todestag von Yvonne Beseda und Judy Standley, den beiden Opfern des unseligen Geiseldramas vor nun schon so langer Zeit, dem ich meinen ersten Kontakt zum Gefängnis verdanke, jedes Jahr lege ich den beiden je eine rote Rose aufs Grab.

Wann immer ich den Friedhof besuche, die warme Sonne auf dem Rücken, eine sanfte Brise über den Gräbern, wird ein Vierteljahrhundert auf wunderbare Weise zu gestern. Dann stehe ich da, allein mit meinen Gedanken, und denke zurück. Weil ich nicht anders kann.

Dank

Zu verschiedenen Zeiten, das weiß ich, lässt Gott – aus ganz unterschiedlichen Gründen – bestimmte Menschen in unser Leben treten; dafür bin ich Ihm dankbar. Darüber hinaus bin ich vielen Menschen verpflichtet, die mir während meiner Zeit als Gefängniskaplan zur Seite gestanden haben.

Keiner hat größeren Einfluss auf die Jahre gehabt, die ich auf diesen Seiten geschildert habe, als W. J. Estelle, der noch heute ganz oben steht auf der Liste derer, für die ich nichts als Respekt empfinde. Nicht nur hat er mich vor eine Herausforderung gestellt und mit einer ungeheuren Verantwortung betraut, von ihm stammt auch so mancher Rat, an den ich mich heute noch halte. Man denke nur, um wie viel besser diese Welt wäre, würde jeder nach einem schlichten Motto wie dem folgenden leben: »Halten Sie Ihre Versprechen, und versprechen Sie nichts, was Sie nicht halten können.«

Direktor Jack Pursley bin ich dankbar für seine Unterstützung und die Freiheiten, die er mir ließ. Zu oft haben wir beide das Todeshaus zusammen besucht, und jedes Mal haben wir ein bisschen mehr erfahren über Leben und Tod und uns selbst.

Und auch Direktor Morris Jones bin ich dankbar für seine Unterstützung, für sein Vertrauen. Ich habe Ihren Kummer gesehen wie Ihre Fürsorge und weiß, welchen Preis Sie – physisch wie spirituell – dafür bezahlt haben, eine schwierige Arbeit ordentlich erledigen zu wollen.

Niemand kann im Gefängniswesen ohne andere funktionieren, und die Verwaltung, die ich in The Walls kennen lernen durfte, ist ein gutes Beispiel dafür. Nie werde ich vergessen, wie dort Kollegen zu Freunden wurden; nie werde ich den Zusammenhalt vergessen und wie man einander in Zeiten von Kummer und Enttäuschung, in den dunklen Augenblicken eines Gewissenskampfes zur Seite stand. Ein herzliches Dankeschön an Major A. J. Murdock, Major Al Losack und eine lange Liste von Angehörigen des Sicherheitsdienstes, die viele endlose Stunden mit mir im Todeshaus zugebracht haben. Viele von Ihnen haben sich irgendwann entschlossen, sich vom Dienst im Todeshaus befreien zu lassen; ich kann Ihre Gründe dafür sehr gut verstehen. Ich möchte Ihnen sagen, dass ich Sie und Ihre Bemühungen sehr wohl zu schätzen wusste. Dasselbe gilt für Dorothy Coleman, eine gute Freundin und fabelhafte Zuhörerin, die stets zur rechten Zeit mit einem Glas kühlem Orangensaft zur Stelle war. Aufrichtigen Dank schulde ich dem Personal in der Verwaltung des Presbytery of New Covenant, dem ich als Seelsorger verantwortlich bin. Es war mir immer eine besondere Hilfe, stets auf die tatkräftige Unterstützung unseres Executive Presbyter Jack Boelens vertrauen zu können, und das, obwohl unsere Kirche gegen die Todesstrafe ist. Dass man meine Rolle dabei verstand, machte vieles leichter. Allein das Wissen um die gemeinsamen Andachten, die Sharon Darden (übrigens selbst ein Opfer der texanischen Justiz) am Tag einer Hinrichtung in der Verwaltung leitete, empfand ich als Erhörung meiner Gebete.

Ein aufrichtiges Dankeschön auch an den Propheten, Professor Henry Quinius vom presbyterianischen Seminar in Austin, der nicht wissen konnte, wie wichtig seine Worte eines Tages für mich und mein Amt werden sollten. Seine Einsichten und das Erwachen, das ich ihm verdanke, sichern ihm auf immer meine Zuneigung und meinen ewigen Dank.

Meinen Dank auch an Janet Wilkens Manus, die für dieses Projekt ein Zuhause fand, und an Charles Spicer und Anderson Bailey dafür, es aufgenommen zu haben. Eine tiefe Verbeugung vor Paul Montazzoli dafür, die Ecken und Kanten geglättet zu haben.

Und schließlich geht mein Dank an Carlton Stowers, ohne dessen Hilfe dieses Buch nicht möglich gewesen wäre. Sein Verständnis und freundliches Entgegenkommen, sein Wissen und seine Geduld wiesen den Weg.

Auf den folgenden Seiten bitten wir um Aufmerksamkeit
für einige Titel aus unserem Programm: